STUD-BOOK

PERCHERON

DE FRANCE

TOME VINGT-ET-UNIÈME

STUD-BOOK
PERCHERON
DE FRANCE

PUBLIÉ PAR LA

SOCIÉTÉ HIPPIQUE PERCHERONNE

Autorisée par le Gouvernement

SIÈGE SOCIAL

NOGENT-LE-ROTROU

(EURE-ET-LOIR)

TOME VINGT-ET-UNIÈME

Étalons & Juments

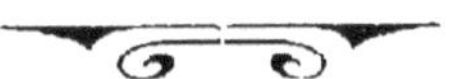

IMPRIMERIE-LIBRAIRIE-PAPETERIE L. HAMARD

NOGENT-LE-ROTROU

1921

Nous, soussignés, constituant le Bureau de la *Société Hippique Percheronne de France,* Société composée de tous les Étalonniers et des Éleveurs du Perche, réunis en association dans le but de conserver pure la race Percheronne, race réputée à juste titre comme donnant les meilleurs chevaux de gros trait du monde;

Nous publions dans ce vingt-et-unième volume du *Stud-Book Percheron de France* les certificats d'origine des 2.913 Étalons et 2.767 Juments que nous avons acceptés après examen minutieux et nous les déclarons corrects.

Nogent-le-Rotrou, le 31 Décembre 1921.

Le Président,
H. VILLETTE-GATÉ,
Officier de la Légion d'Honneur.

Les Vice-Présidents,
J. AVELINE, — L. AVELINE,
D. JOUANNEAU, — V. TAFFOREAU.

Le Secrétaire,
E. LEMARIÉ.

Le Trésorier,
Edmond PERRIOT.

Délégués :

A. BARBET, — H. BEAUCLAIR, — A. BIGNON, — A. BOUTHRY, — E. BURIN, — A. CHAPELLE, — E. COLIN, — A. DELANGE, — E. DESPREZ, — J. DUVAL, — A. FEUILLARD, — E. GASSELIN, — E. GAULARD, — A. GROUAS, — A. LALLOUET, — A. LEFEUVRE, — LIROCHON, — L. MOULIN, — Ernest PERRIOT, — E. POUPLIN, — F. SAGOT, — A. TACHEAU, — H. VALLÉE.

STUD-BOOK PERCHERON

ÉTALONS

STUD-BOOK PERCHERON

ÉTALONS

NOM	N°	ROBE	Naissance	PÈRE	MÈRE
Uageux	148612	gris fer	1920	Polonais 125998	Noisette 118654
Uallaga	147834	noir	1920	Néflier 111919	Potenza 127315
Uard	144674	gris-foncé	1920	Pantin 124490	Miellée 110517
Uard	147386	gris	1920	Magellan 106095	Oletta 121967
Uard	148330	noir	1920	Ouleux 121183	Hardie 93329
Uard	149308	gris	1920	Mansard 109591	Jugulaire 88812
Uart	148803	gris-foncé	1920	Quasson 131729	Mantilly 110273
Uartaet	148804	noir	1920	Mercy 105783	Nique 114986
Uasse	146685	noir	1920	Psoriasis 126479	Litée 100782
Ubaigu	148841	gris-foncé	1920	Postiche 125397	Kassonade 94902
Ubain	148219	noir-m. t.	1920	Nitrate 111699	Jina 98433
Ubaldini	145252	gris	1920	Mylord 107421	Quatrine 129271
Ubaldini	145766	noir	1920	Quatorze 129013	Luvie 99193
Ubaldini	146217	gris	1920	Kalot 92507	Konique 93577
Ubaldini	146881	noir	1920	Quasi 128865	Hallucinée 74595
Ubaldini	147880	gris-foncé	1920	Néflier 111919	Passion 127051
Ubaldini	148454	noir	1920	Laristot 98920	Valseuse 65579
Ubaldini	149328	gris	1920	Quitus 130149	Coquette 98222
Ubaldini	149779	gris-foncé	1920	Quebec 132753	Kehnina 96089
Ubaldini	150089	gris	1920	Pitaud 128421	Logette 103912
Ubalpin	148842	noir-m. t.	1920	Médisant 105527	Pervenche 124964
Uban	148805	gris	1920	Nérac 112728	Ozière 122773
Ubar	149285	noir-zain	1920	Quitus 130149	Nocive 118096
Ubard	147214	gris is.-p.	1920	Quêteur 129815	Félicité 98126
Ubaudain	146890	noir	1920	Psoriasis 126479	Grabuche 70097

NOM	N°	ROBE	Naissance	PÈRE	MÈRE
Ubaya	149457	gris-foncé	1920	Nectar 116862	Ida 83375
Ubback	149456	gris rouan	1920	Nectar 116862	Hachette 77967
Ubeck	149242	gris-fer	1920	Pilotin 125792	Narration 117555
Ubens	148154	gris foncé	1920	Quambrai 131502	Kourtoise 96583
Ubéracé	148892	alezan	1920	Quissac 130271	Belladona 63457
Ubéreux	144716	gris	1920	Quinaud 130441	Jurieuse 85055
Ubéreux	148899	gris vin.	1920	Prunellier 126460	Mignonne 81622
Ubéreux	145534	gris foncé	1920	Quantilly 128970	Organisation 120974
Ubéreux	145905	gris	1920	Lignori 103360	Nickléine 118737
Ubéreux	147315	gris	1920	Jupiter 88668	Biche 53591
Ubéreux	148893	gris vin.	1920	Quissac 130271	Orivale 122678
Ubéreux	148952	gris	1920	Médisant 105527	Parenté 127818
Ubéreux	149493	gris-vin.	1920	Pivert 127373	Mandoline 107575
Ubéreux	149575	gris	1920	Mélo 103236	Impudique 82806
Ubéreux	149959	gris	1920	Quoréen 132242	Oraison 123641
Ubersent	147974	gris foncé	1920	Omer 119732	Lagune 103590
Ubert	147216	gris	1920	Quitteur 129815	Longue 101070
Ubert	147835	noir	1920	Lichas 98731	Kehl 95401
Ubert	147975	noir	1920	Néflier 111919	Heurette 98389
Ubert	149196	gris-fer	1920	Quirus 130149	Marguerite 109613
Ubexy	145328	gris	1920	Kalot 92507	Pépinière 126968
Ubexy	145838	gris	1920	Quatorze 129013	Kaolinisation 89670
Ubexy	146323	noir	1920	Organsin 120977	Prune 126459
Ubexy	147300	gris-fer	1920	Néflier 111919	Haleine 75346
Ubexy	148016	gris foncé	1920	Pivert 127373	Marinette 110353
Ubexy	149419	gris	1920	Marat 111305	Pincée 128363
Ubi	149176	noir	1920	Mansard 109591	Lienterie 104205
Ubican	148807	noir	1920	Nérac 112728	Poudre 127430
Ubicini	145121	gris	1920	Pachalik 127626	Quisse 129976
Ubien	147514	gris	1920	Ouleux 121183	Retourne 135726
Ubien	148613	alezan cl.	1920	Polonais 125998	Passerelle 127906
Ubien	148768	gris foncé	1920	Nichet 117897	Quatégorie 131742
Ubien	149329	gris	1920	Quambrien 131503	Rocheuse 135938
Ubiens	148461	noir	1920	Laristot 98920	Hève 98343
Ubiens	149780	gris-foncé	1920	Muet 109445	Zélande 57401
Ubignon	147147	gris	1920	Quontralto 130438	Mourre 106996
Ubin	149237	gris foncé	1920	Quambrien 131503	Ripopée 135876
Ubini	149300	noir	1920	Quimperlé 129067	Quocarde 131859
Ubiquet	146181	gris	1920	Pachalik 127626	Idalie 80919
Ubiquiste	144718	noir-zain	1920	Quinaud 130441	Quongolaise 130383
Ubiquiste	145535	noir	1920	Quantilly 128970	Lainière 100175
Ubiquiste	145069	noir	1920	Mordicant 110698	Pelote 59776
Ubiquiste	146461	gris-foncé	1920	Qroisy 130286	Kapeluche 91156
Ubiquiste	146940	gris	1920	Moineau 106576	Osseuse 122119
Ubiquiste	147316	gris	1920	Jupiter 88668	Naville 116843

NOM	N°	ROBE	Naissance	PÈRE	MÈRE
Ubiquiste	148424	noir	1920	Québec 131267	Nita 115404
Ubiquiste	148955	gris	1920	Prunellier 126400	Morava 110088
Ubiquitaire	144689	noir	1920	Quissac 130271	Naulage 113997
Ubiquitaire	144719	noir zain	1920	Quinaud 130441	Orléanaise 119774
Ubiquitaire	145537	gris foncé	1920	Orléans 121007	Kapitale 90757
Ubiquitaire	145973	gris noir	1920	Moineau 106576	Jaunette 87990
Ubiquitaire	146936	noir	1920	Quanivet 130128	Feuillée 63311
Ubiquitaire	148416	noir	1920	Québec 131267	Velleda 52777
Ubiquitaire	148957	noir rub.	1920	Prunellier 126460	Meurthe 108487
Ubiquitaire	149494	gris	1920	Pariour 127471	Naïve 116116
Ubiquitaire	149577	gris foncé	1920	Kerdrain 95437	Quartine 132578
Ubiquitaire	149942	gris	1920	Quoréen 132242	Historienne 78384
Ubis	148808	rouan	1920	Instar 78857	Quatie 132681
Ubito	148843	noir m. t.	1920	Postiche 125397	Panacée 127712
Ubitus	148221	gris	1920	Nitrate 111699	Guimbarde 69035
Ublin	149187	gris	1920	Paquebot 128754	Peinade 128083
Ublius	149293	gris	1920	Mélo 108236	Palerme 126609
Ublot	144906	noir	1920	Prunellier 126460	Hippique 76669
Ublot	145423	gris-foncé	1920	Croisy 135286	Larigotte 100085
Ublot	145914	noir	1920	Mordicant 110698	Neuvillette 114523
Ublot	147387	noir	1920	Juste 85878	Mixture 108758
Ublot	148335	bai	1920	Ouleux 121183	Minuterie 110583
Ublot	149502	bai br. f.	1920	Quesnel 129199	Xénies 118597
Ubner	147837	gris-clair	1920	Octobre 120168	Kartine 94613
Ubner	148684	noir	1920	Quesnel 129199	Liane 101385
Ubois	149188	gris	1920	Quimperlé 129067	Oronge 123498
Ubor	145062	gris-fer	1920	Ontario 119738	Insoluble 79225
Uboth	146884	gris	1920	Quarto 128860	Nabothe 114576
Ubourg	147651	gris-fer	1920	Quompromis 132021	Qualrine 131449
Ubrano	146182	gris	1920	Pachalik 127626	Ondura 120575
Ubrifiant	148504	gris-tr.-f.	1920	Quayac 132444	Péra 126571
Ubulé	148894	noir	1920	Postiche 125397	Pérouse 127740
Ubuleux	148895	noir	1920	Quissac 130271	Observance 121383
Uburleux	144911	noir	1920	Prunellier 126460	Quolair 129117
Ubus	145502	noir-zain	1920	Fier-à-Bras 65250	Pipée 125293
Ubut	144900	gris	1920	Prunellier 126460	Péradille 124230
Uby	147976	noir	1920	Nélier 111919	Nèdle 113684
Uc	147840	noir-zain	1920	Quornaro 130969	Mariette 110414
Ucad	145065	noir	1920	Quaduc 129371	Rondelle 133566
Ucain	149244	noir-m.-t.	1920	Lédon 101823	Mignonette 104818
Ucal	148260	noir	1920	Idomen 83507	Émilienne 93516
Ucalégon	144953	gris-foncé	1920	Ontario 119738	Quilimane 129208
Ucalégon	145254	gris	1920	Mylord 107421	Mavo 108408
Ucalégon	145769	gris-vin.	1920	Quanton 129698	Otto 121176
Ucalégon	146882	noir	1920	Quasi 128865	Jaserie 85329

NOM	N°	ROBE	Naissance	PÈRE	MÈRE
Ucalégon	147882	gris-fer	1920	Néflier 111919	Palatine 61641
Ucalégon	148462	noir	1920	Laristot 98920	Boulot 98323
Ucalégon	149330	gris-fer	1920	Quitus 130149	Perrière 128204
Ucalégon	149781	gris-foncé	1920	Québec 132753	Mazeppa 109682
Ucalégon	150091	gris	1920	Oct 118821	Kazane 97204
Ucanien	147432	noir	1920	Juste 85878	Naveille 116535
Ucanien	148505	gris-foncé	1920	Marat 111305	Quour 132379
Ucarien	146200	gris	1920	Poison 125365	Normande 112500
Ucat	148261	noir	1920	Qualein 131447	Omelette 121787
Ucaton	148268	noir	1920	Nectar 116862	Panique 127496
Ucaut	147195	noir	1920	Prorata 126402	Marte 108084
Ucayali	145771	gris foncé	1920	Josué 88841	Pipe 125831
Ucayali	146219	noir	1920	Quérigut 128971	Louvette 98921
Ucayali	147883	gris foncé	1920	Néflier 111919	Incrustante 81550
Ucayali	148663	gris	1920	Muet 109445	Pairie 127554
Ucayali	149782	noir	1920	Nicobar 118452	Pelote 128618
Ucayali	150093	gris	1920	Quarnot 130722	Nickelure 117906
Uccal	148175	noir	1920	Octobre 120168	Almée 57005
Ucciani	145329	gris	1920	Kalot 92507	Lunatique 9957
Ucciani	145839	noir	1920	Quatorze 129013	Négrerie 114717
Ucciani	146324	noir	1920	Organsin 120977	Noirceur 114785
Ucciani	147303	gris foncé	1920	Mercy 105783	Quassine 131721
Ucciani	148017	gris fer	1920	Parieur 127471	Isa 98403
Ucciani	149420	gris	1920	Ouvrier 119107	Orestie 123430
Ucel	145331	gris foncé	1920	Pampelune 124878	Quourbette 131053
Ucel	145840	noir	1920	Quanivot 130128	Galantine 70693
Ucel	146327	gris-foncé	1920	Organsin 120977	Nonchalance 114813
Ucel	147305	gris-tr.-f.	1920	Quadeau 131386	Jugulaire 88337
Ucel	148018	noir	1920	Pivert 127373	Klifoire 94977
Ucello	145255	gris	1920	Mylord 107421	Mirabelle 54567
Ucello	145772	gris	1920	Josué 88841	Navigation 144686
Ucello	148664	noir	1920	Muet 109445	Neigeuse 117747
Ucello	149332	gris-foncé	1920	Quitus 130149	Quornette 132258
Ucello	149783	noir	1920	Nicobar 118452	Outrageuse 123299
Ucello	149856	noir	1920	Lutécien 102720	Loranthe 102621
Uceron	148773	gris	1920	Nichet 117897	Hâtelle 76109
Uchacq	145332	gris	1920	Pampelune 124878	Frisette 65408
Uchacq	146328	noir-m.-f.	1920	Organsin 120977	Quayenne 130839
Uchacq	147306	gris-foncé	1920	Marsin 109642	Locuste 103430
Uchacq	148021	noir	1920	Importun 80576	Pouzole 127336
Uchard	145259	gris	1920	Mylord 107421	Biche 57478
Uchard	145773	gris	1920	Josué 88841	Pilouface 124756
Uchard	146883	gris	1920	Quasi 128865	Igname 90170
Uchard	147187	noir	1920	Neuilly 112605	Pérelle 125658
Uchard	147784	gris-fer	1920	Quompromis 132021	Orphée 123757

NOM	N°	ROBE	Naissance	PÈRE	MÈRE
chard	147884	noir	1920	Néflier 111919	Numérale 115940
chard	148467	noir	1920	Québec 131267	Narine 112633
chard	149333	noir	1920	Lutécien 102720	Jacquerie 98248
chard	149784	noir	1920	Kontemporain 91579	Quiétude 132598
chart	149855	gris-foncé	1920	Quotient 129087	Ovulation 123333
chatius	145262	gris	1920	Mylord 107421	Circé 59772
chatius	145776	gris	1920	Josué 88841	Guêpe 97131
chatius	147887	gris-fer	1920	Nitrate 111699	Quodlibette 129254
chatius	148463	gris	1920	Laristot 98920	Martine 98324
chatius	149334	gris vin.	1920	Lutécien 102720	Perruche 128205
chatius	149785	gris	1920	Québec 132753	Kalmine 97610
chaud	145334	gris	1920	Pampelune 124878	Biche 64483
chaud	146332	gris	1920	Organsin 120977	Résonance 133731
chaud	147308	noir	1920	Qualot 131492	Quatherine 131495
chaud	148022	gris-foncé	1920	Pivert 127373	Quanonnade 131136
chauny	148263	noir	1920	Quannan 129648	Lépreuse 104121
chaux	145336	gris	1920	Pampelune 124878	Oemée 122238
chaux	146517	gris-foncé	1920	Organsin 120977	Ossète 121293
ché	146917	noir	1920	Ontario 119738	Pesante 124771
ché	148262	gris-fer	1920	Nectar 116862	Oudenarde 121779
Jcheaut	146213	gris	1920	Pachalik 127626	Nance 114105
Jchedessus	146186	gris	1920	Pachalik 127626	Janville 85970
Jchentein	145337	gris-foncé	1920	Pampelune 124878	Nouzerolle 115501
Jcheron	148179	gris	1920	Octobre 120168	Naine 115565
Jchet	144898	noir	1920	Quesnel 129358	Marida 105543
Jchet	145426	noir	1920	Fier-à-Bras 65250	Kanonnière 90730
Jchet	145917	gris-fer	1920	Liguori 103360	Quintanie 129221
Jchet	147098	noir	1920	Quarteron 128953	Dégourdie 62102
Jchet	147802	noir	1920	Néflier 111919	Orelle 120952
Jchet	148345	noir	1920	Herbier 75748	Maldonne 109799
Jchetoujours	146183	gris	1920	Pachalik 127626	Odyssée 120581
Ucheur	144922	noir	1920	Ontario 119738	Lordose 100454
Uchizy	145341	noir	1920	Pampelune 124878	Ourse 122151
Uchizy	147309	noir	1920	Mordicant 110698	Quadra 130116
Uchizy	148024	noir	1920	Pivert 127373	Lerthe 104175
Ucho	145425	noir	1920	Quantilly 128970	Irène 79551
Ucho	145913	gris	1920	Mordicant 110698	Francine 87656
Ucho	147390	noir	1920	Jomarin 87262	Numa 115157
Ucho	148340	noir	1920	Heaume 75604	Garmante 98136
Uchoir	147429	gris	1920	Nitrate 111699	Hélie 77878
Uchon	145342	noir	1920	Pampelune 124878	Natation 115602
Uchon	145843	gris-foncé	1920	Josué 88841	Rigolette 134435
Uchon	147310	noir	1920	Mordicant 110698	Quadandre 131443
Uchon	148025	gris-cend.	1920	Parieur 127471	Quotissure 132314
Uchot	147307	gris-foncé	1920	Marsin 109642	Pérélixe 127142

NOM	N°	ROBE	Naissance	PÈRE	MÈRE
Ucifer	148506	gris	1920	Ouvrier 119107	Osmane 123478
Ucifer	149245	noir	1920	Quitus 130149	Nitrière 116961
Ucilius	149246	gris	1920	Quitus 130149	Nasillarde 117563
Ucingen	149287	gris-l.-v.	1920	Nectar 116862	Omessa 121733
Uclair	149180	noir	1920	Quimperlé 129067	Orpheline 123199
Ucléal	147528	bai	1920	Juste 85878	Joule 93369
Ucléal	148615	gris	1920	Marat 111305	Paroi 128689
Uclée	147529	noir	1920	Juste 85878	Kabyline 94124
Ucléus	147513	gris	1920	Odeux 121183	Marotte 50996
Ucléus	148616	gris foncé	1920	Ouvrier 119107	Coquette 51081
Uclier	147977	gris-fer	1920	Kagot 92240	Lyonne 103537
Uclos	145501	noir	1920	Fier-à-Bras 65250	Italia 80925
Ucoq	146164	gris-vin.	1920	Quissac 130271	Coquette 75011
Ucor	147468	gris	1920	Odeux 121183	Mina 78510
Ucor	148555	gris	1920	Numéro 118563	Pâquerette 55982
Ucratif	148507	gris	1920	Marat 111305	Négresse 50576
Ucride	147116	noir	1920	Neuilly 112606	Locride 101242
Ucrin	148845	gris foncé	1920	Postiche 125397	Machacoire 110112
Ucro	145490	gris	1920	Qotonnu 130216	Indirecte 78781
Ucron	147470	noir	1920	Odeux 121183	Bellefigue 126700
Ucullus	149248	gris	1920	Lédon 101823	Hygiène 77329
Ucumon	148509	bai-brun	1920	Panama 128415	Jarrie 89209
Ucur	146208	gris	1920	Fier-à-Bras 65250	Caroline 56029
Udax	145508	noir	1920	Prunellier 126460	Quintale 130258
Udding	148774	noir	1920	Quitus 130149	Aklarine 57159
Udéo	148336	noir	1920	Odeux 121183	Hosette 98263
Udéral	148816	noir	1920	Médisant 105527	Clairette 131790
Udère	146865	noir	1920	Prorata 126402	Odère 119664
Udet	145527	gris	1920	Qualot 131492	Jalouse 86578
Udi	146929	gris	1920	Quontralto 130438	Judith 84054
Udibond	148776	gris	1920	Quitus 130149	Paire 127648
Udimesnil	147981	gris-fer	1920	Nitrate 111699	Perrouse 126747
Udimonto	145143	noir	1920	Fier-à-Bras 65250	Baignade 65200
Udin	146636	noir	1920	Lichas 98731	Obies 122403
Udin	148167	gris foncé	1920	Qualcin 131447	Pylade 127416
Udion	148515	gris-foncé	1920	Marat 111305	Lisette 101511
Udito	144597	noir	1920	Qokala 129350	Natalie 113287
Uditorio	144613	noir	1920	Qotonnu 130216	Oxymétrie 123340
Udivillers	147982	noir	1920	Liguori 103360	Mina 57552
Udomen	148281	noir	1920	Idomen 83507	Orvale 121818
Udomètre	144720	noir	1920	Nyctalope 113635	Grenadine 58199
Udomètre	145538	gris-t.-f.	1920	Quadricycle 128838	Quaune 128868
Udomètre	145975	noir	1920	Mordicant 110698	Lacune 99639
Udomètre	147319	noir	1920	Magellan 106095	Biche 84327
Udomètre	149495	gris	1920	Parieur 127471	Nasse 116149

NOM	N°	ROBE	NÉ EN	PÈRE	MÈRE
Udomètre	149578	gris	1920	Marquis 110264	Marâtre 111150
Udomètre	149044	gris	1920	Ostalat 123735	Flamande 66490
Udos	146643	noir	1920	Kali 92507	Karie 95973
Udovic	148264	noir	1920	Idomen 83537	Paraphrase 127594
Udson	147841	noir	1920	Nitrate 111699	Peignerie 124813
Udson	148712	gris	1920	Pivert 127373	Panachure 127578
Udson	149192	gris bleu	1920	Paquebot 128754	Pétarde 128088
Ueber-alles	144826	gris tr.-f.	1920	Komplex 91539	Narrative 112810
Uelgoat	147842	gris-foncé	1920	Malplaquet 107145	Ligue 68284
Uelgoat	148683	gris-vin.	1920	Onompas 136345	Olligée 122529
Uelgoat	149193	gris-bleu	1920	Paquebot 128754	Gestradella 98229
Uero	148289	noir	1920	Obus 121162	Quuégeoude 131241
Uerta	147843	noir zain	1920	Nitrate 111699	Patache 126559
Uescar	149200	noir	1920	Quitus 136149	Quontagion 132130
Uast	147983	noir	1920	Liguori 103360	Logique 101202
Uez	147984	aubère	1920	Kajot 92240	Médication 109938
Uf	144905	alezan	1920	Prunellier 126460	Qrésylette 129100
Ufeau	148896	gris clair	1920	Quasson 131729	Jauge 87218
Uffatier	148180	gris	1920	Octobre 120168	Moitié 108792
Ufflin	148153	noir zain	1920	Nérac 112728	Martinière 110126
Uffletin	148181	noir	1920	Octobre 120168	Lavallière 100701
Ufier	148899	gris	1920	Nichet 117807	Paillasse 127637
Uga	149687	gris-foncé	1920	Muet 109445	Quontuse 132160
Ugab	145518	noir	1920	Quinquin 128944	Garonne 71274
Ugal	148236	noir	1920	Quonviet 130474	Hirène 78276
Uugano	149249	noir	1920	Lédon 101823	Péninsule 128133
Ugap	146214	noir	1920	Prunellier 126460	Paquerette 50778
Ugène	145171	gris	1920	Pantin 124490	Nolèthe 113463
Ugeon	147131	gris	1920	Poulf 124218	Klopette 104754
Uget	148158	gris-cend.	1920	Marsin 109642	Maigreur 110159
Ugget	148735	noir	1920	Quoncubin 132048	Hinique 76687
Uglas	145343	gris-clair	1920	Moineau 106576	Gâchette 73096
Uglas	145847	noir	1920	Josué 88841	Quantatrice 129694
Uglas	147534	gris-foncé	1920	Qualot 131492	Ibéa 79296
Uglas	148026	noir	1920	Importun 80576	Mare 115981
Ugna	145344	noir	1920	Pampelune 124878	Ogive 122240
Ugnouas	145349	gris-foncé	1920	Mylord 107421	Idée 84306
Ugnouas	146523	gris	1920	Organsin 120977	Qualenzana 130657
Ugnouas	147537	noir	1920	Komplex 91539	Gourmette 70012
Ugnouas	148027	noir	1920	Pivert 127373	Korbeille 95017
Ugny	145351	noir	1920	Pampelune 124878	Quadrième 128851
Ugny	145848	noir	1920	Josué 88841	Naumachie 112676
Ugny	146527	gris-foncé	1920	Organsin 120977	Osnna 121301
Ugny	147536	noir	1920	Qualot 131492	Périchole 127144
Ugny	148029	gris-fer	1920	Pivert 127373	Opportune 121870

NOM	N°	ROBE	Naissance	PÈRE	MÈRE
Ugny	149422	gris	1920	Ouvrier 119107	Paresseuse 128688
Ugo	147105	noir	1920	Neuilly 112606	Quame 129448
Ugo	147854	noir	1920	Malplaquet 107145	Otrante 122357
Ugo	149197	noir	1920	Quoncuhin 132048	Orphie 123203
Ugola	145081	noir	1920	Qokala 129350	Rosina 133215
Ugole	148714	gris-noir	1920	Paillon 124273	Noblesse 117796
Ugolin	144665	gris-foncé	1920	Fier-à-Bras 65250	Navette 113073
Ugolin	144924	noir-zain	1920	Qokala 129350	Quélidoine 130014
Ugolin	145266	gris	1920	Mylord 107421	Hôteporte 97063
Ugolin	145778	noir	1920	Josué 88841	Noceuse 113203
Ugolin	146215	gris	1920	Ontario 119738	Quoromille 130560
Ugolin	146914	gris	1920	Nyctalope 113635	Laie 97838
Ugolin	147079	noir	1920	Qu'en-dira-t on 130448	Mascotte 105826
Ugolin	147221	gris	1920	Fier-à-Bras 65250	Péripétie 125017
Ugolin	147785	gris-fer	1920	Quompromis 132021	Pipée 125832
Ugolin	147889	noir	1920	Konstat 95797	Joliette 88128
Ugolin	148435	gris-vin.	1920	Neigeux 112725	Nanette 118645
Ugolin	148451	gris-foncé	1920	Josué 88841	Joyeuse 98353
Ugolin	148665	gris-rouan	1920	Klocher 95657	Halte 76103
Ugolin	149337	gris-bleu	1920	Mansard 109591	Perruque 128207
Ugolin	149786	gris	1920	Québec 132753	Odyssée 124042
Ugolin	149866	gris	1920	Quayac 132444	Eglantine 64071
Ugolin	150171	gris-foncé	1920	Quadeau 131386	Légende 59196
Ugonencq	147179	gris	1920	Nyctalope 113635	Révolution 134630
Ugor	149467	gris	1920	Quambrai 131502	Laize 102841
Ugot	147180	noir	1920	Lumineux 100865	Isle 79792
Ugot	148165	gris-foncé	1920	Qualcin 131447	Nanette 115917
Ugoureux	148339	noir	1920	Jupiter 88668	Obdorsk 121836
Ugron	149264	noir	1920	Maquis 110284	Konfuse 93984
Ugue	146892	gris	1920	Quêteur 129815	Goutte-d'or 58487
Ugue	148291	gris-foncé	1920	Paillon 124273	Querella 131698
Uguenot	144838	noir	1920	Pouff 124218	Piane 125716
Uguenot	145146	gris	1920	Omer 119732	Fileuse 64009
Uguenot	145169	noir	1920	Pantin 124490	Elégante 63866
Uguenot	145427	gris-tr.-cl.	1920	Quadricycle 128838	Kortone 92023
Uguenot	145922	noir-zain	1920	Osé 119475	Quope 130928
Uguenot	147803	gris-foncé	1920	Néflier 111919	Musette 106710
Uguenot	147835	noir	1920	Konstat 95797	Pélisse 126602
Uguenot	148347	noir	1920	Pilon 127251	Méprise 110418
Uguenot	149198	gris-foncé	1920	Quimperlé 129067	Nageoire 117526
Ugues	148725	gris-tr.-f.	1920	Nectar 116862	Nielle 117801
Uguet	147473	noir-zain	1920	Ouleux 121183	Jativa 98290
Uguet	148558	gris	1920	Numéro 148563	Quadrillotte 132618
Uguet	149465	gris-vin.	1920	Quambrai 131502	Médéa 107592
Uhart	145353	noir	1920	Pampelune 124878	Laborieuse 103129

NOM	N°	ROBE	Naissance	PÈRE	MÈRE
Uhart	145529	noir	1920	Organsin 120977	Lapointe 101544
Uhart	147538	ambré	1920	Quinquin 128944	Nance 116498
Uhart	148030	gris foncé	1920	Pivert 127373	Nomarchie 117700
Uhau	145428	gris foncé	1920	Orléans 121007	Aggée 66178
Uhau	145923	noir	1920	Mordicant 110698	Mornadès 109312
Uhau	147805	noir	1920	Konstat 95797	Navailles 116034
Uhaut	145145	noir	1920	Quissac 130271	Ovakine 120666
Uhlan	144562	gris	1920	Qotoann 130216	Obélisque 118740
Uhlan	144657	gris	1920	Qualvados 131498	Génésique 69689
Uhlan	144721	noir	1920	Nyctalope 113635	Laborieuse 100556
Uhlan	145496	gris-clair	1920	Pantin 124490	Nélaton 113173
Uhlan	145539	noir	1920	Quadricycle 128838	Norique 112753
Uhlan	145977	gris-fer	1920	Qualot 131492	Quornélie 130968
Uhlan	146941	gris	1920	Moireau 106576	Matuta 108445
Uhlan	147320	noir	1920	Magellan 105005	Nigritie 115103
Uhlan	148385	noir	1920	Marocain 107904	Loulette 101620
Uhlan	148658	gris	1920	Quasson 131729	Réorthe 135591
Uhlan	149446	gris	1920	Idomen 83507	Dulcinée 90097
Uhlan	149583	gris-fer	1920	Méto 108236	Poussette 128566
Uhlan	149861	noir	1920	Quayac 132444	Loquette 104492
Uhlan	150077	gris	1920	Interprète 80565	Nicette 118034
Uhland	145267	noir	1920	Mylord 107421	Lamie 103141
Uhland	145779	noir	1920	Prorata 126402	Krevasse 91420
Uhland	146231	noir	1920	Organsin 120977	Léa II 59857
Uhland	147239	noir	1920	Fier-à-Bras 65250	Ovale 120697
Uhland	147890	gris foncé	1920	Quambrioleur 131507	Novelle 116456
Uhland	148468	gris	1920	Québec 131267	Négrita 116920
Uhland	149340	gris-fer	1920	Lutécien 102720	Phosphite 128284
Uhland	149787	gris-foncé	1920	Quoin 131888	Japie 88847
Uhlirch	145053	noir	1920	Poison 125565	Ovata 120320
Uhrich	144959	noir	1920	Quesnel 129358	Nugue 112369
Uhrich	145271	gris	1920	Mylord 107421	Outarde 122156
Uhrich	145781	noir	1920	Quarteron 128953	Litorne 100791
Uhrich	146233	gris	1920	Organsin 120977	Néolatine 114358
Uhrich	147240	noir	1920	Nyctalope 113635	Ophidienne 119026
Uhrich	147891	noir	1920	Oder 121578	Opposée 121706
Uhrich	148452	gris-clair	1920	Josué 88841	Kosette 97600
Uhrich	149341	noir	1920	Prunellier 126460	Palikao 125308
Uhrich	149788	gris	1920	Quoin 131888	Italie 96993
Uhuitra	145076	noir	1920	Quaduc 129371	Nume 111903
Uichet	148325	gris-foncé	1920	Heaume 75604	Kadole 95468
Uileux	144962	noir	1920	Quesnel 129358	Porte 125315
Uileux	145429	gris-foncé	1920	Orléans 121007	Lisette 61337
Uileux	147807	gris-foncé	1920	Quambrai 131502	Lactoline 102548
Uilier	145430	gris	1920	Péplum 124974	Provision 125144

NOM	N°	ROBE	Naissance	PÈRE	MÈRE
Uilier	147808	noir	1920	Quambrai 131502	Osaka 121731
Uilier	148901	gris	1920	Quasson 131729	Laplume 102860
Uillé	147985	gris-fer	1920	Liguori 103360	Gazelle 72907
Uillemot	148329	gris	1920	Ouleux 121183	Neuveville 116593
Uilleri	148326	gris-foncé	1920	Heaume 75604	Lisette 75214
Uillery	149569	gris-foncé	1920	Ouvreur 123793	Normanville 116669
Uineux	148822	gris-foncé	1920	Nichet 117897	Patisserie 127969
Uiron	147986	gris-tr.-f.	1920	Nitrate 111599	Eudoxie 64424
Uisant	147434	noir	1920	Ouleux 121183	Hollandaise 77902
Uisard	148778	gris	1920	Mercy 105783	Nonnotte 116443
Uisoir	148780	gris	1920	Quasson 131729	Méthode 108478
Uissard	148224	noir	1920	Obus 121402	Massive 109845
Uisseau	147987	noir-zain	1920	Nitrate 111699	Jungle 88350
Uisseau	148823	gris-foncé	1920	Nichet 117897	Kapote 95624
Uissier	144849	gris foncé	1920	Qotonnu 130216	Nécdamour 113381
Uissier	145431	bai-brun	1920	Quanivot 130128	Margot 73412
Uissier	147812	noir	1920	Quambrai 131502	Malignité 109808
Uissier	149503	gris	1920	Quesnel 129199	Lire 103850
Uisson	148182	gris	1920	Lichas 98731	Polka 57513
Uisson	148824	gris	1920	Mercy 105783	Hérodiade 84462
Uissot	148225	gris	1920	Heaume 75604	Neige 116057
Uist	145525	gris	1920	Ouistreham 120076	Pachuca 126893
Uistiti	148749	gris	1920	Mercy 105783	Lisette 75002
Uit	147814	noir	1920	Néflier 111919	Kervenice 95254
Uit	148265	gris-fer	1920	Nectar 116862	Hemine 75421
Uitain	145432	noir	1920	Ouistreham 120076	Poltronne 126915
Uitain	147816	gris-clair	1920	Néflier 111919	Lévigation 104150
Uitain	149504	bai-br.-f.	1920	Pécunieux 124797	Nibelle 117411
Uitlander	146234	noir	1920	Organsin 120977	Quarrare 132756
Uitlander	147892	gris-fer	1920	Kagol 92240	Mineure 110568
Uitrier	145182	noir	1920	Piombino 127259	Lice 99736
Uitrier	147819	noir	1920	Quambrai 131502	Jouvencelle 88310
Uitry	149440	gris	1920	Iustar 78857	Offense 122906
Ujar	145512	noir	1920	Négligent 112708	Jarnosse 88421
Ujfalvy	145782	gris	1920	Quatorze 129013	Imprudente 78961
Ujfalvy	146235	noir	1920	Organsin 120977	Kontadine 93601
Ujfalvy	147894	gris-foncé	1920	Néflier 111919	Madone 109779
Ujfalvy	149343	gris-foncé	1920	Quanteleux 131765	Persienne 128212
Ujfalvy	149789	noir-zain	1920	Interprète 80665	Nodosité 118455
Ukalo	144601	noir	1920	Qokala 129350	Montagne 105389
Ukarisky	145057	noir	1920	Ontario 149738	Intention 78749
Ukarol	144572	noir	1920	Quissac 130271	Nommée 112331
Ukas	144627	gris	1920	Qualot 131492	Magdala 106094
Ukas	144856	noir	1920	Piombino 127259	Galère 69585
Ukase	144684	noir	1920	Quissac 130271	Poudre 127324

NOM	N°	ROBE	NAISSANCE	PÈRE	MÈRE
Ukase	146459	noir m. l.	1920	Pantin 124490	Gaffe 70967
Ukase	146791	gris	1920	Gaudre 129371	Riscle 134330
Ukase	148308	gris foncé	1920	Québec 131267	Vaillante 52781
Ukase	148249	gris souc	1920	Quaiman 129648	Palatine 126612
Ukase	149878	gris	1920	Ostabat 123735	Ivette 87625
Ukase	150111	gris	1920	Longre 100470	Quenotte 131298
Ukatérinbourg	145056	noir	1920	Ontario 119738	Loquèle 93873
Ukif	145462	gris	1920	Qotonnu 130216	Ramette 133587
Ukola	145476	gris	1920	Qokala 129350	Mimosa 105732
Ukoto	145452	noir	1920	Qotonnu 130216	Pucette 125059
Ukrin	146210	noir	1920	Prunellier 126460	Qrinière 130267
Ulac	148171	noir	1920	Quolonna 128784	Qualleuse 131475
Ulak	146203	noir	1920	Qualvados 131498	Lakrasse 93561
Ulan	145433	bai	1920	Liguori 103360	Livie 103294
Ulan	145932	gris	1920	Kroquet 91851	Orobanche 122076
Ulan	146225	gris	1920	Lichas 98731	Mouette 108319
Ulan	146650	gris	1920	Quarteron 128953	Loterie 99050
Ulan	146956	gris-fer	1920	Jouillat 88642	Qruelle 131094
Ulan	147825	noir	1920	Quambrai 131502	Quamomille 131514
Ulan	148960	noir	1920	Prunellier 126460	Madagascard 105978
Ulan	149587	gris foncé	1920	Kerdrain 95437	Pierrette 128623
Ulan	149945	gris	1920	Ostabat 123735	Nièce 117910
Ulard	147474	noir	1920	Heainne 73604	Péaule 126689
Ulard	148559	gris	1920	Numéro 118563	Kita 97146
Ulaross	144557	noir	1920	Pachalik 127626	Jonquille 85974
Ulassier	148560	gris-fer	1920	Quadrillé 128842	Mignonne 49911
Ulbach	145272	noir-zain	1920	Mylord 107421	Melpomène 109349
Ulbach	145784	gris	1920	Quarteron 128953	Pipeuse 125839
Ulbach	147203	noir	1920	Nyctalope 113635	Kolature 92637
Ulbach	147897	gris-foncé	1920	Néflier 141919	Librairie 99733
Ulbach	148436	gris-vin.	1920	Polonais 125998	Olive 123522
Ulbach	148453	gris	1920	Josué 88841	Kérite 97605
Ulbach	149345	noir	1920	Quanteleux 131765	Maitrise 110171
Ulbach	149790	bai-brun	1920	Maquis 110284	Kuita 96812
Ulbach	150099	noir	1920	Quayac 132444	Ouanne 123739
Ulbens	149571	gris-fer	1920	Ouvreur 123793	Outrance 123804
Ulbutis	148230	gris	1920	Obus 121402	Quintense 129183
Ulcain	149407	gris	1920	Queux 129144	Castille 50112
Ulcanien	149170	gris	1920	Mansard 109591	Orne 123185
Ulcer	144937	gris-clair	1920	Ontario 119738	Naissante 111778
Ulcérated	145455	noir	1920	Qotonnu 130216	Quivive 129325
Ulcératif	144725	gris-clair	1920	Quodex 130186	Parasélène 124471
Ulcératif	145542	noir	1920	Qroisy 130286	Kermesse 92399
Ulcératif	145979	gris	1920	Qualot 131492	Kassutas 93922
Ulcératif	146226	noir	1920	Organsin 120977	Onaléga 121307

NOM	N°	ROBE	Naissance	PÈRE	MÈRE
Ulcératif	147333	noir	1920	Juste 85878	Novatrice 112214
Ulcératif	148959	gris	1920	Quasson 131729	Pantoise 127768
Ulcératif	149584	noir	1920	Mansard 109591	Quirielle 132579
Ulcératif	149946	bai	1920	Quoréen 132242	Joviâle 89174
Ulcère	145544	gris-tr. f.	1920	Komplex 91539	Glorieuse 71155
Ulcère	145980	noir	1920	Liguori 103360	Kératite 92423
Ulcère	146704	bai	1920	Quarto 128860	Jonglerie 84894
Ulcère	146946	noir	1920	Jouillat 88642	Orose 122320
Ulcère	148394	gris-foncé	1920	Québec 134267	Margot 47774
Ulcère	149593	noir	1920	Quinaud 132720	Osculation 123221
Ulcère	150142	noir	1920	Lougre 100470	Linotte 100748
Ulcéré	144726	gris	1920	Nyctalope 113635	Orphelide 120441
Ulcéré	145545	noir	1920	Qroisy 130286	Lavallée 98778
Ulcéré	145982	gris	1920	Quanivot 130128	Palerme 126920
Ulcéré	146945	noir	1920	Jouillat 88642	Liégeoise 103269
Ulcéré	148961	gris	1920	Prunellier 126460	Nuance 112358
Ulcéré	149588	gris-foncé	1920	Obstructif 120705	Nacelle 118436
Ulcéré	149948	gris	1920	Quoréen 132242	Littorine 103883
Ulcéreux	144548	gris	1920	Pachalik 127626	Mariola 68130
Ulcéreux	144727	gris	1920	Quodex 130186	Porte 126070
Ulcéreux	145546	noir	1920	Komplex 91539	Kordelle 93663
Ulcéreux	145981	bai	1920	Liguori 103360	Havraine 73688
Ulcéreux	146948	gris	1920	Napoléon 114031	Osage 122327
Ulcéreux	147338	gris	1920	Jupiter 88668	Biche 78495
Ulcéreux	148962	noir	1920	Prunellier 126460	Olive 120451
Ulcéreux	149949	gris	1920	Quayac 132444	Pliante 128481
Ulcorosa	145148	noir	1920	Pantin 124490	Gommeuse 71552
Ulcot	145354	noir	1920	Pampelune 124878	Gouvernante 73083
Ulcot	145849	noir	1920	Josué 88841	Inversion 80589
Ulcot	146533	gris-rouan	1920	Organsin 120977	Manette 107942
Ulcot	147540	bai-foncé	1920	Qualvados 131498	Nichonne 114496
Ulcot	148031	gris-foncé	1920	Pivert 127373	Majolique 110174
Ulcot	149425	gris-l.-v.	1920	Pâton 127979	Mandoline 104794
Ulcus	144920	gris-foncé	1920	Piombino 127259	Brillante 65545
Ulcus	146707	gris-vin.	1920	Névrosé 113735	Hulotte 74234
Ulcusculum	145533	noir	1920	Quinquin 128944	Isaure 93531
Uleaborg	144951	gris-foncé	1920	Ontario 119738	Nicolette 114171
Uleaborg	145122	noir	1920	Pachalik 127626	Ivette 78890
Uléaborg	145273	gris-clair	1920	Kroquet 91851	Coquette 75135
Uléaborg	145787	noir	1920	Quarteron 128953	Oulette 124185
Uléaborg	146238	noir	1920	Organsin 120977	Lénore 97822
Uléaborg	146919	gris-vin.	1920	Ontario 119738	Mélisse 105645
Uléaborg	147206	bai	1920	Nyctalope 113635	Lahaie 103548
Uléaborg	147898	gris-fer	1920	Nitrate 111699	Poulotte 127088
Uléaborg	149347	gris	1920	Quasson 131729	Nièce 116942

NOM	N°	ROBE	Naissance	PÈRE	MÈRE
Uléaborg	149791	gris	1920	Maquis 110284	Infante 80675
Uléma	144728	noir	1920	Quodex 130186	Matelote 106241
Uléma	145547	noir zain	1920	Qroisy 130286	Olivèse 119887
Uléma	147226	bai	1920	Ontario 119738	Oréades 119739
Uléma	148400	bai br. f.	1920	Québec 131267	Rosière 89071
Uléma	148522	gris fer	1920	Ouvrier 119107	Pichenette 128303
Uléma	148650	gris noir	1920	Idomen 83507	Karoline 96486
Uléma	148966	gris	1920	Postiche 125397	Mariane 105337
Uléma	149589	gris-foncé	1920	Kerdrain 95437	Marsala 111153
Uléma	149951	noir	1920	Quayac 132444	Quoupée 132365
Uléma	150140	noir	1920	Longre 100470	Quine 131294
Uleron	146899	noir	1920	Quêteur 129815	Olérone 119674
Ulet	147164	gris	1920	Nyctalope 113635	Paquerette 59358
Ulet	148562	gris-foncé	1920	Marat 111305	Oribase 123451
Uletier	147475	gris-vin.	1920	Ouleux 121183	Licence 104405
Uletté	146889	noir	1920	Prorata 126402	Giletière 70112
Ulex	144729	noir	1920	Quonquis 130396	Konspuée 92965
Ulex	145549	noir	1920	Qroisy 130286	Kulasse 91891
Ulex	145988	noir	1920	Mordicant 110698	Notatrice 113794
Ulex	146227	gris-clair	1920	Orléans 121007	Dépêche 63052
Ulex	146950	gris	1920	Lichas 98731	Konstantine 94102
Ulex	147336	alezan	1920	Ouleux 121183	Paulette 126683
Ulex	148539	noir-zain	1920	Quaïman 129648	Layette 104290
Ulex	148671	gris-fer-f.	1920	Muet 109445	Latrape 102104
Ulex	148963	noir	1920	Prunellier 126460	Incas 83216
Ulex	149512	gris foncé	1920	Quaïman 129648	Mazurke 111193
Ulex	149590	gris	1920	Kerdrain 95437	Orpheline 123800
Ulex	149957	noir	1920	Panama 128415	Orelle 123661
Ulex	150145	gris	1920	Numéro 118563	Grivette 71918
Ulfila	147207	noir	1920	Fier-à-Bras 65250	Loque 100442
Ulfila	148455	gris	1920	Josué 88841	Narbonne 113087
Ulfila	149792	noir	1920	Nicobar 118452	Nacre 118435
Ulfo	148846	gris-foncé	1920	Postiche 125397	Nuitée 117102
Ulfosel	148850	gris	1920	Quodex 130186	Panée 127723
Ulgo	149172	noir-zain	1920	Mansard 109591	Koranette 97261
Ulia	147836	gris-foncé	1920	Qualot 131492	Messaline 107353
Uliceus	147196	noir	1920	Prorata 126402	Malice 65556
Ulifique	147159	gris	1920	Quontralto 130438	Haquenée 75696
Uliginaire	145550	gris	1920	Névrosé 113735	Profession 126341
Uliginaire	148967	gris-tr.-f.	1920	Postiche 125397	Notariée 117042
Uligineux	144732	gris-clair	1920	Nyctalope 113635	Laitue 100597
Uligineux	145552	gris-foncé	1920	Kroquet 91851	Jéricho 84760
Uligineux	146951	noir-zain	1920	Jouillat 88642	Juhine 98592
Uligineux	147203	gris	1920	Quarteron 128953	Régine 133493
Uligineux	148964	gris-tr.-f.	1920	Prunellier 126460	Hesse 98539

NOM	N°	ROBE	Naissance	PÈRE	MÈRE
Uligineux	149452	gris-foncé	1920	Quaïman 129648	Jamaïque 88940
Uligineux	149596	noir-m.-t.	1920	Quayac 132444	Normande 118475
Uligo	148293	gris	1920	Qualein 131447	Karamanie 96183
Ulin	145521	noir	1920	Quinquin 128944	Normande 115857
Ulin	147083	gris	1920	Quarto 128860	Lisette 100784
Ulin	147174	gris	1920	Quontralto 130438	Hotte 74169
Ulin	147736	bai	1920	Quambrai 131502	Ognette 129936
Ulin	147856	bai	1920	Konstat 95797	Impression 82042
Ulin	149199	gris-foncé	1920	Quimperlé 129067	Naïade 117528
Ulip	144903	gris	1920	Josué 88841	Quolerette 129956
Ulipier	148902	gris-foncé	1920	Quasson 131729	Quocagne 131856
Ulis	149487	noir-zain	1920	Importun 80576	Overte 120559
Ullan	145042	noir-zain	1920	Ontario 119738	Quirine 129043
Ulleluia	147085	noir	1920	Perturbateur 125648	Nouvelle 113912
Uller	149269	noir	1920	Quitus 130149	Joinville 87445
Ulli	146207	gris	1920	Pantin 124490	Meule 107798
Ullier	148903	gris	1920	Quasson 131729	Métromanie 108484
Ullmann	147190	gris	1920	Lumineux 100865	Quaprine 129764
Ulloa	145788	gris	1920	Quanivot 130128	Jativa 86152
Ulloa	146239	noir	1920	Organsin 120977	Marca 105073
Ulloa	147900	gris-foncé	1920	Qualot 131492	Prison 127369
Ulloa	148469	noir	1920	Québec 131267	Vénus 52778
Ulloa	149793	noir	1920	Interprète 80665	Rapine 136262
Ulluch	147988	noir	1920	Nitrate 111699	Olivaie 121596
Ulluke	144733	gris	1920	Quinaud 130441	Passerinette 124624
Ulluke	145559	bai-tr.-f.	1920	Quadricycle 128838	Pénurie 124951
Ulluke	146952	noir	1920	Jouillat 88642	Mutualité 109517
Ulluque	144734	gris	1920	Quinaud 130441	Noiseraie 113527
Ulluque	145555	noir	1920	Quadricycle 128838	Jale 84846
Ulluque	148641	gris clair	1920	Nectar 116862	Parcelle 127544
Ully	145355	noir	1920	Mylord 107421	Koublai 95121
Ully	145850	noir	1920	Prunellier 126460	Jade 85234
Ully	147541	noir	1920	Qualvados 131498	Médiale 109931-
Ully	148032	gris fer	1920	Parieur 127471	Lisa 50626
Ully	149429	gris	1920	Paquebot 128754	Hirondelle 77746
Ulm	144929	noir	1920	Ontario 119738	Nempêchepas 113346
Ulm	148132	gris-foncé	1920	Officieux 120209	Ode 121155
Ulm	148422	gris	1920	Québec 131267	Hortense 93272
Ulm	148432	aubère	1920	Ofa 122607	Olive 122623
Ulmin	145151	noir	1920	Fier-à-Bras 65250	Noggie 112390
Ulminus	144976	gris	1920	Quatorze 129043	Oubaque 120453
Ulmique	146953	noir	1920	Napoléon 114031	Frisette 67869
Ulmique	149594	noir-zain	1920	Kerdrain 95437	Jouvencelle 88898
Ulmus	144842	gris-vin.	1920	Prunellier 126460	Mémoire 105630
Ulmus	146778	gris	1920	Quarnaval 129520	Hélène 74199

NOM	N°	ROBE	ANNÉE DE NAISSANCE	PÈRE	MÈRE
Ulnaire	144737	noir	1920	Quinaud 130441	Récréance 133160
Ulnaire	145989	noir	1920	Mordicant 110698	Négoce 111920
Ulnaire	146954	gris b. f.	1920	Lichas 98731	Nargue 115377
Ulnaire	148968	noir	1920	Postiche 125397	Ronde 135976
Ulno	145520	noir	1920	Quinquia 128944	Quiroga 130302
Ulobore	146497	noir	1920	Négligent 112708	Ourlis 120337
Ulobore	146508	gris fer	1920	Névrosé 113735	Haquenée 73930
Ulon	148636	gris	1920	Quaiman 129648	Quantida 131313
Ulor	147244	noir	1920	Quesnel 129358	Hébé 77119
Ulot	145333	gris noir	1920	Osé 119475	Jargonne 88051
Ulot	146035	noir	1920	Moineau 106576	Joviale 88101
Ulot	146509	noir	1920	Martinet 109203	Margot 108650
Ulot	147137	gris	1920	Nyctalope 113638	Portugaise 126077
Ulot	147828	noir	1920	Qualot 131492	Nouveauté 115901
Ulot	147837	noir	1920	Quambrai 131502	Oeillère 121306
Ulot	148231	gris	1920	Obus 121402	Perrette 127176
Ulot	148568	gris	1920	Polonais 125908	Korolette 96661
Ulot	149201	noir	1920	Quitus 130149	Kramérie 96322
Ulot	149505	noir	1920	Importun 80576	Lente 101842
Ulotte	144927	gris f c m.	1920	Ontario 119738	Furette 43234
Ulotric	144740	noir	1920	Passeur 124615	Cocotte 56388
Ulotric	145560	gris-tr f.	1920	Quadricycle 128838	Morille 106929
Ulotric	145991	noir	1920	Malplaquet 107145	Galbeuse 93316
Ulotric	146228	gris	1920	Jouillat 88642	Oyante 122200
Ulotric	146955	noir	1920	Napoléon 114031	Narine 115379
Ulotric	147343	bai-br. r.	1920	Jouarin 87262	Némésis 115067
Ulotric	148969	noir	1920	Postiche 125397	Querie 130017
Ulotric	149601	noir	1920	Ouvreur 123793	Nazarette 118409
Ulotric	149864	gris	1920	Quercitron 132534	Diagonne 54193
Ulotric	150149	gris-foncé	1920	Perturbateur 125648	Lamiltière 98864
Ulotrique	146478	gris-tr.-f.	1920	Négligent 112708	Ignatie 80279
Ulotru	149442	gris-noir	1920	Klocher 95657	Ivorine 82676
Uloup	146212	gris	1920	Pachalik 127626	Loquette 99765
Ulpeux	148782	gris	1920	Quasson 131729	Noix 116996
Ulphace	144817	gris-foncé	1920	Quérigut 128971	Jahel 89358
Ulphace	146491	gris-clair	1920	Qotonnu 130216	Lauréole 100688
Ulpian	144925	noir	1920	Ontario 119738	Motte 105587
Ulpian	149408	gris	1920	Mercy 105783	Quoche 131854
Ulpien	145274	noir	1920	Mylord 107121	Naziange 112563
Ulpien	145789	noir	1920	Quarteron 128953	Léna 100970
Ulpien	146240	noir	1920	Organsin 120977	Fillette 63412
Ulpien	147232	gris	1920	Fier-à Bras 65250	Kabriole 90429
Ulpien	147901	gris-foncé	1920	Néflier 111919	Quamuse 131534
Ulpian	148456	noir	1920	Josué 88841	Judée 98352
Ulpien	148732	gris	1920	Mact 109443	Ops 122508

NOM	N°	ROBE	Naissance	PÈRE	MÈRE
Ulpien	149349	gris-foncé	1920	Instar 78857	Klorinde 96535
Ulpien	149794	gris-foncé	1920	Québec 132753	Rotonde 136266
Ulpien	150100	noir	1920	Quercitron 132534	Pétroleuse 128646
Ulpin	149173	gris-l.-v.	1920	Mansard 109591	Hubertine 77951
Ulpion	145109	gris	1920	Qokala 129350	Fantaisie 60295
Ulready	149270	noir	1920	Quitus 130149	Nana 115967
Ulric	145275	noir	1920	Kroquet 91851	Peptone 124972
Ulric	145793	gris	1920	Quatorze 129013	Roussette 134460
Ulric	146243	noir	1920	Organsin 120977	Propriété 126400
Ulric	146915	noir-zain	1920	Fier-à-Bras 65250	Kartisane 90999
Ulric	147193	gris	1920	Quarteron 128953	Quommère 130337
Ulric	147786	gris-fer	1920	Quompromis 132021	Rustique 50571
Ulric	147905	noir	1920	Lignori 103360	Onglée 120433
Ulric	148457	gris	1920	Josué 88841	Mossamédès 107927
Ulric	149350	noir l. r.	1920	Nichet 117897	Noire 116990
Ulric	149795	noir	1920	Québec 132753	Rose 50132
Ulric	150101	gris	1920	Quobez 132448	Nérédia 118254
Ulrich	149509	bai-zain	1920	Parieur 127471	Quassia 132637
Ulrici	145279	alezan-cl.	1920	Komplex 91539	Pelotte 81778
Ulrici	145797	noir	1920	Josué 88841	Pillarde 125780
Ulrici	146244	noir	1920	Organsin 120977	Kachexie 92958
Ulrici	147233	gris	1920	Nyctalope 113635	Kabiline 89872
Ulrici	147906	noir	1920	Néflier 111919	Napée 114476
Ulrici	149352	gris	1920	Quasson 131729	Odyssée 123374
Ulrici	149796	gris rouan	1920	Quab 131341	Réclusion 136168
Ulster	144531	noir	1920	Mylord 107421	Hollandaise 77418
Ulster	144742	gris	1920	Quodex 130186	Quonjurée 132742
Ulster	144908	gris-vin.	1920	Prunellier 126460	Ncix 112293
Ulster	145561	gris tr. f.	1920	Quantilly 128970	Narva 112539
Ulster	145993	gris	1920	Malplaquet 107145	Brisavoire 59948
Ulster	146229	gris-foncé	1920	Jouillat 88642	Piocheuse 124836
Ulster	146615	gris-fer	1920	Martinet 106203	Nadia 115322
Ulster	146957	noir	1920	Juvénal 83553	Kustine 95389
Ulster	147081	noir	1920	Nyctalope 113635	Pocheuse 125531
Ulster	147241	noir	1920	Lumineux 100865	Ognonade 118877
Ulster	147344	noir	1920	Jupiter 88668	Moue 108971
Ulster	147910	gris-foncé	1920	Néflier 111919	Hache 76261
Ulster	148642	noir-zain	1920	Quaïman 129648	Guitare 72712
Ulster	148970	noir-m.-t.	1920	Postiche 125397	Quonsole 129582
Ulster	149603	gris-fer	1920	Kerdrain 95437	Laloire 104545
Ulster	149797	noir	1920	Qlair 131783	Niclette 118446
Ulster	149867	noir	1920	Quercitron 132534	Kouka 97349
Ulster	150150	gris-rouan	1920	Kerdrain 95437	Pochette 128597
Ulstérien	145799	gris	1920	Josué 88841	Glisseuse 74984
Ultan	148851	gris-foncé	1920	Quissac 130271	Oléosa 120460

NOM	N°	ROBE	Naissance	PÈRE	MÈRE
Ultérieur	144578	noir-zain	1920	Pantin 124490	Magie 105948
Ultérieur	144744	noir	1920	Passeur 124615	Impolie 80101
Ultérieur	145564	gris-foncé	1920	Kroquet 91851	Menotte 106368
Ultérieur	145994	gris	1920	Malplaquet 107145	Charmante 93309
Ultérieur	146464	noir	1920	Osé 119475	Kata 95064
Ultérieur	146958	gris	1920	Malplaquet 107145	Origine 122312
Ultérieur	147345	gris tr. f.	1920	Magellan 106095	Parade 126663
Ultérieur	148971	gris	1920	Postiche 125397	Quassemate 129376
Ultérieur	149450	gris	1920	Quesnel 129199	Nice 117895
Ultérieur	149605	noir	1920	Lutecien 102720	Neva 118156
Ultérieur	149869	noir	1920	Pitaud 128421	Jetée 89126
Ulti	148569	gris-vin.	1920	Neigeux 112725	Korola 96662
Ultima	144977	gris	1920	Piombino 127259	Pica 125107
Ultimate	149511	gris-clair	1920	Pivert 127373	Nourrice 113163
Ultimatum	144499	noir-zain	1920	Pégoud 126957	Nanette 148679
Ultimatum	144522	noir	1920	Ofa 122607	Kadie 94575
Ultimatum	144746	noir-m.-f.	1920	Nyctalope 113635	Fleurette 63946
Ultimatum	144865	gris-foncé	1920	Nyctalope 113635	Laineuse 100591
Ultimatum	145565	gris-clair	1920	Kalot 92507	Kamala 97678
Ultimatum	145995	gris-noir	1920	Malplaquet 107145	Kerlapine 95977
Ultimatum	146506	gris	1920	Pachalik 127626	Nage 114945
Ultimatum	146509	noir	1920	Négligent 112708	Kapitule 90764
Ultimatum	146689	noir	1920	Quarto 128860	Konce 90353
Ultimatum	146962	gris	1920	Osé 119475	Fredaine 67323
Ultimatum	147346	noir	1920	Magellan 106095	Néhémie 115060
Ultimatum	148401	noir	1920	Québec 131267	Gigogne 73410
Ultimatum	148972	noir	1920	Prunellier 126460	Pariétale 127839
Ultimatum	149607	gris foncé	1920	Kerdrain 95437	Kabolette 96719
Ultimatum	149868	gris	1920	Quinconce 130108	Hymne 78208
Ultime	147144	gris	1920	Névrosé 113735	Olympie 119724
Ultime	148644	gris-foncé	1920	Quaïman 129648	Orgie 122487
Ultimo	144501	noir	1920	Joab 88718	Jeannine 93379
Ultimo	144748	noir	1920	Quonquis 130396	Navette 66662
Ultimo	145566	noir	1920	Kalot 92507	Longitude 103264
Ultimo	145996	gris	1920	Malplaquet 107145	Haine 76093
Ultimo	146230	gris	1920	Jouillat 88642	Kerdouairière 95322
Ultimo	146963	noir	1920	Lichas 98731	Ouargla 122359
Ultimo	147347	bai-brun	1920	Magellan 106095	Pardie 126664
Ultimo	148699	gris-foncé	1920	Quaïman 129648	Némésis 117783
Ultimo	148973	noir	1920	Prunellier 126460	Herseigne 75796
Ultimo	149610	gris-foncé	1920	Néllier 114919	Question 132593
Ultimo	149871	gris	1920	Ostabat 123735	Nichée 117901
Ultimo	150163	gris-vin.	1920	Lumineux 100865	Nigaude 113865
Ultiplex	147480	noir	1920	Kalidun 95297	Kerlotte 94084
Ultiplex	148571	gris fer	1920	Klaro 97235	Fanfare 93537

NOM	N°	ROBE	Naissance	PÈRE	MÈRE
Ultra	144533	noir-zain	1920	Ofa 122607	Lisette 102448
Ultra	144749	noir	1920	Nyctalope 113635	Nutrition 112525
Ultra	145567	gris-rouan	1920	Kroquet 91851	Lettrine 99699
Ultra	145997	noir	1920	Quanivot 130128	Quapitée 131183
Ultra	146064	gris	1920	Lichas 98731	Kostroma 95426
Ultra	147228	gris	1920	Nyctalope 113635	Pinière 125810
Ultra	148383	gris-fer	1920	Québec 131267	Glissante 75051
Ultra	148637	gris-foncé	1920	Nectar 116862	Magistrale 110972
Ultra	148974	noir-zain	1920	Médisant 105527	Pastille 52690
Ultra	149514	noir	1920	Nectar 116862	Mirka 111192
Ultra	149611	noir	1920	Nicobar 118452	Jacinthe 98521
Ultra	150143	noir	1920	Longre 100470	Plaisance 127456
Ultrachic	144967	noir	1920	Pouff 124218	Kyste 89686
Ultrachouett	144960	bai-chât.	1920	Poison 125565	Rechique 133615
Ultrakiste	150144	bai	1920	Pégoud 126957	Léonide 102982
Ultramondain	146690	noir	1920	Quarto 128860	Insulte 78662
Ultramontain	144753	noir	1920	Nyctalope 113635	Laringite 100117
Ultramontain	145568	gris-foncé	1920	Kroquet 91851	Naffe 112780
Ultramontain	145999	gris	1920	Lichas 98731	Jouhe 88601
Ultramontain	146468	gris	1920	Fier-à-Bras 65250	Quolique 128863
Ultramontain	146587	gris	1920	Quarto 128860	Kambelle 90349
Ultramontain	147353	noir	1920	Kalidon 95297	Kaline 94757
Ultramontain	148404	gris-fer	1920	Québec 131267	Germaine 81606
Ultramontain	148692	gris noir	1920	Quesnel 129199	Cora 65471
Ultramontain	148975	gris	1920	Quasson 131729	Gavotte 98228
Ultramontain	149612	gris rouan	1920	Nicobar 118452	Peluche 128620
Ultramontain	149875	gris-rouan	1920	Quoréen 132242	Kaponne 97470
Ultraviolet	145506	noir	1920	Ontario 119738	Magdaléna 105974
Ultraviolet	147354	noir	1920	Ouleux 121183	Gentille 78491
Ultraviollet	144687	gris-foncé	1920	Omer 119732	Galante 71993
Ultueux	149175	gris	1920	Lutécien 102720	Peignée 128073
Uluet	147126	gris	1920	Piombino 127259	Quiloa 129197
Ulugh	149353	gris-foncé	1920	Quauteleux 131765	Maudisette 57532
Ulugh	150102	noir	1920	Quinconce 130108	Palette 128684
Ululer	146000	gris	1920	Lichas 98731	Harpage 78024
Ululet	144754	gris-foncé	1920	Nyctalope 113635	Natale 112646
Ululeur	146068	gris-fer	1920	Lichas 98731	Miniature 107131
Ulus	149499	gris-clair	1920	Parieur 127471	Quague 131413
Ulvérin	148784	gris	1920	Quasson 131729	Lisette 54515
Ulvoy	149572	gris-foncé	1920	Ouvreur 123793	Furette 56976
Ulvoz	149573	gris-vin.	1920	Néflier 114919	Nubie 118134
Ulyssa	144494	noir	1920	Pégoud 126957	Mabel 109274
Ulysse	144632	noir	1920	Pantin 124490	Oil 119454
Ulysse	145094	noir	1920	Quaduc 129371	Quichahute 129344
Ulysse	145280	gris	1920	Komplex 91539	Quoulange 131004

NOM	N°	ROBE	Naissance	PÈRE	MÈRE
Ulysse	145119	gris	1920	Pachalik 127626	Montapipe 105882
Ulysse	145802	noir	1920	Quanton 129698	Koncubine 91134
Ulysse	146330	noir	1920	Organsin 120977	Maltose 105503
Ulysse	146388	gris	1920	Ontario 119738	Jacobée 85713
Ulysse	147075	gris-vin.	1920	Nyctalope 113635	Outarde 119657
Ulysse	147229	noir	1920	Ontario 119738	Pénélope 125359
Ulysse	147258	noir	1920	Lougre 100470	Cocotte 61487
Ulysse	147787	noir	1920	Quompromis 132021	Qualèche 131460
Ulysse	147912	noir	1920	Pilon 127251	Nesmy 116571
Ulysse	148136	noir	1920	Ombreux 120360	Oisellerie 121557
Ulysse	148141	gris-cend.	1920	Quissac 130271	Nulle 117103
Ulysse	148445	noir	1920	Perturbateur 125648	Plique 125899
Ulysse	148468	gris-noir	1920	Josué 88841	Musaraigne 108605
Ulysse	148701	noir	1920	Muet 109445	Pagode 127612
Ulysse	149354	noir-rub.	1920	Quanteleux 131765	Meuse 108490
Ulysse	149399	noir-zain	1920	Maquis 110284	Liane 104616
Ulysse	149800	noir	1920	Nicobar 118452	Pie 125471
Ulysseus	147102	gris-vin.	1920	Névrosé 113735	Perruche 125350
Umac	148853	noir	1920	Marsin 109642	Kanaxe 97843
Umage	149306	gris	1920	Quaiman 129648	Quonversion 132166
Umain	146038	noir-zain	1920	Nyctalope 113635	Moutarde 107012
Umain	147829	gris-clair	1920	Quompromis 132021	Gripette 70433
Umaniste	149507	gris-foncé	1920	Parieur 127471	Otte 120731
Umanitaire	146039	noir	1920	Nyctalope 113635	Madeleine 52175
Umanitaire	147830	noir	1920	Qualot 131492	Obtention 121397
Umantin	147515	gris	1920	Ouleux 121183	Quinine 131690
Umantin	148736	gris	1920	Nichet 117897	Pâquerette 44004
Umbago	147435	noir	1920	Ouleux 121183	Plewna 51418
Umbago	148518	gris	1920	Marat 141305	Kapucine 97486
Umbécourt	147989	noir	1920	Nitrate 111699	Kocotte 95380
Umbercamps	147991	noir	1920	Kagot 92240	Léthargie 104135
Umbercourt	147993	gris-fer	1920	Quornaro 130969	Idoménée 98410
Umbert	147861	gris foncé	1920	Quompromis 132021	Redingote 135431
Umbert	147995	noir	1920	Pilon 127251	Lette 104136
Umbert	149202	gris	1920	Quitus 130149	Papule 127788
Umbilic	146735	noir	1920	Psoriasis 126479	Bativa 61622
Umbilicus	145142	noir	1920	Fier-à-Bras 65250	Naziange 112980
Umble	146697	bai	1920	Psoriasis 126479	Pavotte 125609
Umble	147832	noir	1920	Qualot 131492	Garmante 93441
Umbligny	147997	gris-foncé	1920	Nitrate 111699	Marienne 81800
Umbold	147863	gris fer	1920	Quompromis 132021	Picciola 127243
Umbold	148166	noir-zain	1920	Qualein 131447	Image 80699
Umboldt	149203	gris	1920	Paquebot 128754	Impasse 82843
Umboldt	149510	gris-noir	1920	Parieur 127471	Kurieuse 92756
Umbre	144756	gris-tr.-f.	1920	Passeur 124613	Quonquête 130397

NOM	N°	ROBE	Naissance	PÈRE	MÈRE
Umbre	145569	gris-tr.-cl.	1920	Kroquet 91851	Ionienne 81437
Umbre	146001	gris-noir	1920	Lichas 98731	Pillarde 126997
Umbre	146969	gris	1920	Lichas 98731	Ouelle 122366
Umbre	148693	gris-clair	1920	Quompas 130345	Annette 60306
Umbre	148976	gris-foncé	1920	Quasson 131729	Hanebane 76004
Umbre	149613	noir-m.-t.	1920	Néflier 111919	Pétillante 128614
Umbre	149877	noir	1920	Quoréen 132242	Amanda 96917
Umbug	145935	gris	1920	Osé 119475	Lavande 103054
Umbug	146037	gris	1920	Octobre 120168	Oppressive 121710
Umbug	147833	noir	1920	Qualot 131492	Nulle 116735
Uméa	145176	noir	1920	Qotonnu 130216	Quantine 130222
Umectant	147391	noir	1920	Ouleux 121183	Niaiserie 142199
Umen	148825	gris-clair	1920	Lasso 103951	Paludine 127700
Umer	145161	gris	1920	Omer 119732	Fossette 98400
Umer	145484	gris	1920	Pouff 124218	Perette 55765
Uméral	145937	noir	1920	Ouistreham 120076	Oirie 121162
Uméral	146036	bai-brun	1920	Lichas 98731	Mandarine 108246
Uméral	147395	gris	1920	Pilon 127251	Image 82448
Uméral	147516	gris-foncé	1920	Ouleux 121183	Quadole 131381
Uméral	148356	noir	1920	Ouleux 121183	Idolette 93363
Uméral	148737	gris	1920	Quissac 130271	Nue 117082
Uméral	149508	noir	1920	Idomen 83507	Qualinette 129050
Umérien	149289	noir	1920	Quesnel 129199	Quoque 132192
Uméril	148172	noir	1920	Liguori 103360	Orbite 121985
Uméro	147525	gris	1920	Nitrate 111699	Moère 109974
Uméro	148738	gris	1920	Mercy 105783	Norma 117277
Umeron	148296	gris foncé	1920	Nectar 116862	Orthodoxie 124810
Umérus	145938	noir	1920	Ouistreham 120076	Katchar 95065
Umérus	146034	noir	1920	Qualot 131492	Normande 115465
Umérus	148355	noir	1920	Quardeur 131237	Castille 64484
Umérus	149451	noir	1920	Nectar 116862	Mayotte 111091
Umet	148297	gris	1920	Qualcin 131447	Nécrologie 116860
Umeux	148298	noir	1920	Qualcin 131447	Quérémonie 131703
Umex	148828	gris-clair	1920	Mercy 105783	Mégère 109952
Umicin	148785	gris clair	1920	Quasson 131729	Lacerie 102538
Umide	147526	noir	1920	Pilon 127251	Macra 108899
Umide	148739	gris	1920	Instar 78857	Peccante 128053
Umières	148722	noir	1920	Pécunieux 124797	Ligature 104249
Umignon	147437	noir-zain	1920	Ouleux 121183	Officinale 121517
Umignon	148526	noir	1920	Marat 114305	Ithaque 82669
Umiliant	145939	gris-noir	1920	Ouistreham 120076	Percale 124973
Umiliant	147402	gris	1920	Ouleux 121183	Mixture 110626
Umiliant	148376	noir	1920	Parieur 127471	Légende 104300
Uminant	148829	gris-clair	1920	Lasso 103951	Obligation 122790
Uminé	149461	noir	1920	Nectar 116862	Nuit 117304

NOM	N°	ROBE	Naissance	PÈRE	MÈRE
Uminent	146053	noir	1920	Perturbateur 125648	Officielle 118856
Umineux	147438	noir	1920	Ouleux 121183	Louisette 104682
Umitor	149290	noir	1920	Quambrien 131503	Nutation 117422
Ummel	147864	noir	1920	Quompromis 132021	Ino 82454
Ummel	149205	gris	1920	Pâton 127979	Inde 83217
Umoir	148299	noir	1920	Nectar 116862	Orque 121815
Umoral	144894	gris-foncé	1920	Poison 125565	Jujube 85575
Umoral	147403	alezan	1920	Juste 85878	Léda 102009
Umoral	148357	noir	1920	Qualein 131447	Insoumission 79121
Umoriste	145191	noir	1920	Négligent 112708	Roze 134770
Umoriste	148358	gris-foncé	1920	Qualein 131447	Peyrière 126767
Umouch	145491	noir	1920	Qotonnu 130216	Mouchette 105698
Umour	144936	gris-foncé	1920	Ontario 119738	Madeline 105660
Umour	145105	gris	1920	Qokala 129350	Jayles 85856
Umour	147405	gris	1920	Ouleux 121183	Idéale 79049
Umour	148252	bai-brun	1920	Qualein 131447	Moiteur 108790
Umpeau	145356	noir	1920	Kalot 92507	Liée 100765
Umpeau	146537	noir	1920	Organsin 120977	Psyché 126472
Umpeau	147542	gris-foncé	1920	Néflier 111919	Lance 103644
Umpeau	148033	gris-foncé	1920	Pivert 127373	Lisa 104190
Umuet	148629	gris-foncé	1920	Muet 109445	Orelia 122473
Umulard	148233	gris	1920	Obus 121402	Mesquine 110458
Umulus	144901	noir	1920	Josué 88841	Pieuvre 125171
Umulus	148904	noir	1920	Queux 129144	Perpétue 127168
Um-Um	144594	gris	1920	Qokala 129350	Autruche 49290
Umus	145043	noir-zain	1920	Josué 88841	Julienne 85890
Umus	145184	gris	1920	Quadue 129371	Quoréenne 132237
Umus	145952	noir	1920	Ouistrehan 120076	Kachine 91228
Umus	147406	gris	1920	Juste 85878	Charmante 75207
Umus	148360	noir	1920	Heaume 75604	Messagère 110460
Umus	148749	noir	1920	Parieur 127471	Paroisse 127380
Un	144534	gris	1920	Pachalik 127626	Mauviette 106101
Un	144651	noir	1920	Néflier 111919	Jurande 86430
Un	144757	gris	1920	Passeur 124615	Nécromancie 112702
Un	145576	gris-tr.-f.	1920	Kroquet 91851	Quasernière 131617
Un	146417	gris	1920	Perkins 125027	Quoronale 130558
Un	146971	gris	1920	Lichas 98731	Nacrée 115549
Un	150126	noir	1920	Pégoud 126957	Oliva 124091
Unac	145358	gris	1920	Mylord 107421	Moisson 107579
Unac	146540	gris	1920	Pampelune 124878	Hollandaise 78057
Unac	147543	noir	1920	Obus 121402	Mésologie 110455
Unac	148035	gris-foncé	1920	Pivert 127373	Narolle 116675
Unac	149431	noir	1920	Quambrien 131503	Nitrease 117763
Unacie	146774	noir	1920	Prorata 126402	Odile 119670
Unaire	147439	noir	1920	Ouleux 121183	Manitou 106023

NOM	N°	ROBE	NAISSANCE	PÈRE	MÈRE
Unald	147868	gris-foncé	1920	Quinquin 128944	Occase 121401
Unald	149208	noir-rub.	1920	Paquebot 128754	Paillarde 127634
Uname	147160	noir	1920	Ontario 119738	Labrulière 100628
Unamour	147106	gris	1920	Quonitralto 130438	Neuve 114197
Unan	144579	gris	1920	Quissac 130271	Houchi 76069
Unanime	144525	gris	1920	Ofa 122607	Nina 116243
Unanime	146424	gris	1920	Quonitralto 130438	Outrageuse 121080
Unanime	146485	gris foncé	1920	Négligent 112708	Quagoule 129636
Unanime	148420	noir-zain	1920	Québec 131267	Courte 49883
Unanime	149616	noir-zain	1920	Importun 80576	Ouverture 123770
Unanimé	146972	gris-clair	1920	Lichas 98731	Nagée 145553
Unanimement	144642	gris	1920	Quissac 130271	Quadrate 130080
Unanimement	149620	gris-foncé	1920	Maquis 110284	Oscillation 123837
Unato	146197	gris	1920	Prunellier 126460	Natale 116791
Unau	144759	gris	1920	Nicholson 114848	Konseuse 91368
Unau	145577	noir	1920	Ouistreham 120076	Herbette 77781
Unau	146002	gris	1920	Lichas 98731	Lisette 78464
Unau	146029	gris-fer	1920	Napoléon 114031	Nénie 112136
Unau	146742	noir	1920	Psoriasis 126479	Rigueur 134171
Unau	146973	gris	1920	Lichas 98731	Juchée 88142
Unau	147150	gris	1920	Quinaud 130441	Palourde 124333
Unau	147363	bai	1920	Nagy 112488	Cascade 78500
Unau	148700	gris-foncé	1920	Quesnel 129199	Mecque 109690
Unau	148978	gris	1920	Queux 129144	Ombrelle 123006
Unau	149618	gris-foncé	1920	Importun 80576	Olympie 123416
Unau	149879	noir	1920	Ostabat 123735	Ruche 136068
Unaut	144543	gris	1920	Pachalik 127626	Pénélope 125216
Unbabillard	147103	gris	1920	Névrosé 113735	Nicille 114224
Unbai	146048	bai brun	1920	Malplaquet 107145	Greffe 72822
Unbeau	146922	gris	1920	Quonitralto 130438	Couleuvre 91333
Unberto	145193	noir-zain	1920	Fier à Bras 65250	Hermine 77400
Uncas	144663	gris	1920	Cupidon 130054	Nisbeth 112384
Uncassot	144625	noir	1920	Pantin 124490	Nauthilde 51806
Uncassot	145200	gris-foncé	1920	Prunellier 126460	Idole 82888
Unce	146859	gris	1920	Neuilly 112606	Pince 125802
Uncey	145359	gris	1920	Mylord 107421	Nuaison 115921
Uncey	146541	bai	1920	Pampelune 124878	Kissette 92804
Uncey	147546	gris-foncé	1920	Néflier 111919	Narbonne 115978
Uncey	148036	gris-foncé	1920	Importun 80576	Ondulante 121875
Unchair	148040	alezan	1920	Quambrien 131503	Gafsa 78535
Uncial	144760	bai	1920	Nyctalope 113635	Lascive 100580
Uncial	145582	gris-foncé	1920	Kroquet 91851	Puberté 126480
Uncial	146003	noir	1920	Quanivot 130128	Kabe 91229
Uncial	146974	gris	1920	Lichas 98731	Fulgurante 98629
Uncial	147364	noir	1920	Juste 85878	Gentille 78458

NOM	N°	ROBE	Naissance	PÈRE	MÈRE
Uncial	148682	gris-vin.	1920	Quesnel 129199	Nagette 117766
Uncial	148979	gris	1920	Manillon 110245	Harengère 77445
Uncial	149622	alezan	1920	Lutécien 102720	Nullité 112248
Uncial	149881	gris	1920	Quercitron 132534	Malaisie 109572
Unciforme	144761	noir	1920	Nyctalope 113635	Rémoise 134605
Unciforme	145152	gris	1920	Fier à Bras 65250	Plaquette 125304
Unciforme	145584	noir	1920	Kalot 92507	Jettature 84567
Umciforme	146006	gris	1920	Lichas 98731	Irénée 78899
Unciforme	146975	noir	1920	Keramin 95167	Kamenetz 95284
Unciforme	147220	gris	1920	Nyctalope 113635	Pirotte 125131
Unciforme	147368	noir	1920	Juste 85878	Oléaria 121958
Unciforme	148080	gris	1920	Pâton 127979	Karata 96279
Unciforme	149623	noir	1920	Quayac 132444	Isère 98124
Unciforme	149885	gris	1920	Quoréen 132242	Olivète 123592
Uncinaire	145116	gris	1920	Ontario 119738	Galleine 69884
Unciné	144762	gris	1920	Quodex 130186	Kadence 90522
Unciné	145585	gris-tr.-f.	1920	Komplex 91539	Dégourdie 68846
Unciné	146007	gris	1920	Quambrien 131503	Noria 113676
Unciné	146979	gris	1920	Octobre 120168	Nappe 115570
Unciné	147370	noir	1920	Juste 85878	Biche 93306
Unciné	148989	gris	1920	Queux 129144	Poule 54335
Unciné	149887	gris	1920	Quoréen 132242	Héroïne 78324
Uncino	145147	bai-chât.	1920	Pantin 124490	Okazionne 120677
Uncipal	146976	gris	1920	Lichas 98731	Ixie 81060
Uncroquant	145075	gris	1920	Quaduc 129371	Quatrepattes 129331
Unctio	145164	noir-zain	1920	Fier à-Bras 65250	Fagotte 84373
Unctueux	148728	gris	1920	Nectar 116862	Nitrière 117803
Uncupatif	147517	noir	1920	Juste 85878	Gentille 54229
Undécimo	144764	noir	1920	Perkins 125027	Mordache 106916
Undécimo	145586	gris-foncé	1920	Kalot 92507	Fabienne 126481
Undécimo	146008	gris	1920	Quambrien 131503	Gérance 70058
Undécimo	146982	gris	1920	Malplaquet 107145	Onalléga 122399
Undécimo	147372	gris	1920	Juste 85878	Jeunesse 87044
Undécimo	148680	gris-clair	1920	Poltron 125996	Mayence 109675
Undécimo	148992	gris	1920	Médisant 105527	Paroi 127871
Undécimo	149624	bai-brun	1920	Ostabat 123735	Musaraigne 110867
Undécimo	149889	gris	1920	Pitaud 128421	Nivéenne 117934
Underwood	149471	noir	1920	Idomen 83507	Ramille 134889
Undésirable	147197	noir	1920	Prorata 126402	Jauer 84957
Undetrot	145196	noir	1920	Postiche 125397	Gouttière 69681
Undi	147440	noir-zain	1920	Oulenx 121183	Joyeuse 86855
Undi	148529	gris	1920	Numéro 118563	Candide 57407
Undinal	147518	noir zain	1920	Juste 85878	Fatma 56603
Undinal	148743	gris	1920	Instar 78857	Luette 102687
Undurch	144614	noir	1920	Qotonnu 130216	Popote 126053

NOM	N°	ROBE	Naissance	PÈRE	MÈRE
Undurgas	147243	aubère	1920	Qotonnu 130216	Once 119037
Uneberg	149307	gris	1920	Maquis 110284	Quatapulte 131744
Unéric	148689	gris-fer	1920	Klocher 95657	Liesse 104268
Unéric	149206	gris clair	1920	Quoncubin 132048	Thérésa 64725
Ungibus	144893	noir-m.-t.	1920	Quesnel 129358	Olone 119223
Ungis	148152	gris-foncé	1920	Officieux 120209	Numératrice 117108
Ungo	149271	gris	1920	Quitus 130149	Moustache 93493
Ungrand	147091	gris	1920	Quarto 128860	Midouze 105194
Ungris	145080	gris-foncé	1920	Qotonnu 130216	Qotisse 129334
Ungris	146898	noir	1920	Quêteur 129815	Agricola 66224
Unguéal	144765	noir	1920	Quinaud 130444	Orobe 119325
Unguéal	145587	gris-clair	1920	Kalot 92507	Quordaïte 130515
Unguéal	146009	noir	1920	Jouillat 88642	Quorneille 131146
Unguéal	146983	gris	1920	Jouillat 88642	Kassaba 95398
Unguéal	147373	noir	1920	Juste 85878	Quade 131372
Unguéal	148998	noir-rub.	1920	Pâton 127979	Menotte 110397
Unguéal	149625	gris-foncé	1920	Mélo 108236	Pastille 127931
Unguéal	149891	noir	1920	Quercitron 132534	Normanique 118004
Unguibus	149178	noir	1920	Mansard 109591	Kerbéla 96388
Unguifère	145588	noir	1920	Kalot 92507	Igue 81465
Unguifère	146012	gris	1920	Jouillat 88642	Hursule 77389
Unguifère	146984	noir	1920	Malplaquet 107145	Kazvin 89774
Unguifère	148999	gris	1920	Kéris 93769	Orangerie 123102
Unguifère	149892	noir	1920	Ostabat 123735	Fileuse 90112
Unguineux	144766	noir	1920	Quinaud 130444	Parole 124562
Unguineux	145590	noir	1920	Kalot 92507	Koustine 92250
Unguineux	146013	gris	1920	Liguori 103360	Napolitaine 115571
Unguineux	146985	gris	1920	Malplaquet 107145	Gaudriole 73108
Unguineux	147374	gris	1920	Juste 85878	Palneca 126648
Unguineux	149001	noir	1920	Manillon 110245	Nagelle 117326
Unguineux	149893	gris	1920	Quercitron 132534	Route 136030
Unguis	144703	noir	1920	Pantin 124490	Urgente 67839
Unguis	144768	gris-tr-cl.	1920	Quonquis 130396	Quatremère 129487
Unguis	145592	noir	1920	Kalot 92507	Noyade 112900
Unguis	146014	bai-brun	1920	Lichas 98731	Kali 95179
Unguis	146986	noir	1920	Lichas 98731	Biche 53644
Unguis	147375	noir	1920	Juste 85878	Palme 126647
Unguis	149002	gris	1920	Quoncubin 132048	Onglette 123048
Unguis	149440	noir	1920	Muet 109445	Rameuse 134888
Unguis	149628	noir	1920	Importun 80576	Patricienne 128573
Unguis	149895	noir	1920	Quinconce 130108	Livourne 99637
Ungvar	145282	gris-clair	1920	Kalot 92507	Fauvette 59914
Ungvar	145804	noir	1920	Prorata 126402	Oaxaca 121194
Ungvar	146248	gris-clair	1920	Komplex 91539	Naumarchie 113996
Ungvar	147259	gris	1920	Lougre 100470	Nessa 114183

NOM	N°	ROBE	Naissance	PÈRE	MÈRE
Ungvar	147914	noir	1920	Malplaquet 107145	Oisive 121599
Ungvar	149356	gris	1920	Queux 129144	Kourtine 95906
Ungvar	149807	noir	1920	Nicobar 118452	Dalila 60920
Ungvar	150104	bai	1920	Panama 128415	Névada 113179
Uni	144509	gris foncé	1920	Ofa 122607	Midinette 109224
Uni	144658	noir	1920	Qualot 134492	Canadienne 69138
Uni	144704	gris	1920	Qupidon 130054	Ollade 120412
Uni	144769	noir	1920	Nyctalope 113635	Perpétuelle 125345
Uni	145593	noir	1920	Komplex 91539	Istib 80458
Uni	146015	gris	1920	Lichas 98731	Poésie 125365
Uni	146462	noir-zain	1920	Fier-à-Bras 65250	Janicule 85587
Uni	146480	gris	1920	Osé 119475	Méfiante 107639
Uni	146783	gris	1920	Quêteur 129815	Oilée 119684
Uni	146987	gris	1920	Lichas 98731	Mondaine 108401
Uni	147376	gris	1920	Ouleux 121183	Jolivette 61306
Uni	148709	noir	1920	Poltron 125996	Nauséabonde 117601
Uni	149005	gris	1920	Pâton 127979	Partielle 127883
Uni	149629	gris-rouan	1920	Lutécien 102720	Quotte 132325
Uni	149896	gris	1920	Quercitron 132534	Omergue 123615
Unias	145360	gris-foncé	1920	Mylord 107421	Kastoor 95435
Unias	147547	gris-foncé	1920	Néflier 111919	Obélisque 120466
Unias	148041	noir	1920	Quambrai 131502	Prasline 127348
Unias	149432	gris-bleu	1920	Lutécien 102720	Jardre 88415
Uniate	148566	gris-clair	1920	Nectar 116862	Kaboline 97362
Unic	144641	noir-zain	1920	Liguori 103360	Négresse 113698
Unic	147219	noir	1920	Fier-à-Bras 65250	Pingrerie 125809
Unicaule	144776	noir	1920	Quodex 130186	Jaligny 84792
Unicaule	146018	gris	1920	Lichas 98731	Négrerie 115684
Unicaule	146992	gris	1920	Napoléon 114031	Houssaye 77012
Unicolore	144491	bai-br.-f.-z.	1920	Lougre 100470	Plaisanterie 127455
Unicolore	144778	gris	1920	Quonquis 130396	Orne 119317
Unicolore	145594	gris-clair	1920	Quantilly 128970	Lobélie 101044
Unicolore	146020	bai	1920	Lorientais 103360	Ovine 122348
Unicolore	146994	gris	1920	Octavon 120167	Quaptive 130760
Unicolore	149006	gris-bleu	1920	Paquebot 128754	Paupière 128009
Unicolore	149634	noir	1920	Nectar 116862	Laridelle 101416
Unicolore	149901	gris	1920	Quercitron 132534	Quoala 132465
Unicorne	145595	gris-tr.-f.	1920	Kalot 92507	Orgère 120022
Unicorne	146021	gris	1920	Jouillat 88642	Limonade 101358
Unicorne	146997	gris	1920	Mylord 107421	Perrière 127058
Unicus	149906	noir	1920	Quayac 132444	Limoselle 103805
Unième	146785	noir-zain	1920	Quarto 128860	Piverte 125619
Unier	145953	bai-brun	1920	Ouistreham 120076	Hillarante 98608
Unier	147410	gris	1920	Juste 85878	Lignère 102182
Unier	148363	gris-foncé	1920	Nagy 112488	Méréville 109728

NOM	N°	ROBE	Naissance	PÈRE	MÈRE
Unieux	145284	noir	1920	Ouistreham 120076	Naplitaine 112794
Unieux	145363	gris	1920	Mylord 107421	Oise 121446
Unieux	146250	gris	1920	Quonviet 130474	Lozère 98810
Unieux	146542	gris	1920	Pampelune 124878	Puantise 126477
Unieux	147548	gris-foncé	1920	Ombreux 120360	Lamproie 103642
Unieux	147916	noir	1920	Quornaro 130969	Mina 75046
Unieux	148042	gris-foncé	1920	Quadeau 131386	Lamie 102555
Unieux	148459	noir	1920	Josné 88844	Olga 119995
Unieux	149360	gris-foncé	1920	Postiche 125397	Quasiment 128796
Unifié	144528	noir	1920	Mylord 107421	Oriflamme 122642
Unifié	144702	noir	1920	Quissac 130274	Notule 112503
Unifié	144780	gris-tr.-cl.	1920	Quodex 130186	Orle 119312
Unifié	145599	noir	1920	Qroisy 130286	Rougette 134441
Unifié	146022	gris	1920	Jouillat 88642	Karoline 93018
Unifié	146999	bai-brun	1920	Mylord 107421	Cendrine 64761
Unifié	147379	gris	1920	Jupiter 88668	Gisèle 93323
Unifié	148414	noir	1920	Québec 131267	Quichenotte 130753
Unifié	149007	gris	1920	Paquebot 128754	Hermione 97011
Unifié	149903	gris	1920	Quercitron 132534	Lisette 68042
Uniflore	144785	gris	1920	Nyctalope 113635	Joutière 85648
Uniflore	147000	noir	1920	Jouillat 88642	Joute 88085
Unifolié	144784	bai	1920	Nyctalope 113635	Paulette 124736
Unifolié	145601	gris-foncé	1920	Quadricycle 128838	Olliergue 122260
Unifolié	146023	gris	1920	Jouillat 88642	Clochette 67981
Unifolié	147001	noir	1920	Octavon 120167	Novella 115512
Unifolié	147381	alezan	1920	Jomarin 87262	Moirée 108783
Unifolié	149009	gris	1920	Paquebot 128754	Particulière 127882
Unifolié	149905	noir	1920	Quobez 132448	Qramérie 132468
Uniforme	144500	gris-foncé	1920	Joab 88718	Mode 109194
Uniforme	144503	gris-foncé	1920	Ofa 122607	Rêveuse 134942
Uniforme	144667	noir	1920	Mordicant 110698	Périmée 125407
Uniforme	144701	gris	1920	Quissac 130274	Oléine 120411
Uniforme	144787	noir	1920	Nyctalope 113635	Nonciature 113555
Uniforme	145104	gris	1920	Qokala 129350	Roulette 59390
Uniforme	145603	gris-tr.-f.	1920	Quadricycle 128838	Mireille 107489
Uniforme	146024	gris-foncé	1920	Jouillat 88642	Greuse 131078
Uniforme	146387	gris	1920	Quadricycle 128838	Quoique 129247
Uniforme	146487	noir-m.-t.	1920	Pachalik 127626	Mercière 106398
Uniforme	147004	noir	1920	Patrice 124730	Grillette 71891
Uniforme	148406	gris-foncé	1920	Québec 131267	Belzine 50235
Uniforme	149010	noir	1920	Quoncubin 132048	Heureuse 77720
Uniforme	149907	gris	1920	Quercitron 132534	Hougue 98538
Uniforme	150128	gris	1920	Pégoud 126957	Odette 124080
Unigenitus	146253	gris	1920	Passeur 124615	Brillante 62195
Unigenitus	147192	gris	1920	Quarteron 128953	Pipelette 125836

NOM	N°	ROBE	Naissance	PÈRE	MÈRE
Unigenitus	149364	gris bleu	1920	Queux 129144	Nonne 117013
Unijugué	144788	gris foncé	1920	Quodex 130186	Quintecurce 129201
Unijugué	145604	noir	1920	Osé 119475	Menée 107724
Unijugué	146031	bai	1920	Lichas 98731	Orphique 122323
Unijugué	147008	gris	1920	Patrice 124730	Kamée 90674
Unijugué	147382	noir	1920	Jomarin 87262	Retouche 135725
Unijugué	149014	noir	1920	Paquebot 128754	Kuskute 96420
Unijugué	149910	gris	1920	Numéro 118563	Quadrige 132475
Unike	148716	gris	1920	Paillon 124273	Hermangrade 75601
Unilabié	144789	noir	1920	Quinaud 130441	Quonserve 130407
Unilabié	145607	noir	1920	Négligent 112708	Offre 120214
Unilabié	146032	gris	1920	Jouillat 88642	Orpheline 122322
Unilabié	147010	gris-noir	1920	Keramin 95167	Paulette 127065
Unilabié	149019	gris	1920	Pâton 127979	Passagère 127898
Unilabié	149644	gris	1920	Québec 132753	Minerve 104892
Unilabié	149911	gris	1920	Nerveux 111453	Quartzeuse 132507
Unilatéral	144628	gris	1920	Pantin 124490	Palestrina 124397
Unilatéral	145610	bai-tr.-f.	1920	Quadricycle 128838	Orignolle 120029
Unilatéral	146050	gris	1920	Lumineux 100865	Kourtoisie 91365
Unilatéral	146338	noir	1920	Quonquis 130396	Quensole 130410
Unilatéral	146385	noir	1920	Qotomin 130216	Kastorine 91173
Unilatéral	147015	noir	1920	Quanivot 130128	Quosnardine 131130
Unilatéral	149024	gris-foncé	1920	Queux 129144	Larpie 102796
Unilobé	144791	gris	1920	Quonquis 130396	Globule 70742
Unilobé	146051	noir-zain	1920	Lumineux 100865	Quaillasse 129645
Unilobé	147016	noir	1920	Quanivot 130128	Hébé 75664
Unilobé	149025	gris-bleu	1920	Keris 93769	Konfusion 95771
Unilobé	149646	gris-rouan	1920	Pitaud 128421	Jacobiste 88907
Unilobé	149915	noir	1920	Numéro 118563	Noctiluque 117945
Uniloculaire	149648	gris-foncé	1920	Quayac 132444	Paraffine 127597
Uniment	144795	bai-brun	1920	Pépium 124974	Histoire 75713
Uniment	145615	noir	1920	Osé 119475	Livonie 103056
Uniment	147637	noir	1920	Obus 121402	Kouloire 95877
Uniment	149026	gris-vin.	1920	Paquebot 128754	Pesse 128239
Uniment	149498	gris-noir	1920	Quesnel 129199	Mésange 110452
Uniment	149647	gris-foncé	1920	Panama 128415	Journalière 87510
Uniment	149918	noir	1920	Ostabat 123735	Moustille 110817
Unin	148300	noir	1920	Idomen 83507	Pallas 127513
Uninominal	144796	noir	1920	Nyctalope 113635	Ourse 119841
Uninominal	145619	noir	1920	Osé 119475	Parodie 127867
Uninominal	146054	noir	1920	Perturbateur 125648	Neuviable 114199
Uninominal	147019	noir	1920	Quanivot 130128	Navette 115641
Uninominal	147639	bai	1920	Néflier 111919	Modestie 109964
Uninominal	149028	alez.-b.-a.	1920	Quitus 130149	Joule 87279
Uninominal	149649	gris-foncé	1920	Quayac 132444	Muscardine 110873

NOM	N°	ROBE	Naissance	PÈRE	MÈRE
Uninominal	149925	noir	1920	Ostabat 123735	Plane 128450
Unioculé	144797	noir	1920	Quonquis 130396	Lisette 57417
Unioculé	145624	noir	1920	Qroisy 130286	Myronne 107488
Unioculé	146055	noir	1920	Lumineux 100865	Lampyre 100225
Unioculé	147018	gris	1920	Quanivot 130128	Nèf 115672
Unioculé	147640	gris foncé	1920	Quambrioleur 131507	Ida 81971
Unioculé	149029	gris-foncé	1920	Nérac 112728	Quomprise 132015
Unioculé	149650	noir	1920	Lédon 101823	Nation 118241
Unioculé	149926	noir	1920	Quayac 132444	Quadrilobée 132478
Union	144502	gris-foncé	1920	Joab 88718	Mireille 109288
Union	145132	noir	1920	Qotonnu 130216	Papillote 124833
Unionisme	144798	noir	1920	Nyctalope 113635	Quonstance 130445
Unioniste	144514	gris	1920	Quinola 130134	Martine 109071
Unioniste	144799	gris-clair	1920	Quodex 130186	Orne 119957
Unioniste	146056	noir	1920	Piombino 127259	Collette 58489
Unioniste	146384	noir-m.-t.	1920	Qotonnu 130216	Ouspillée 120331
Unioniste	146486	noir	1920	Pachalik 127626	Rochette 55127
Unioniste	147020	noir	1920	Quanivot 130128	Insolvable 82371
Unioniste	147641	noir	1920	Néflier 111919	Coquette 75004
Unioniste	148413	noir	1920	Québec 134267	Noémie 145392
Unioniste	149034	gris	1920	Instar 78857	Obésité 122780
Unioniste	149651	noir	1920	Quotient 129087	Inconnue 87617
Unioniste	149916	noir-zain	1920	Quaolin 128963	Orange 123638
Unior	144526	noir	1920	Ofa 122607	Marotte 109089
Unior	148234	noir-zain	1920	Juste 85878	Palisse 126643
Unioriste	147404	gris	1920	Ouleux 121183	Lille 102187
Uniovulé	145625	gris-tr.-f.	1920	Quadricycle 128838	Lamineuse 101716
Uniovulé	146057	noir	1920	Piombino 127259	Quotidienne 129066
Uniovulé	147021	noir	1920	Mordicant 110698	Nèthe 112585
Uniovulé	147642	gris-foncé	1920	Konstat 95797	Obturation 121399
Uniovulé	149034	gris	1920	Quitus 130149	Chartreuse 68220
Uniovulé	149655	gris-fer	1920	Panama 128415	Morphine 104856
Unipare	145630	gris-foncé	1920	Quantilly 128970	Lasensive 97774
Unipare	146064	noir-zain	1920	Perturbateur 125648	Neustrienne 112604
Unipare	147022	gris	1920	Quanivot 130128	Olargue 122432
Unipare	147643	noir	1920	Konstat 95797	Neulle 116580
Unipare	149035	gris	1920	Quitus 130149	Nastringue 117361
Unipare	149656	alezan	1920	Panama 128415	Houlette 74341
Unipersonnel	145633	gris-foncé	1920	Komplex 94539	Nicomédie 112618
Unipersonnel	146062	noir-zain	1920	Lumineux 100865	Lagâte 97779
Unipersonnel	146376	gris-fer	1920	Osé 119475	Saïda 64838
Unipersonnel	149037	gris	1920	Quitus 130149	Outrée 122784
Unipersonnel	149658	gris	1920	Panama 128415	Nation 117574
Unipersonnel	149933	gris	1920	Quoréopsis 132243	Phalangette 128034
Unipérus	148484	gris-foncé	1920	Ouvrier 119107	Jarre 89091

NOM	N°	ROBE	Naissance	PÈRE	MÈRE
Unipétalé	144981	noir	1920	Passeur 124615	Oronge 121017
Unipétalé	145635	noir	1920	Komplex 91539	Idiome 81472
Unipétalé	147026	noir	1920	Quanivot 130128	Grincheuse 72737
Unipétalé	147647	gris-foncé	1920	Néflier 111919	Qualeite 131448
Unipétalé	149038	gris-fer	1920	Keris 93769	Marlecie 109493
Unipétalé	149660	noir	1920	Quayac 132444	Ouainville 123737
Unipétalé	149930	noir	1920	Pitaud 128421	Marianna 111184
Unipolaire	144980	gris foncé	1920	Nyctalope 113635	Jaffa 84796
Unipolaire	146067	noir	1920	Névrosé 113735	Manuelle 107987
Unipolaire	146377	gris foncé	1920	Osé 119475	Lactoline 100568
Unipolaire	147027	gris	1920	Quanivot 130128	Ithaque 80254
Unipolaire	147648	bai	1920	Quompromis 132021	Midinette 110520
Unipolaire	149039	noir	1920	Quoncubin 132048	Limaille 101458
Unipolaire	149661	noir-zain	1920	Keris 93769	Jachère 98527
Unipolaire	149931	gris	1920	Ostabat 123735	Ruchée 134485
Unique	144563	gris-foncé	1920	Quambrai 131502	Nomination 115832
Unique	144805	noir	1920	Quodex 130186	Moldavie 105215
Unique	146370	gris foncé	1920	Négligent 112708	Ozonnée 121133
Unique	146619	gris-fer	1920	Lafayette 100646	Madeleine 108672
Unique	148399	noir	1920	Québec 131267	Cocotte 50280
Unique	148411	gris-fer	1920	Québec 131267	Hémine 77500
Unique	148437	gris-fer-f.	1920	Perkins 125027	Margot 107554
Unique	149873	gris	1920	Quayac 132444	Mactha 104798
Unique	150124	noir	1920	Pégoud 126957	Ninette 118722
Uniquement	144982	gris	1920	Quérigut 128971	Prêle 126205
Uniréfringent	144983	gris-foncé	1920	Quérigut 128971	Pécune 124782
Uniscus	147118	noir	1920	Prorata 126402	Mime 107855
Unisérié	144986	gris	1920	Quérigut 128971	Nyassa 114042
Unisérié	145638	gris-clair	1920	Pampelune 124878	Méninge 107732
Unisérié	147032	bai	1920	Patrice 124730	Pauline 127070
Unisérié	147652	noir	1920	Quambrai 131502	Koupelle 95885
Unisérié	149045	noir	1920	Lédon 101823	Messaline 104905
Unisérié	149665	gris-foncé	1920	Lédon 101823	Bijou 84471
Unisérié	149963	noir	1920	Quoréen 132242	Onglière 123627
Unisexuel	144985	noir	1920	Quérigut 128971	Halle 78109
Unisexuel	147036	gris-noir	1920	Malplaquet 107145	Houle 76333
Unisexuel	147653	gris-foncé	1920	Quambrai 131502	Quaroline 131451
Unisexuel	149047	gris	1920	Quoncubin 132048	Rifle 135839
Unisexuel	149666	gris	1920	Keris 93769	Phyllie 128291
Unisexuel	149971	gris	1920	Quinconce 130108	Muscologie 110879
Unisien	148906	noir	1920	Queux 129144	Mangle 110234
Unissant	146369	bai-brun	1920	Pantin 124490	Kinine 92230
Unissant	146510	noir	1920	Pachalik 127626	Loufoche 99145
Unisson	144512	noir	1920	Ofa 122607	Kiev 94373
Unisson	145642	gris-clair	1920	Komplex 91539	Niroise 113937

NOM	N°	ROBE	Naissance	PÈRE	MÈRE
Unisson	146371	gris-foncé	1920	Négligent 142708	Vénitienne 58345
Unisson	146423	gris	1920	Quontralto 130438	L'Amie 75054
Unisson	146768	gris	1920	Prorata 126402	Pointilleuse 65356
Unisson	147656	noir	1920	Quompromis 132021	Impressionnable 82311
Unisson	148402	noir	1920	Québec 131267	Surprise 49678
Unisson	148618	gris-noir	1920	Parieur 127471	Joyeuse 88687
Unisson	149049	gris	1920	Postiche 125397	Pastinague 127926
Unisson	149500	gris	1920	Quompas 130345	Maucelle 107571
Unisson	149668	noir	1920	Panama 128415	Kamuse 97431
Unisson	149968	gris	1920	Numéro 118563	Kame 97414
Unisson	150168	gris clair	1920	Quérigut 128971	Loge 99516
Unissonnant	144988	noir	1920	Passeur 124615	Oublieuse 121071
Unissonnant	149669	noir-m.-t.	1920	Panama 128415	Qualité 132645
Unissons	144691	noir	1920	Qualvados 131498	Lapse 104604
Unitaire	144585	noir	1920	Quissac 130271	Obscénité 120713
Unitaire	144989	noir	1920	Quérigut 128971	Nuance 112907
Unitaire	145643	gris-tr.-cl.	1920	Quadricycle 128838	Inattendue 80378
Unitaire	146072	gris-foncé	1920	Neuilly 112606	Kapitale 92892
Unitaire	146383	noir	1920	Fier-à-Bras 65250	Orbite 120255
Unitaire	147657	gris-fer	1920	Quompromis 132021	Patineuse 124711
Unitaire	148407	gris	1920	Québec 131267	Isba 93365
Unitaire	148619	gris	1920	Pivert 127373	Maîtrise 110945
Unitaire	149050	gris	1920	Postiche 125397	Joyeuse 55838
Unitaire	149670	gris-foncé	1920	Quayac 132444	Glaneuse 73236
Unitarel	145482	bai-chât.	1920	Pouff 124218	Quêteuse 129130
Unitas	144582	noir	1920	Quissac 130271	Haltesse 76866
Unitas	146723	gris	1920	Nyctalope 113635	Nombril 112061
Unitaz	146209	gris-tr.-f.	1920	Prunellier 126460	Quirelle 129980
Unité	146596	noir	1920	Mylord 107421	Quourte 131050
United	148460	noir	1920	Josué 88841	Niniche 143654
United	148702	gris-foncé	1920	Marguillier 107679	Quarantaine 131688
United	149361	gris	1920	Quauteleux 131765	Qladone 131782
United	149810	noir	1920	Nicobar 118452	Marmotte 111148
Unitif	144996	gris	1920	Quérigut 128971	Hélène 81805
Unitif	145644	noir	1920	Quadricycle 128838	Palmure 124324
Unitif	146049	bai	1920	Osé 119475	Himère 98155
Unitif	146073	bai-foncé	1920	Neuilly 112606	Itérative 79070
Unitif	146373	noir	1920	Négligent 112708	Némorale 142733
Unitif	146397	noir-m.-t.	1920	Pachalik 127626	Lisette 54401
Unitif	147041	gris	1920	Kalot 92507	Kiroule 95320
Unitif	147660	noir-zain	1920	Quompromis 132021	Nyssia 116483
Unitif	148620	noir	1920	Quompas 130345	Négation 117195
Unitif	149052	gris	1920	Queux 129144	Prépuce 124583
Unitif	149674	gris-clair	1920	Quayac 132444	Madeira 104852
Unitif	149972	gris	1920	Quayac 132444	Quarte 132498

NOM	N°	ROBE	Naissance	PÈRE	MÈRE
Unitor	144706	gris	1920	Quissac 130271	Liste 97932
Univalve	144492	gris	1920	Lougre 100470	Lerme 102984
Univaque	146731	noir	1920	Psoriasis 126479	Piloselle 125788
Univers	144513	noir zain	1920	Ofa 122607	Léda 102315
Univers	144529	noir	1920	Mylord 107421	Quadrivalve 128853
Univers	144660	noir	1920	Qualvados 131498	Jouvelle 88586
Univers	144666	gris-foncé	1920	Mordicant 110608	Génératrice 69694
Univers	144997	gris-foncé	1920	Passeur 124615	Kouette 92640
Univers	145286	noir	1920	Quanivot 130128	Nièvre 114251
Univers	145645	gris clair	1920	Kalot 92507	Khaspour 95175
Univers	145809	noir	1920	Quarteron 128953	Incas 80468
Univers	146075	noir	1920	Perturbateur 125648	Castille 58689
Univers	146254	noir	1920	Moineau 106576	Quoquille 130504
Univers	146403	noir	1920	Piombino 127259	Juine 86575
Univers	146743	gris	1920	Psoriasis 126479	Laborde 100923
Univers	147044	gris	1920	Keramin 95167	Jamaïque 98507
Univers	147661	gris-cend.	1920	Quompromis 132021	Méandrine 109920
Univers	147917	noir	1920	Pilon 127251	Marne 106077
Univers	148410	noir	1920	Québec 131267	Gaspille 72547
Univers	148464	noir	1920	Josué 88841	Korpulence 93158
Univers	148621	noir zain	1920	Parieur 127471	Laurentie 101792
Univers	149053	alez. aub.	1920	Queux 129144	Pataude 127946
Univers	149366	gris	1920	Quanteleux 131765	Fadette 98298
Univers	149675	noir	1920	Pitaud 128421	Litée 103867
Univers	149692	noir	1920	Quayac 132444	Quête 132540
Univers	149808	gris-foncé	1920	Qlair 131783	Mandarinette 111223
Univers	149973	noir	1920	Ostabat 123735	Kermesse 97692
Univers	149983	gris	1920	Quayac 132444	Plume 128500
Univers	150139	noir	1920	Lougre 100470	Quinconce 131297
Univers	150161	noir	1920	Importun 80576	Nabalie 117507
Universel	144998	gris	1920	Quinaud 130441	Odalisque 120181
Universel	145646	gris-foncé	1920	Kalot 92507	Onzième 120846
Universel	146076	gris	1920	Lumineux 100865	Jablière 86174
Universel	146429	gris	1920	Névrosé 113735	Lydie 99865
Universel	146642	noir	1920	Kalot 92507	Quivola 129517
Universel	146717	noir	1920	Psoriasis 126479	Rustique 62130
Universel	147045	bai-brun	1920	Pégoud 126957	Pavie 127076
Universel	147664	noir	1920	Quambrai 131502	Malandre 107619
Universel	148428	noir	1920	Québec 131267	Manille 107438
Universel	149054	gris	1920	Queux 129144	Océanie 122850
Universel	149474	bai-br.-z.	1920	Pécunieux 124797	Libertine 101371
Universel	149676	gris-rouan	1920	Quayac 132444	Quont'nuité 132146
Universel	149977	noir-zain	1920	Quercitron 132534	Orangeade 124012
Universitaire	146728	gris	1920	Quanevas 129730	Rigole 134153
Universitaire	147666	noir	1920	Quompromis 132021	Quale 131456

NOM	N°	ROBE	Naissance	PÈRE	MÈRE
Universitaire	149059	gris-foncé	1920	Kéris 93769	Voltige 74993
Universitaire	149678	gris-foncé	1920	Quayac 132444	Kérazonde 96386
Universitaire	149978	noir	1920	Quinconce 130108	Hortense 98536
Univoltain	144999	noir	1920	Quinaud 130444	Morale 106912
Univoltain	145650	alezan-cl.	1920	Pampelune 124878	Juliane 66960
Univoltain	146078	noir	1920	Lumineux 100865	Kamarde 90665
Univoltain	147047	gris	1920	Moineau 106576	Qualvitie 131491
Univoltain	147671	gris-foncé	1920	Quompromis 132021	Numide 116473
Univoltain	149060	gris	1920	Quoncubin 132048	Picorée 128308
Univoltain	149680	gris-foncé	1920	Pitaud 128421	Margarita 104855
Univoltain	149979	noir	1920	Quoréen 132242	Nickéline 117905
Univoltin	145651	gris-tr.-f.	1920	Komplex 91539	Olga 57480
Univoltin	146081	noir	1920	Quodex 130186	Lamorière 100968
Univoltin	147048	gris	1920	Moineau 106576	Mandane 107159
Univoltin	147674	noir	1920	Quompromis 132021	Réforme 134875
Univoltin	149063	noir	1920	Postiche 125397	Orense 123444
Univoltin	149685	noir	1920	Quayac 132444	Khivette 96642
Univoque	145156	gris	1920	Pantin 124490	Obliquée 120708
Univoque	146515	gris	1920	Fier-à-Bras 65250	Ramsgate 133706
Univoque	149476	bai-cer-z.	1920	Quesnel 129199	Quauchoise 134752
Unjo	146930	gris	1920	Quontralto 130438	Goguette 97129
Unkanard	145199	bai-chât.	1920	Prunellier 126460	Palmeraie 127687
Unkral	145082	gris	1920	Qokala 129350	Ouparle 119158
Unlapin	145097	gris-foncé	1920	Qotonnu 130216	Pétéchie 125134
Unna	145091	noir	1920	Qokala 129350	Méfiante 105729
Unnègre	144946	noir-zain	1920	Piombino 127259	Rocheuse 132802
Uno	147238	bai	1920	Neuilly 112606	Manivelle 107967
Unolif	145532	gris	1920	Quinquin 128944	Permission 125338
Unololu	147173	gris-vin.	1920	Quontralto 130438	Coquette 65460
Unom	146659	noir	1920	Quêteur 129815	Onctueuse 118973
Unone	146732	gris	1920	Psoriasis 126479	Klarinette 91063
Unoré	147127	noir	1920	Quériquet 129124	Ravire 133469
Unot	149225	gris	1920	Lutécien 102720	Konserve 95790
Unouf	147089	gris	1920	Quarto 128860	Lisse 100309
Unparigot	146205	gris	1920	Pantin 124490	Lucette 43982
Unpetisou	146177	gris-foncé	1920	Pantin 124490	Orphée 120565
Unpoilu	146172	gris	1920	Josué 88841	Qoline 129106
Unpoilu	150054	gris	1920	Quobez 132448	Mazurke 110741
Unpot	145453	gris-foncé	1920	Qokala 129350	Qazie 129666
Unragot	145503	gris-foncé	1920	Prunellier 126460	Quomédienne 131974
Unrat	145107	noir	1920	Quaduc 129371	Marraine 105717
Unrescapé	147141	noir	1920	Quarteron 128953	Olivine 119720
Unrichard	145099	gris-f.-v.	1920	Qotonnu 130216	Orientale 120334
Unrien	145509	gris	1920	Quesnel 129358	Parade 125035
Unsigne	147084	noir	1920	Quarto 128860	Montenette 107432

NOM	N°	ROBE	Naissance	PÈRE	MÈRE
Unsourd	147093	gris	1920	Quarto 128860	Revenue 134088
Unsruck	149211	gris foncé	1920	Paquebot 128754	Konidée 95779
Unst	145287	gris	1920	Pampelune 124878	Livia 103461
Unst	146256	noir	1920	Moineau 105576	Korbeille 93656
Unst	147919	noir	1920	Oder 121578	Merlette 110445
Unst	149368	gris	1920	Quasson 131729	Quocaïne 131857
Unst	149811	noir	1920	Interprète 80665	Jachère 88783
Unster	149274	noir	1920	Quitus 130149	Malvacée 110196
Unstrut	145291	noir	1920	Kalot 92507	Liaison 100041
Unstrut	145810	noir zain	1920	Quanivot 130128	Joyeuseté 84667
Unstrut	147920	gris-foncé	1920	Qualot 131492	Charmante 74990
Unstrut	148470	noir	1920	Québec 131267	Ingrate 84314
Unstrut	149812	gris	1920	Nicobar 118452	Laurence 104528
Unstrut	150108	gris	1920	Panama 128415	Plantule 128457
Unt	148634	gris foncé	1920	Quesnel 129199	Harmonie 78284
Untanck	146176	gris	1920	Quesnel 129358	Mitylène 105777
Untel	144637	noir	1920	Pachalik 127626	Lèvre 98013
Untel	144852	gris	1920	Quesnel 129358	Opportune 119339
Unter	144848	gris	1920	Qokala 129350	Praline 125087
Unter	145954	gris-noir	1920	Ouistreham 120076	Kasoram 95087
Unter	147413	noir	1920	Ouleux 121183	Hermine 77113
Unter	148375	bai brun	1920	Parieur 127471	Questeuse 131306
Unterwalden	147921	gris clair	1920	Heaume 75604	Illusion 82443
Unterwalden	148703	gris-clair	1920	Musclé 106701	Négligente 117762
Untik	145498	noir	1920	Pantin 124790	Hamerthume 76283
Untjac	147481	bai	1920	Ouleux 121183	Kologne 94074
Untjac	148572	noir	1920	Numéro 118563	Mirabelle 111384
Untoutnoir	145133	noir-zain	1920	Piombino 127259	Lamirette 98884
Untrotin	145504	noir	1920	Prunellier 126460	Quomète 131975
Untruc	145098	gris-foncé	1920	Qotonnu 130216	Ormille 120333
Unulé	148531	gris-foncé	1920	Numéro 118563	Lithine 101519
Unus	146047	gris	1920	Qokala 129350	Quenetta 129326
Unus	149469	noir	1920	Pivert 127373	Jambette 88737
Unverre	145364	gris	1920	Kalot 92507	Loquette 99876
Unverre	148044	gris-foncé	1920	Quitus 130149	Katalane 94910
Unyadi	149212	gris	1920	Paquebot 128754	Ortive 123214
Unzent	148047	gris-foncé	1920	Marsin 109642	Nevelle 116706
Uodecimo	148269	noir	1920	Idomen 83507	Kiou Siou 96163
Uodi	148273	noir	1920	Nectar 116862	Kalinette 92615
Uorel	147119	gris	1920	Qotonnu 130216	Lamine 97878
Uos	148000	noir zain	1920	Pilon 127251	Ina 98406
Upa	148907	gris	1920	Quasson 131729	Orchie 123435
Upad	145451	gris-foncé	1920	Qotonnu 130216	Padilla 125408
Upaix	145365	gris	1920	Pampelune 124878	Lavine 100878
Upaix	147550	noir	1920	Obus 121402	Nodale 116038

NOM	N°	ROBE	Naissance	PÈRE	MÈRE
Upaix	148048	noir	1920	Quadeau 131386	Prévéza 127352
Uparlac	148001	noir	1920	Pilon 127251	Laperrière 103702
Upas	144876	gris	1920	Pouff 124218	Qloyère 130147
Upas	145000	noir	1920	Quérigut 128971	Garote 69866
Upas	145038	bai-brun	1920	Quesnel 123358	Opetiote 149040
Upas	145096	gris foncé	1920	Qokala 129350	Nauzetupas 143380
Upas	145654	gris	1920	Komplex 91539	Obsolète 120116
Upas	146083	noir	1920	Perturbateur 125648	Quaptieuse 129482
Upas	146415	alezan	1920	Omer 119732	Quontre 130439
Upas	146678	noir	1920	Quarto 128860	Lamette 100609
Upas	147049	noir	1920	Moineau 106576	Fernandine 93394
Upas	147222	gris rouan	1920	Nyctalope 113635	Qlaque 129924
Upas	147672	gris-foncé	1920	Quambrai 131502	Charmante 64536
Upas	149062	gris-foncé	1920	Pâton 127979	Patagone 127938
Upas	149477	gris clair	1920	Nectar 116862	Mandarine 107568
Upas	149694	noir-zain	1920	Lédon 101823	Molécule 104858
Upas	150131	noir	1920	Lougre 100470	Quincampoix 131292
Upasima	149988	noir zain	1920	Pitaud 128421	Myrosine 107047
Upazzo	148786	gris-foncé	1920	Quasson 131729	Ille 83211
Uper	145170	noir	1920	Pantin 124490	Lacune 97886
Upernawick	147171	noir	1920	Quaduc 129371	Palmée 124321
Upert	149301	noir	1920	Quimperlé 129067	Résingle 135655
Upeur	148274	noir	1920	Quaïman 129648	Palabre 126590
Uphti	148573	gris-foncé	1920	Numéro 148563	Ophtalmie 123074
Upin	148533	gris-fer	1920	Quoréen 132242	Narquoise 118552
Upin	148855	gris	1920	Médisant 105527	Jamaïque 87385
Upis	146918	gris	1920	Ontario 119738	Opilative 119194
Upiter	149226	noir-zain	1920	Importun 80576	Oseille 123225
Uplicata	148276	gris-foncé	1920	Nectar 116862	Gachette 73116
Upoil	145531	gris-foncé	1920	Qualot 131492	Merveille 107279
Upon]	148485	gris-foncé	1920	Marat 111305	Lucillia 104623
Uponvilliers	147177	noir	1920	Quinaud 130444	Porque 126068
Uppain	148002	gris-foncé	1920	Oder 121578	Lulle 103509
Uppé	148364	gris-foncé	1920	Heainne 75604	Coquette 75008
Upercut	147080	gris	1920	Lumineux 100865	Vagabonde 62340
Uppy	148003	gris foncé	1920	Qualot 131492	Négronde 146553
Upsal	144851	gris foncé	1920	Qotonnu 130216	Micheline 105757
Upsal	145125	gris-vin.	1920	Pachalik 127626	Phénicie 125214
Upsal	145294	noir-zain	1920	Mylord 107421	Inique 80509
Upsal	145812	bai	1920	Quarteron 128953	Java 86153
Upsal	146259	noir	1920	Quérigut 128971	Gazeuse 71558
Upsal	147172	gris	1920	Quaduc 129371	Monnaie 105230
Upsal	147788	gris-foncé	1920	Qualvados 131498	Quékette 130097
Upsal	147923	gris-foncé	1920	Kagot 92240	Offrande 121519
Upsal	148395	noir	1920	Québec 131267	Ibérie 80335

NOM	N°	ROBE	Naissance	PÈRE	MÈRE
Upsal	148466	bai	1920	Josué 88841	Navarre 113088
Upsal	149817	gris	1920	Quoin 131888	Impériale 96976
Upsal	150169	gris	1920	Panama 128415	Pieuse 128328
Upsilon	148706	gris-clair	1920	Idomen 83507	Notice 117785
Uptik	146192	bai-chât.	1920	Fier-à-Bras 65250	Obreptice 120739
Upulin	147443	noir	1920	Juste 85878	Lafuie 102002
Upulin	148534	noir m. t.	1920	Ostabat 123735	Diaphane 59832
Upup	145468	noir	1920	Piombino 127259	Invitee 79224
Upus	148536	noir m. t.	1920	Ouvrier 119107	Mentana 110045
Upyr	145465	bai-br. f.	1920	Qotonnu 130216	Pyramide 125139
Uquel	148277	gris	1920	Konstat 95797	Héloïse 75839
Uquest	145466	gris	1920	Qotonnu 130216	Onestétape 120339
Uquidam	145089	gris vin.	1920	Quadue 129371	Moucharde 105560
Ura	149227	noir	1920	Mansard 109591	Konnivence 95786
Uracaria	144636	gris	1920	Pantin 124490	Pudique 125443
Uraco	145115	gris-foncé	1920	Qokala 129350	Kalotte 97628
Uraète	147050	gris	1920	Moineau 106576	Méprise 107197
Uragan	148750	gris	1920	Nichet 117897	Neuvaine 116114
Urage	147252	gris	1920	Ontario 119738	Roguée 134242
Ural	147484	noir	1920	Ouleux 121183	Lison 102213
Ural	148576	gris-vin.	1920	Neigeux 112725	Judith 84679
Ural	148833	gris-foncé	1920	Postiche 123397	Obscénité 122800
Ural	148857	noir	1920	Médisant 105527	Eglantine 55871
Uralien	148751	gris	1920	Nichet 117897	Houlette 87725
Uramen	148279	gris clair	1920	Nectar 116862	Imparité 82525
Uranate	145001	gris	1920	Quérigut 128971	Hermione 98167
Urane	145459	gris-foncé	1920	Qokala 129350	Krotone 92098
Urane	146393	noir-m.-t.	1920	Piombino 127259	Quontusion 130459
Urane	148381	noir	1920	Québec 131267	Prunelle 65391
Urane	149478	gris-noir	1920	Quesnel 129199	Majesté 111025
Uranicus	144978	gris-foncé	1920	Poull 124218	Joie 85901
Uranique	145656	gris-foncé	1920	Quantilly 128970	Gastille 98068
Uranique	146087	gris	1920	Neuilly 112606	Kastagnette 91111
Uranique	147051	noir	1920	Moineau 106576	Castille 87560
Uranique	149064	noir	1920	Quonculin 132048	Opiniâtreté 123087
Uranique	149986	gris	1920	Ostabat 123735	Lady 101386
Uranium	144859	gris-foncé	1920	Poull 124218	Névrose 114404
Uranium	145003	noir	1920	Quérigut 128971	Pardine 124920
Uranium	145657	noir	1920	Quantilly 128970	Irma 90171
Uranium	146088	noir	1920	Neuilly 112606	Bichette 66212
Uranium	146406	gris	1920	Piombino 127259	Hermine 98485
Uranium	147052	bai-brun	1920	Moineau 106576	Kommune 95598
Uranium	147677	gris-foncé	1920	Quompromis 132021	Nanette 115391
Uranium	148382	noir	1920	Québec 131267	Opique 123086
Uranium	149066	gris	1920	Pâton 127979	

NOM	N°	ROBE	Naissance	PÈRE	MÈRE
Uranium	149695	noir	1920	Panama 128415	Lina 104460
Uranium	149987	gris	1920	Pitaud 128421	Kantine 97456
Urano	144863	gris-foncé	1920	Ontario 119738	Ravive 133473
Urano	145186	noir	1920	Négligent 112708	Larve 100665
Uranographe	145559	gris-foncé	1920	Komplex 91539	Quenza 128980
Uranographe	147053	gris	1920	Moineau 106576	Niaiserie 115752
Uranographe	147678	noir	1920	Quompromis 132021	Karderie 94849
Uranographe	149089	gris	1920	Pitaud 128421	Mularde 110839
Uranomètre	147680	gris-clair	1920	Quompromis 132021	Nasale 116775
Uranorama	145004	noir	1920	Nyctalope 113635	Lanterne 100256
Uranorama	145660	gris	1920	Komplex 91539	Kalaurie 90883
Uranorama	146089	gris	1920	Quodex 130186	Occlusine 148801
Uranorama	147054	gris	1920	Nitrate 111699	Poperinghe 127309
Uranorama	147682	gris fer	1920	Quompromis 132021	Hache 75375
Uranorama	149070	noir	1920	Queux 129144	Linière 101496
Uranorama	149697	noir zain	1920	Néflier 111919	Docile 60565
Uranorama	149993	noir	1920	Pitaud 128421	Quenouille 132525
Uranos	147926	noir zain	1920	Qualot 131492	Modeste 60390
Uranos	149822	gris foncé	1920	Quayac 132444	Politesse 128555
Uranoscope	145008	gris	1920	Quérigut 128971	Monique 105219
Uranoscope	145661	gris	1920	Komplex 91539	Quenoche 128979
Uranoscope	146091	bai	1920	Quontralto 130438	Quaque 129493
Uranoscope	146744	gris	1920	Névrosé 113735	Qlarinette 129928
Uranoscope	147055	noir-zain	1920	Nitrate 111699	Lavandière 67604
Uranoscope	149076	gris	1920	Nichet 117897	Molfetta 110074
Uranoscope	149699	noir	1920	Mansard 109591	Nébuleuse 118321
Uranoscope	149994	gris	1920	Pitaud 128421	Ornaison 123686
Urant	148282	noir zain	1920	Nectar 116862	Nécromancie 117633
Uranus	144523	gris-vin.	1920	Quinola 130134	Ostende 119800
Uranus	144862	noir-zain	1920	Piombino 127259	Ombellifère 119130
Uranus	144971	gris	1920	Poison 125565	Quatalane 129870
Uranus	145120	noir	1920	Pachalik 127626	Alpine 54453
Uranus	145813	noir	1920	Quarteron 128953	Miette 107827
Uranus	146260	noir	1920	Moineau 106576	Nodule 114778
Uranus	146334	gris f.-t.-f.	1920	Lougre 100470	Gaspille 72402
Uranus	146404	gris	1920	Piombino 127259	Prétention 126262
Uranus	146698	alezan	1920	Psoriasis 126479	Grossegerbe 70201
Uranus	146925	gris-vin.	1920	Ontario 119738	Bichette 55984
Uranus	147789	gris foncé	1920	Quompromis 132021	Occurence 121417
Uranus	147925	alezan	1920	Qualot 131492	Neauplette 116540
Uranus	148412	noir	1920	Québec 131267	Mignonne 64651
Uranus	148443	gris	1920	Ornain 119960	Mignonne 108639
Uranus	148477	gris foncé	1920	Josué 88841	Korète 93139
Uranus	148662	gris	1920	Klocher 95657	Kavaine 96072
Uranus	149372	gris	1920	Queux 129144	Perte 128223

NOM	N°	ROBE	Naissance	PÈRE	MÈRE
Uranus	149814	noir	1920	Nicolar 118452	Mida 111142
Uranus	150110	gris	1920	Panama 128415	Belleville 123562
Urao	144807	noir	1920	Passeur 124615	Picardière 126409
Urao	145663	noir	1920	Komplex 91539	Octandrie 120171
Urao	146093	noir	1920	Neuilly 112606	Opéra 119710
Urao	146413	gris	1920	Quontralto 130438	Naville 111978
Urao	147068	noir	1920	Kalot 92507	Oniromance 119196
Urao	147686	gris-foncé	1920	Nétier 111919	Gaufrette 73384
Urao	149079	gris	1920	Quoncubin 132048	Patelle 127955
Urao	149701	gris-clair	1920	Mansard 109591	Niniche 118396
Urao	149995	noir	1920	Pitaud 128421	Normande 118059
Urapied	147132	noir	1920	Quesnel 129358	Roche 134234
Urasssien	148488	bai	1920	Ouvrier 119107	Kobline 96789
Urat	148163	noir	1920	Qualein 131447	Kamite 92415
Urat	148489	gris-foncé	1920	Numéro 118563	Monique 110077
Urat	149275	gris	1920	Parieur 127471	Ouralienne 123285
Urate	146095	noir	1920	Perturbateur 125648	Nouméa 113292
Urate	147224	roman	1920	Nyctalope 113635	Ormoie 119315
Urate	149470	gris	1920	Idomen 82507	Rampe 134890
Urateur	148139	noir	1920	Maral 111305	Odekologne 120555
Uratin	148191	noir	1920	Lichas 98731	Iris 93364
Urato	144961	noir	1920	Quesnel 129358	Massuette 105301
Urato	149276	noir-rub.	1920	Mansard 109591	Herse 75537
Uraton	144631	gris	1920	Pantin 124490	Quiétisme 129707
Uraton	145083	noir	1920	Quaduc 129371	Quaratine 128933
Urator	144618	noir	1920	Fier-à-Bras 65250	Cora 53107
Urau	145372	noir	1920	Ontario 119738	Ovée 121102
Urau	146544	noir	1920	Quonviet 130474	Oude 121316
Urau	147552	gris	1920	Qualot 131492	Levrette 104154
Urau	148561	noir-zain	1920	Mercy 105783	Klématite 94969
Urau	149433	gris-vin.	1920	Lutécien 102720	Masculine 110997
Urault	147872	gris-clair	1920	Quambrai 131502	Gentille 93434
Urault	149213	noir	1920	Quitus 130149	Liaison 101884
Urbain	144516	gris-foncé	1920	Joab 88718	Laura 102449
Urbain	144809	noir	1920	Passeur 124615	Imbue 81455
Urbain	144860	noir	1920	Piombino 127259	Haroude 76778
Urbain	145295	noir	1920	Moineau 106576	Quomble 130877
Urbain	145666	gris-foncé	1920	Kroquet 91851	Héronde 73958
Urbain	145815	gris-f.-v.	1920	Quatorze 129013	Quoncrète 130362
Urbain	146094	gris	1920	Neuilly 112606	Oeille 118809
Urbain	146262	gris-foncé	1920	Passeur 124615	Galante 72632
Urbain	146331	noir	1920	Organsin 120977	Konvoitise 91234
Urbain	146392	noir	1920	Piombino 127259	Kampanie 90912
Urbain	146608	noir	1920	Japon 84819	Nathalie 115292
Urbain	146616	noir	1920	Japon 84819	Marie 108669

NOM	N°	ROBE	Naissance	PÈRE	MÈRE
Urbain	147067	gris	1920	Kalot 92507	Mercuriale 106401
Urbain	147202	gris	1920	Quontrabo 130438	Lisette 62820
Urbain	147260	gris	1920	Fier-à-Bras 65250	Norma 114895
Urbain	147687	gris-foncé	1920	Quambrioleur 131507	Mercière 110422
Urbain	147927	gris-foncé	1920	Qualot 131492	Nixéville 116627
Urbain	148390	gris-foncé	1920	Québec 131267	Loquette 101604
Urbain	149374	gris foncé	1920	Queux 129144	Nomitave 117005
Urbain	149702	gris-fer	1920	Mansard 109591	Orizaba 123923
Urbain	149819	noir	1920	Interprète 80665	Infernale 82770
Urbain	149998	noir	1920	Orcevaux 123646	Mye 140914
Urbain	150111	bai	1920	Panama 128415	Risette 135881
Urbain	150135	noir-zain	1920	Pégoud 126957	Marguerite 109276
Urbain	150169	gris-foncé	1920	Qualvados 131498	Mascarille 106078
Urbainbichet	147198	noir	1920	Nyctalope 113635	Ode 120182
Urbainboulot	147199	noir	1920	Nyctalope 113635	Parmacelle 124544
Urban	148908	gris	1920	Quasson 131729	Occidentale 121883
Urbaniste	148405	gris-foncé	1920	Québec 131267	Gloussante 71569
Urbec	148286	gris-bl.-f.	1920	Olus 121402	Karmante 97650
Urbi	144507	noir	1920	Quinola 130134	Harette 77633
Urbi	148715	noir	1920	Pécunieux 124797	Kœnigshutte 94773
Urbi	149181	gris-foncé	1920	Maquis 110284	Nérodia 118305
Urbi	150086	gris	1920	Pitaud 128421	Hermine 93533
Urbicant	145072	noir	1920	Qokala 129350	Obeidel 120010
Urbietorli	145128	gris	1920	Qokala 129350	Mongolie 58275
Urbigo	148145	gris-foncé	1920	Marsin 109642	Joze 88614
Urbigo	149318	noir-m.-t.	1920	Quimperlé 129067	Nécropole 117635
Urbincoquet	147200	gris	1920	Quarteron 128953	Quereie 129351
Urbine	145039	noir	1920	Quesnel 129358	Kivette 89837
Urbiné	148909	noir	1920	Paquebot 127787	Hysope 77346
Urbino	145296	noir	1920	Mylord 107421	Qui-va là 131011
Urbino	145816	noir	1920	Quarteron 128953	Melville 105134
Urbino	146264	noir	1920	Moineau 106576	Konstance 93596
Urbino	147929	noir-zain	1920	Nitrate 111699	Incurie 81555
Urbino	149375	noir	1920	Queux 129144	Kompétence 95746
Urbino	149820	noir-zain	1920	Nicobar 118452	Lavallée 101260
Urbino	150116	gris	1920	Ouvrier 119107	Kâprière 97478
Urbith	148911	gris	1920	Nichet 117897	Manufacture 110277
Urbo	148912	gris-foncé	1920	Nichet 117897	Quocasse 131862
Urbon	147138	gris	1920	Ontario 149738	Omblette 149150
Urbot	148915	gris-foncé	1920	Nérac 112728	Langue 102819
Urbotin	148917	gris	1920	Quitus 130149	Orville 122705
Urc	148918	gris	1920	Quitus 130149	Kongrue 95778
Urcay	145852	gris	1920	Moineau 106576	Combette 62857
Urçay	146545	noir-zain	1920	Pampelune 124878	Karence 90823
Urçay	147553	gris-foncé	1920	Qualvados 131498	Pagne 127570

NOM	N°	ROBE	NAISSANCE	PÈRE	MÈRE
Urçay	148052	gris-foncé	1920	Nérac 112728	Oeillère 121880
Urcel	145376	gris	1920	Passeur 124615	Privauté 126318
Urcel	145853	gris	1920	Moineau 106576	Orangerie 121979
Urcel	146547	noir-zain	1920	Pampelune 124878	Noceuse 144762
Urcel	147554	noir	1920	Quompromis 132021	Kolitichette 92675
Urcel	148054	gris-foncé	1920	Instar 78857	Parvenue 127892
Urcent	148058	gris-foncé	1920	Pivert 127373	Quaque 131210
Urcéolé	144810	gris-clair	1920	Passeur 124615	Quaduque 129614
Urcéolé	145102	noir	1920	Qotonnu 130216	Mausade 105708
Urcéolé	145667	gris-tr.-cl.	1920	Quadricycle 128838	Ouve 120098
Urcéolé	146096	noir	1920	Neuilly 112606	Quapitule 129754
Urcéolé	147071	gris	1920	Kabot 92507	Impie 82316
Urcéolé	147690	gris-foncé	1920	Néflier 111919	Médiation 109935
Urcéolé	149080	gris foncé	1920	Nichet 117897	Ohrida 123387
Urcéolé	149704	gris-fer	1920	Mansard 109591	Pentarchie 128146
Urcéolé	149999	gris	1920	Quaolin 128963	Quouvée 132426
Urcerey	145377	gris-foncé	1920	Passeur 124615	Hermitière 98055
Urcerey	145854	gris	1920	Moineau 106576	Gabès 72775
Urcerey	146554	gris	1920	Orléans 121007	Lisa 57503
Urcerey	147557	gris-tr.-f.	1920	Obus 121402	Ivrée 82101
Urcerey	148055	gris foncé	1920	Instar 78857	Quausette 131763
Urci	146869	noir	1920	Quêteur 129815	Géométrie 75148
Urciers	148057	gris foncé	1920	Quimperlé 129067	Palmette 127688
Urco	144834	noir	1920	Quesnel 129358	Cime 67306
Urco	144912	noir	1920	Poison 125565	Opérée 119257
Urco	148922	gris	1920	Mercy 105783	Nèthe 117200
Urcoman	148926	gris	1920	Quitus 130149	Parabole 127790
Urcouf	149315	gris-foncé	1920	Quinaud 132720	Pénitence 128135
Urcuit	145856	noir	1920	Moineau 106576	Majestueuse 67859
Urcuit	146557	gris-clair	1920	Organsin 120977	Ozole 121348
Urcuit	147560	gris-fer	1920	Quambrioleur 131507	Quafardise 131393
Urcuit	148062	gris – clair	1920	Parieur 127471	Ouzes 120960
Urcuma	148140	noir	1920	Qotonnu 130216	Ombre 119212
Urcy	145379	noir-zain	1920	Passeur 124615	Isba 81346
Urcy	145860	gris-noir	1920	Qualvados 131498	Lanterne 103037
Urcy	147563	gris foncé	1920	Quinquin 128944	Lactate 102552
Urcy	148063	gris-fer	1920	Parieur 127471	Hélice 93445
Urcy	149434	noir	1920	Lutécien 102720	Impatience 82515
Urdens	145861	noir	1920	Calvados 131498	Névreuse 115418
Urdens	148064	noir	1920	Quitus 130149	Nouzerine 116694
Urdisseur	148753	gris	1920	Nichet 117897	Novatrice 117070
Urdon	148862	gris-foncé	1920	Paquebot 127787	Quolonnade 131930
Urdos	145384	gris	1920	Ontario 119738	Rochester 134657
Urdos	145862	noir	1920	Quanivot 130128	Morsala 109343
Urdos	146558	noir	1920	Quenviet 130474	Puisette 126506

NOM	N°	ROBE	Naissance	PÈRE	MÈRE
Urdos	147568	gris-fer	1920	Marsin 109642	Pretoria 127351
Urdos	148070	gris-clair	1920	Pivert 127373	Ouate 122599
Urdos	149435	gris	1920	Quaïman 129648	Nervure 117835
Ureau	148788	gris-foncé	1920	Paquebot 127787	Palanque 127656
Ureau	148864	gris-foncé	1920	Médisant 105527	Qloyère 131848
Urecourt	148006	gris-foncé	1920	Quambrioleur 131507	Alia 51545
Urédo	144814	gris-clair	1920	Olifant 119700	Neuve 114381
Urédo	145669	gris tr. f.	1920	Quadricycle 128838	Julie 84674
Urédo	146098	noir	1920	Neuilly 112606	Ostade 119799
Urédo	147072	gris	1920	Moineau 106576	Périme 127195
Urédo	147691	gris-foncé	1920	Néflier 111919	Noceta 114258
Urédo	149082	gris	1920	Quoncubin 132048	Naturalisation 117585
Uredo	149479	gris-vin.	1920	Quesnel 129199	Kaschan 96106
Urédo	149705	gris rouan	1920	Mansard 109591	Nature 118470
Urédo	150000	gris	1920	Pitaud 128421	Galante 73166
Urémique	146795	gris	1920	Neuilly 112606	Rupicole 134518
Urémique	147692	gris foncé	1920	Néflier 111919	Quascade 131611
Urémique	149706	noir zain	1920	Lédon 101823	Koralie 96780
Urémique	150005	noir	1920	Pitaud 128421	Pochette 128516
Uréomètre	145015	gris	1920	Orléans 121007	Quinette 129220
Uréomètre	145699	gris-foncé	1920	Ouistreham 120076	Ladame 100760
Uréomètre	146129	noir	1920	Perkins 125027	Loquace 101076
Uréomètre	146814	noir	1920	Psoriasis 126479	Crevasse 129965
Uréomètre	149106	gris	1920	Keris 93769	Pairesse 128648
Uréomètre	149727	noir-zain	1920	Ouvreur 123793	Nuit 118128
Uréomètre	150034	gris	1920	Quercitron 132534	Orriule 123692
Urepel	145863	gris noir	1920	Moineau 106576	Orchidée 121995
Urepel	148067	noir	1920	Pivert 127373	Navicelle 116837
Urépoix	147873	noir-zain	1920	Nitrate 111699	Konlée 95563
Urepoix	149215	gris	1920	Quoncubin 132048	Quonvocation 132172
Uret	148302	noir	1920	Obus 121402	Pyrénée 127429
Uretère	144818	noir	1920	Perturbateur 125648	Oignonade 118879
Uretère	145670	noir	1920	Quadricycle 128838	Novale 112895
Uretère	146104	noir	1920	Quarteron 128953	Pécheresse 124945
Uretère	146796	noir	1920	Neuilly 112606	Lormoie 100835
Uretère	149083	gris	1920	Pâton 127979	Passe 127903
Uretère	149709	gris-foncé	1920	Marat 111305	Nichetée 148384
Uretère	150006	noir-zain	1920	Quaolin 128963	Orsonville 123698
Urétérique	145675	gris-tr.-f.	1920	Quantilly 128970	Girouette 71818
Urétérique	146107	gris-foncé	1920	Omer 119732	Ligne 99348
Uréthre	146921	gris	1920	Quontralto 130438	Ouste 121076
Urétral	144819	bai-brun	1920	Perturbateur 125648	Ligue 100999
Urétral	145676	gris-tr.-cl.	1920	Quantilly 128970	Coquette 54435
Urétral	146108	noir	1920	Omer 119732	Houleuse 74286
Urétral	146798	noir	1920	Nyctalope 113635	Lysace 99247

NOM	N°	ROBE	Naissance	PÈRE	MÈRE
Urétral	147694	gris-foncé	1920	Néflier 111919	Philinte 127221
Urétral	149088	gris	1920	Paquebot 128754	Maîtrise 106056
Urétral	149711	gris-rouan	1920	Marat 111305	Oudenarde 123496
Urétral	150009	noir	1920	Quaolin 128963	Ortale 123701
Urétral	150125	gris	1920	Pégoud 126957	Oldgrenne 124090
Urètre	144821	bai-brun	1920	Passeur 124615	Méthode 106735
Urètre	145677	gris-foncé	1920	Quérigut 128971	Kommode 91981
Urètre	146109	noir	1920	Pouff 124218	Ligature 99803
Urètre	150011	gris	1920	Quobez 132448	Montarde 110820
Ureur	148491	gris-foncé	1920	Ouvrier 119107	Kiésérite 96306
Urex	147486	noir	1920	Juste 85878	Kommune 94081
Urex	148580	noir	1920	Klaro 97235	Pinine 128369
Urfaix	148865	noir	1920	Médisant 105527	Oseille 121035
Urfal	145003	noir	1920	Ontario 119738	Pavane 62772
Urfax	145456	noir	1920	Qokala 129350	Quarnette 128801
Urfé	145092	gris	1920	Qokala 129350	Lotion 102637
Urfé	145301	noir-zain	1920	Mylord 107421	Nozerolle 115522
Urfé	145818	bai-foncé	1920	Quanton 129698	Polkeuse 125631
Urfé	146266	noir	1920	Moineau 106576	Jubine 85605
Urfé	147931	bai	1920	Qualot 131492	Quachemire 131361
Urfé	148471	noir-zain	1920	Québec 131267	Itéa 83403
Urfé	149821	noir	1920	Kerdrain 95437	Judée 88897
Urfé	150118	gris	1920	Ouvrier 119107	Javie 87414
Urfiste	148948	gris	1920	Mercy 105783	Isabeau 81226
Urfol	148928	gris	1920	Quissac 130271	Kerkena 96390
Urgau	148192	noir	1920	Juste 85878	Léna 101422
Urgent	144493	noir	1920	Lougre 100470	Libérée 102397
Urgent	144571	gris	1920	Mordicant 110698	Charmante 61083
Urgent	144822	noir	1920	Komplex 91539	Hurluberlue 77168
Urgent	145678	gris tr.-f.	1920	Qroisy 130286	Quoursive 130615
Urgent	146110	bai	1920	Quodex 130186	Krassule 91397
Urgent	146745	gris	1920	Névrosé 113735	Serpolette 63377
Urgent	146801	noir	1920	Ontario 119738	Mysis 107051
Urgent	147695	gris-foncé	1920	Quambrioleur 131507	Phère 127212
Urgent	148425	gris	1920	Québec 131267	Pâquerette 126816
Urgent	149090	gris	1920	Quoncubin 132048	Orange 123101
Urgent	149480	noir	1920	Quompas 130345	Jante 88716
Urgent	149712	gris-foncé	1920	Lédon 101823	Oiselière 123935
Urgent	150012	noir	1920	Pitaud 128421	Giberne 97020
Urgeon	148866	bai-brun	1920	Médisant 105527	Palmure 127689
Urgère	149313	gris	1920	Maquis 110284	Norma 118311
Urgeth	145474	gris-foncé	1920	Quadne 129371	Orgette 119187
Urgeur	148789	noir	1920	Instar 78857	Normande 117856
Urgonien	144823	gris-foncé	1920	Komplex 91539	Nappe 112795
Urgonien	145679	noir	1920	Komplex 91539	Galipette 52609

NOM	N°	ROBE	Naissance	PÈRE	MÈRE
Urgonien	146111	noir	1920	Olifant 119700	Narbonnaise 11178
Urgonien	146802	gris	1920	Quontralto 130438	Idylle 78590
Urgonien	147696	noir	1920	Obus 121402	Malentente 10980
Urgonien	149094	gris bleu	1920	Paquebot 128754	Quonductrice 13
Urgonien	149713	gris-foncé	1920	Quotient 129087	Payse 128043
Urgonien	150019	gris	1920	Pitand 128421	Jambe 89080
Urgons	145387	gris-clair	1920	Piombino 127259	Elégante 47262
Urgons	146564	noir	1920	Quonviet 130474	Quollinée 13085
Urgons	147569	gris-foncé	1920	Marsin 109642	Kantate 95597
Urgons	148071	gris-foncé	1920	Pivert 127373	Ortolane 123999
Urgot	146866	gris	1920	Quêteur 129815	Margot 61338
Urgot	148144	gris-clair	1920	Marsin 109642	Oliquette 134826
Urgot	149322	gris	1920	Nichet 117897	Lavallière 102892
Urgot	149324	gris-clair	1920	Mercy 105783	Pernicieuse 12819
Urgovien	147182	noir	1920	Neuilly 112606	Nicole 114221
Urham	148287	gris	1920	Obus 121402	Gigolette 78521
Uri	144661	noir-zain	1920	Fier-à-Bras 65250	Hastaroth 74410
Uri	145305	noir zain	1920	Mylord 107421	Quémandeuse 633
Uri	145819	noir	1920	Quanton 129698	Olga 119253
Uri	146267	noir	1920	Moineau 106576	Malvina 68751
Uri	147169	noir	1920	Piombino 127259	Quilimanie 129190
Uri	147932	gris-foncé	1920	Qualot 134492	Négreville 116550
Uri	149379	gris	1920	Quanteleux 131765	Kochère 97553
Uri	149823	noir	1920	Nicobar 118452	Kavalette 97293
Uri	150119	gris	1920	Impérator 83464	Nagée 116752
Uriage	145194	noir zain	1920	Fier-à-Bras 65250	Quarantaine 13024
Uriage	146612	gris-foncé	1920	Japon 84819	Nichette 115309
Uriage	146900	gris	1920	Pouff 124218	Oseille 119480
Urial	148238	gris	1920	Quaïman 129648	Joueuse 88746
Uribi	145058	gris	1920	Quaduc 129371	Lymphe 98941
Uribond	148303	gris-fer	1920	Obus 121402	Comtesse 93416
Uric	144611	gris	1920	Qokala 129350	Nourriture 112435
Uric	144709	noir	1920	Négligent 112708	Ophélia 121067
Uric	146759	gris	1920	Psoriasis 126479	Pite 125955
Uricaté	148870	gris	1920	Quissac 130271	Jasion 88027
Urido	145131	bai-brun	1920	Pantin 124490	Mouchette 67303
Uriel	145307	gris	1920	Mylord 107421	Rameuse 135402
Uriel	145820	bai-foncé	1920	Quanton 129698	Paresse 127825
Uriel	146268	noir	1920	Olifant 119700	Hydre 77149
Uriel	147274	gris	1920	Quaduc 129371	Louette 99087
Uriel	147934	gris-foncé	1920	Qualot 131492	Galantine 72898
Uriel	148007	noir	1920	Lichas 98731	Opprimée 124715
Uriel	149216	gris	1920	Pâton 127979	Méquinez 109609
Uriel	149825	gris-foncé	1920	Quayac 132444	Poitrine 128539
Urier	148581	gris-foncé	1920	Neigeux 112725	Neisse 113208

NOM	N°	ROBE	Naissance	PÈRE	MÈRE
Urieux	148241	gris	1920	Nectar 116862	Ondée 121747
Urieux	148304	noir	1920	Obus 121402	Rosette 57466
Urigny	148008	gris-foncé	1920	Octobre 120168	Gironde 98388
Urigo	148646	gris-foncé	1920	Précunieux 124797	Nicotiane 117809
Urillo	148160	bai	1920	Quissac 130271	Hanse 76884
Urillo	149277	noir	1920	Parieur 127471	Navicule 117615
Uriménil	145388	gris	1920	Piombino 127259	Loterie 100374
Uriménil	145864	gris	1920	Moineau 106576	Qualpurnia 130670
Uriménil	146566	gris	1920	Quonviet 130474	Psalmodie 126469
Uriménil	148072	gris-foncé	1920	Pivert 127373	Héliade 78309
Urin	148147	gris-foncé	1920	Marsin 109642	Machine 110122
Urin	148200	gris	1920	Octobre 120168	Limoise 102198
Urin	148791	gris-foncé	1920	Quasson 131729	Pale 127662
Urin	148869	gris	1920	Marsin 109642	Jaquette 90012
Urin	149325	noir-zain	1920	Quotient 129087	Lapalisse 102826
Urinaire	145684	gris-foncé	1920	Komplex 91539	Obsession 120126
Urinaire	146113	noir	1920	Perturbateur 125648	Marceline 108011
Urinal	144576	gris	1920	Omer 119732	Gertrude 72063
Urinal	144825	gris	1920	Polus 126947	Narquoise 112807
Urinal	144955	noir	1920	Quesnel 129358	Médiale 108189
Urinal	145682	gris-foncé	1920	Komplex 91539	Natte 113977
Urinal	146112	noir-zain	1920	Perturbateur 125648	Gaulette 69644
Urinal	146805	gris-foncé	1920	Pouff 124218	Quedyve 129355
Urinal	147697	gris-foncé	1920	Qualvados 131498	Jaen 85556
Urinal	149098	noir	1920	Quauteleux 131765	Pâtissoire 127973
Urinal	149714	noir	1920	Quotient 129087	Ozonométrie 123355
Urinal	150020	gris	1920	Orcevaux 123646	Ollière 123597
Urinario	145448	alezan	1920	Ontario 119738	Montretout 105617
Urineur	144564	alezan-br.	1920	Qupidon 130054	Jubine 98416
Urineux	144552	gris	1920	Pachalik 127626	Numa 111889
Urinipare	146807	noir	1920	Nyctalope 113635	Noix 112034
Urinipare	147699	gris-foncé	1920	Néflier 111919	Nonnette 113550
Urinipare	150035	gris	1920	Quarnot 130722	Ursule 54203
Urinoir	144622	gris-foncé	1920	Pantin 124490	Ligature 100055
Urinoir	144829	noir	1920	Quantilly 128970	Lanche 101730
Urinoir	145686	gris-tr.-f.	1920	Orléans 121007	Rustique 78490
Urinoir	146115	noir	1920	Lumineux 100865	Kabelle 90862
Urinoir	146808	gris-foncé	1920	Nyctalope 113635	Lanche 99284
Urinoir	147704	gris-foncé	1920	Qualot 131492	Jamaïque 88497
Urinomètre	145700	gris-clair	1920	Osé 119475	Perruse 126049
Urinomètre	146134	noir	1920	Perkins 125027	Négociante 113894
Urinomètre	149107	gris	1920	Paquebot 128754	Muqueuse 109470
Urion	148242	gris	1920	Nectar 116862	Négatoire 116876
Urion	148929	gris-clair	1920	Quitus 130149	Maquette 110282
Urioso	148309	noir	1920	Importun 80576	Kermesse 96695

NOM	N°	ROBE	Naissance	PÈRE	MÈRE
Urique	144830	noir	1920	Péplum 124974	Locomobile 102845
Urique	145689	gris-foncé	1920	Quantilly 128970	Profilée 126345
Urique	146122	gris-foncé	1920	Olifant 119700	Rosette 49796
Urique	146803	gris	1920	Quontralto 130438	Quirite 129235
Urique	147705	noir	1920	Liguori 103360	Nomarchie 115828
Urique	149099	gris	1920	Kéris 93769	Quoupole 132374
Urique	149715	gris-foncé	1920	Qotient 129087	Osoris 123939
Uristo	145060	gris	1920	Ontario 119738	Kaucasienne 91204
Uritain	148790	gris	1920	Instar 78857	Nicotine 113762
Urius	149184	noir	1920	Lutécien 102720	Jenny 88821
Urizo	145127	noir	1920	Qokala 129350	Inique 79068
Urizo	145149	noir	1920	Pantin 124490	Kartouche 92344
Urjet	148872	bai	1920	Quadeau 131386	Jactance 87174
Urlant	144974	noir	1920	Pouff 124218	Brindille 54932
Urlant	145068	noir	1920	Qokala 129350	Ombrette 118950
Urlant	147414	gris	1920	Nitrate 111699	Quasse 129411
Urle	146170	noir-zain	1920	Prunellier 126460	Perle 125161
Urlement	147415	noir	1920	Juste 85878	Kalville 95544
Urlement	148380	gris-foncé	1920	Qualein 131447	Lève 102166
Urlet	148755	gris	1920	Instar 78857	Kloze 95667
Urleur	144593	gris	1920	Poison 125565	Odessa 120624
Urleur	144972	noir	1920	Quatorze 129013	Muse 106702
Urleur	145956	gris	1920	Osé 119475	Larisse 103076
Urleur	147446	noir	1920	Nitrate 111699	Neige 112152
Urleur	148368	noir	1920	Konstat 95797	Janina 98398
Urlificus	146672	gris	1920	Quêteur 129815	Ninette 113909
Urlis	146916	noir	1920	Ontario 119738	Quanaille 129718
Urlot	146613	noir	1920	Martinet 106203	Muguette 108722
Urlu	146792	noir	1920	Quaduc 129371	Ozane 119863
Urlu	149501	gris	1920	Pécunieux 124797	Nervosité 117870
Urluberlu	144944	noir	1920	Quaduc 129371	Loquacité 99068
Urluberlu	145957	gris	1920	Ouistreham 120076	Padilla 124167
Urluberlu	147155	gris	1920	Qu'en-dira-t-on 130448	Napée 114959
Urluberlu	147418	gris	1920	Nitrate 111699	Numidie 115164
Urluberlu	148369	noir	1920	Konstat 95797	Lamousse 103713
Urluberlu	150129	gris	1920	Pégoud 126957	Olga 124084
Urlus	147191	gris	1920	Nyctalope 113635	Langue 100636
Urlus	148010	noir	1920	Mordicant 110698	Karcasse 95646
Urlututu	148933	gris-foncé	1920	Quitus 130149	Odométrie 122894
Urmont	144542	gris	1920	Pachalik 127626	Kapillaire 90755
Urnaro	146187	noir	1920	Qotonnu 130216	Intrusion 80518
Urnix	148936	gris	1920	Nichet 147897	Paraphe 127800
Urno	144575	gris	1920	Omer 119732	Quadrature 128793
Uro	149278	gris	1920	Parieur 127471	Oupille 123284
Uroca	147773	gris-fer	1920	Quornaro 130969	Martelle 109833

NOM	N°	ROBE	Naissance	PÈRE	MÈRE
rocère	146760	noir	1920	Psoriasis 126479	Légumine 99391
edèle	144831	gris	1920	Quantilly 128970	Lune 99941
odèle	146758	noir	1920	Psoriasis 126479	Nuelle 114566
edonal	144615	noir	1920	Fier-à-Bras 65250	Idéologie 81869
edonal	146909	gris	1920	Quarnot 130722	Nabalie 111965
odot	146165	noir m.-t.	1920	Josué 88841	Médiane 108190
ogastre	145009	gris	1920	Kroquet 91851	Ozeville 120104
ogastre	145690	noir	1920	Quadricycle 128838	Navaja 113950
ogastre	146810	gris foncé	1920	Quontralto 130438	Pochetée 125529
ogastre	147711	noir	1920	Mordicant 110698	Monnaie 108285
ogastre	149102	gris	1920	Keris 93769	Quonférence 132057
ogastre	149716	gris-foncé	1920	Lédon 101823	Quonvention 132164
ogastre	150021	noir	1920	Quobez 132448	Moulure 108986
okuro	147134	gris-rouan	1920	Pouff 124218	Marmala 106318
olith	144608	noir	1920	Qokala 129350	Torgnole 57082
olithe	145010	gris	1920	Quantilly 128970	Korrida 91288
olithe	145692	gris-tr.-f.	1920	Quadricycle 128838	Orthodoxie 122088
olithe	146127	alezan	1920	Olifant 119700	Irma 98073
olithe	146811	noir	1920	Neuilly 112606	Ouve 119133
olithe	147712	gris-foncé	1920	Quinquin 128944	Mirandole 107410
olithe	149103	gris-bleu	1920	Keris 93769	Nieulle 117419
olithe	149720	gris-foncé	1920	Keris 93769	Quohésive 131881
olithe	150022	noir-zain	1920	Pitand 128421	Noue 117473
romètre	145013	gris-tr.-cl.	1920	Orléans 121007	Juvénie 85168
romètre	145695	gris	1920	Kroquet 91851	Navigation 113959
rômètre	146128	gris-foncé	1920	Olifant 119700	Piaffe 125711
romètre	146812	bai-brun	1920	Quarto 128860	Pinnule 125813
romètre	147713	gris-clair	1920	Mordicant 110698	Nonciature 115843
romètre	149104	gris	1920	Paquebot 128754	Orbicole 123117
romètre	149722	noir	1920	Quotient 129087	Quinette 132668
romètre	150004	gris	1920	Quobez 132448	Onctuosité 123031
ron	144696	gris	1920	Poison 125565	Kasseroll 92313
ron	145140	noir	1920	Qotonnu 130216	Palmette 67187
ron	145988	bai-br.-f.	1920	Ouistreham 120076	Kaoline 95200
ron	147148	noir	1920	Quinaud 130441	Paulette 65143
ron	147420	gris	1920	Pilon 127251	Gourgade 70456
ron	147444	noir	1920	Juste 85878	Hongrie 93334
ron	147874	noir	1920	Quambrioleur 131507	Numide 113599
ron	148370	gris-foncé	1920	Obus 121402	Idocrase 81873
ron	148492	gris	1920	Ouvrier 119107	Nudité 118502
ron	148535	gris-vin.	1920	Neigeux 112725	Quouple 132372
ron	148582	gris-vin.	1920	Polonais 125998	Pipelette 128385
ron	149217	noir	1920	Quinaud 132720	Quonsciente 132116
ronien	148946	gris-foncé	1920	Lédon 101823	Rossette 52432
ropode	145016	noir	1920	Polus 126947	Lignite 100077

NOM	N°	ROBE	Naissance	PÈRE	MÈRE
Uropode	145701	noir	1920	Komplex 91539	Livadée 100463
Uropode	146131	gris-vin.	1920	Perkins 125027	Josse 84825
Uropode	146815	noir	1920	Quarteron 128953	Geneviève 69413
Uropode	147714	gris-foncé	1920	Qualot 131492	Philiste 127224
Uropode	149105	gris-bleu	1920	Paquebot 128754	Patoiserie 127978
Uropode	149723	noir	1920	Maquis 110284	Dalilas 61085
Uropode	150025	noir	1920	Quoréen 132242	Noyade 118298
Uropygial	145022	gris	1920	Komplex 91539	Hachette 78073
Uropygial	145704	noir	1920	Komplex 91539	Chopine 57932
Uropygial	146132	gris-foncé	1920	Perkins 125027	Naupacte 111812
Uropygial	146816	noir	1920	Psoriasis 126479	Loge 101062
Uropygial	147716	gris-clair	1920	Mordicant 110698	Ocelle 121428
Uropygial	149108	gris	1920	Quauteleux 131765	Inde 83092
Uropygial	149729	noir-zain	1920	Quotient 129087	Presse 127349
Uropygial	150026	noir	1920	Ostabat 123735	Koléa 97347
Uros	146867	gris	1920	Prorata 126402	Kolloke 91776
Urosanthin	144610	noir	1920	Qotonnu 130216	Oberone 120650
Uroscope	149110	gris-foncé	1920	Pâton 127979	Sérénade 47946
Urost	145867	gris-foncé	1920	Quanivot 130138	Quolonne 130876
Urost	146567	gris-clair	1920	Quonviet 130474	Kopieuse 91259
Urost	147574	gris-fer	1920	Marsin 109642	Groseille 72989
Urost	148073	gris foncé	1920	Importun 80576	Préneste 127345
Urot	148792	gris	1920	Quasson 131729	Ouarville 122728
Urou	145389	noir	1920	Qu'en-dira-t-on 130148	Preuve 126272
Urou	145869	gris	1920	Moineau 106576	Javelotte 87983
Urou	146568	gris-foncé	1920	Quonviet 130474	Kasimodo 92427
Urou	147577	gris foncé	1920	Nichet 117897	Manivelle 110252
Urou	148075	gris-foncé	1920	Parieur 127471	Noceuse 117797
Urphé	147250	gris	1920	Médisant 105527	Fantine 84460
Urpholin	145140	noir	1920	Quesnel 129358	Nacelle 111851
Urpin	149327	gris	1920	Lutécien 102720	Houlette 98635
Urplis	148875	gris	1920	Quissac 130271	Nine 117246
Urpura	148793	gris	1920	Quasson 131729	Locution 102583
Urpurin	148794	gris-foncé	1920	Paquebot 127787	Lascotte 103431
Urquet	148940	gris	1920	Marat 111305	Hermance 77311
Urquetil	148148	gris-fer	1920	Marsin 109642	Qlique 131824
Urquijo	145821	noir	1920	Quanton 129698	Quondition 130366
Urquijo	146270	noir	1920	Olifant 119700	Parodie 124551
Urquijo	147935	gris-foncé	1920	Qualot 131492	Nigauderie 114977
Urquijo	148473	gris	1920	Québec 131267	Joie 86291
Urquijo	149826	gris-foncé	1920	Nicobar 118452	Orizabette 124023
Urquijo	150121	gris	1920	Quercitron 132534	Nora 118148
Urquin	148943	bai	1920	Instar 78857	Jacquette 84559
Urquist	145139	noir	1920	Quesnel 129358	Héliane 75699
Urraca	148474	noir	1920	Québec 131267	Vestale 52782

NOM	N°	ROBE	Naissance	PÈRE	MÈRE
Array	149279	gris	1920	Importun 80576	Malaria 104849
Arrénal	148877	noir	1920	Quissac 130271	Pâtissière 126601
Ars	145870	gris	1920	Quanivot 130128	Lettre 98023
Ars	146574	gris-clair	1920	Quonviet 130474	Notice 114447
Ars	147578	gris-foncé	1920	Quadean 131386	Qurmotte 131398
Ars	148077	gris fer	1920	Pivert 127373	Obéissante 121900
Ars	149515	gris foncé	1920	Ouvreur 123793	Marjolaine 111146
Ersatz	145163	gris fer	1920	Pachalik 127626	Magendie 105927
Ursel	144508	noir	1920	Quinola 130134	Jacinthe 89455
Ursel	145822	gris foncé	1920	Quanton 129698	Qrépillère 130325
Ursel	146272	noir	1920	Olifant 119700	Kocote 93559
Ursel	147938	gris foncé	1920	Nitrate 111699	Lusace 103513
Ursel	148669	noir	1920	Muet 109445	Mainforte 110989
Ursel	149828	gris foncé	1920	Qlair 131783	Morgae 111208
Urseren	145309	gris clair	1920	Mylord 107421	Ozonée 122206
Urseren	145823	gris	1920	Quanton 129698	Parélie 127830
Urseren	146275	noir	1920	Organsin 120977	Mangeaille 107944
Urseren	147939	gris-foncé	1920	Nitrate 111699	Minute 110581
Urseren	148475	noir	1920	Québec 131267	Javanaise 87137
Urseren	149383	gris	1920	Queux 129144	Minerve 108522
Urseren	149829	noir	1920	Quoin 131888	Junon 88843
Ursery	148745	gris-clair	1920	Mercy 105783	Nielle 116943
Urseur	148246	noir	1920	Quaiman 129648	Monnaie 110655
Ursif	148248	gris	1920	Quaiman 129648	Raillerie 134926
Ursin	144515	noir zain	1920	Quinola 130134	Myrha 109070
Ursin	145187	gris	1920	Négligent 112708	Pantomine 124422
Ursin	145825	gris-vin.	1920	Quanton 129698	Lucerne 101303
Ursin	148756	gris	1920	Instar 78857	Orge 122669
Ursin	149384	gris	1920	Quasson 131729	Nymphée 117127
Ursins	146279	gris	1920	Orléans 121007	Lusiade 98827
Ursins	147940	noir-zain	1920	Nitrate 111699	Klondike 89789
Ursins	148476	noir	1920	Québec 131267	Justicière 85876
Ursins	149831	noir	1920	Interprète 80665	Névrosée 118209
Ursis	148878	noir	1920	Quissac 130271	Mouvette 57460
Ursule	148388	noir	1920	Québec 131267	Happe 76652
Ursulin	146762	gris	1920	Névrosé 113735	Javelée 83785
Ursulin	147112	noir	1920	Psoriasis 126479	Jérichotte 83886
Ursus	144664	noir	1920	Pantin 124490	Osmonde 122064
Ursus	144790	gris	1920	Nyctalope 113635	Oursine 119846
Ursus	145434	noir	1920	Quesnel 129358	Léda 98944
Ursus	146511	noir	1920	Négligent 112708	Kabylie 89920
Ursus	147140	gris	1920	Quarteron 128953	Qualinerie 129421
Ursus	148446	gris-fer	1920	Fier-à Bras 65250	Quaromade 131264
Ursus	149481	alezan	1920	Nectar 116862	Navette 116120
Ursus	150079	gris	1920	Nicobar 118452	Oméga 123724

NOM	N°	ROBE	Naissance	PÈRE	MÈRE
Urt	148078	gris-foncé	1920	Pivert 127373	Nageuse 117845
Urt	149519	noir	1920	Kerdrain 95437	Paumelle 128591
Urtagol	145444	noir	1920	Ontario 149738	Historiette 74470
Urtau	146879	noir-zain	1920	Lougre 100470	Invalide 79029
Urtaux	148879	bai	1920	Quissac 130271	Perplexe 125503
Urtel	146710	gris	1920	Queriquet 129124	Ilda 78565
Urtevent	145390	noir	1920	Qu'en-dira-t-on 130448	Kupide 91898
Urtevent	145872	noir	1920	Quanivot 130128	Quarmélite 129478
Urtevent	146579	gris	1920	Quonviet 130474	Noyade 114458
Urtevent	147579	gris-fer	1920	Quadeau 134386	Qursade 134397
Urtevent	148011	noir	1920	Kagot 92240	Lécluse 103701
Urtevent	148079	gris-foncé	1920	Parieur 127471	Janzéenne 88849
Urtevent	139520	gris-foncé	1920	Kerdrain 95437	Ottomane 123749
Urtheil	144897	noir	1920	Quesnel 129358	Métropole 107797
Urti	147120	noir	1920	Qotonnu 130216	Mie 104949
Urticaire	145137	noir	1920	Pantin 124490	Patsèche 125332
Urticaire	146757	noir	1920	Quarto 128860	Quastagnette 129861
Urticaire	150134	noir-zain	1920	Pégoud 126957	Onéga 124082
Urtican	144519	gris-clair	1920	Ofa 122607	Laure 102471
Urticant	144621	gris	1920	Pantin 124490	Kormière 92759
Urticant	144869	gris	1920	Nyctalope 113635	Milliasse 107845
Urticant	145023	gris	1920	Komplex 91539	Nivéole 114756
Urticant	145706	noir	1920	Névrosé 113735	Odette 120244
Urticant	146135	noir	1920	Perkins 125027	Onglette 120394
Urticant	147720	noir	1920	Quinquin 128944	Margot 49524
Urticant	149113	gris-foncé	1920	Quoncubin 132048	Orcanette 123124
Urticant	149731	gris tr. f.	1920	Ouvreur 123793	Kaoline 97666
Urticant	150123	gris-foncé	1920	Quontralto 130438	Quavale 129896
Urticol	144544	gris	1920	Pachalik 127526	Kambrouze 92351
Urtif	148311	noir	1920	Lutécien 102720	Négrichonne 116882
Urtika	145440	gris-fer	1920	Quesnel 129358	Maîtresse 105562
Urtika	145486	noir	1920	Quissac 130271	Pline 125252
Urtis	145876	noir	1920	Kroquet 91851	Nulle 113589
Urtis	146582	rouan	1920	Quonviet 130474	Nichée 114413
Urtis	147580	gris-foncé	1920	Instar 78857	Jiberne 88338
Urtis	148080	bai	1920	Quambrien 131503	Illustration 79316
Urtis	149521	bai	1920	Ouvreur 123793	Blonde 64801
Urtius	149186	gris	1920	Pâton 127979	Magarita 109611
Urtu	146878	noir	1920	Lougre 100470	Rapide 64932
Urtu	147113	gris	1920	Névrosé 113735	Leue 100925
Urubu	145026	noir	1920	Moineau 106576	Humanité 73943
Urubu	145708	noir	1920	Négligent 112708	Métayère 57745
Urubu	146136	gris-foncé	1920	Perkins 125027	Injurieuse 79469
Urubu	146453	noir	1920	Piombino 127259	Goulotte 71139
Urubu	146818	noir	1920	Quinaud 130441	Pimpante 125798

NOM	N°	ROBE	Naissance	PÈRE	MÈRE
Urubu	147721	noir	1920	Quinquin 128944	Nonuple 115843
Urubu	149116	gris	1920	Paquebot 128734	Quartelette 132733
Urubu	149732	gris foncé	1920	Quinconce 130108	Naziange 117179
Urubu	150030	gris	1920	Quoréen 132242	Orve 123707
Urubu	150166	gris	1920	Québec 131267	Margot 65844
Urugay	144524	noir	1920	Quinola 130134	Navette 116176
Urugay	144603	gris	1920	Qokala 129350	Popotte 125270
Urugay	146457	gris	1920	Pantin 124490	Laqueuse 100657
Uruguay	145055	noir-zain	1920	Quesnel 129358	Perfoliée 125009
Uruguay	145826	gris	1920	Poison 125565	Mortora 105628
Uruguay	146644	bai-foncé	1920	Kalot 92507	Lande 103122
Uruguay	147280	gris fer	1920	Omer 119732	Jacée 88161
Uruguay	147793	noir	1920	Qualvados 134498	Oyre 120458
Uruguay	147944	gris-foncé	1920	Juste 85878	Charmante 93302
Uruguay	149385	gris bleu	1920	Médisant 105527	Couturière 52847
Uruguay	149832	gris-foncé	1920	Quivala 132714	Livonie 104340
Uruguayen	146316	noir	1920	Komplex 91539	Jarrie 86305
Urulent	148795	gris-foncé	1920	Qualcin 131447	Zorka 57410
Urus	144566	gris-clair	1920	Quissac 130271	Hève 76147
Urus	145029	noir	1920	Komplex 91539	Majuscule 105443
Urus	145711	gris-foncé	1920	Quadricycle 128838	Qmberville 128874
Urus	146140	gris	1920	Perkins 125027	Kourbure 91350
Urus	146448	gris-foncé	1920	Nyctalope 113635	Lauréole 100027
Urus	146458	noir	1920	Pantin 124490	Kioska 92778
Urus	146819	gris	1920	Quontralto 130438	Ovulaire 119590
Urus	147223	noir	1920	Nyctalope 113635	Oronte 119958
Urus	147722	noir	1920	Qualot 131492	Hannegonnée 75363
Urus	149117	gris	1920	Quoncubin 132048	Ivorine 83184
Urus	149733	noir	1920	Quinconce 130108	Orosellie 123952
Urus	150031	gris	1920	Quayac 132444	Ruine 136094
Urval	145877	gris	1920	Moineau 106576	Kabbasse 91232
Urval	146584	noir	1920	Quonviet 130474	Goguette 73191
Urval	147582	gris-foncé	1920	Marsin 109642	Picote 128309
Urval	148082	gris-fer	1920	Pivert 127373	Nausée 117602
Urval	149522	gris-foncé	1920	Maquis 110284	Elisa 64174
Urvatif	148249	gris	1920	Quatman 129648	Kichinef 96154
Urville	147188	gris	1920	Quodex 130186	Héraclée 73829
Urville	150127	bai-brun	1920	Pégoud 126957	Ogive 124089
Urville	146823	gris-foncé	1920	Quanevas 129730	Javeline 83712
Urvillé	145878	noir	1920	Moineau 106576	Olga 122025
Urvillers	146587	noir	1920	Quonviet 130474	Lapenne 101538
Urvillers	147588	gris-foncé	1920	Instar 78857	Mégaptère 109950
Urvillers	148083	gris-foncé	1920	Nectar 116862	Quantine 131105
Urvillers	149324	gris-tr.-f.	1920	Kerdrain 95437	Herminne 97721
Ury	145879	gris-fer	1920	Moineau 106576	Ordonnée 122006

NOM	N°	ROBE	Naissance	PÈRE	MÈRE
Ury	147589	gris-fer	1920	Instar 78857	Imitation 83039
Ury	148084	noir	1920	Quaiman 129648	Quapitoline 131187
Ury	148493	noir-m.-t.	1920	Ouvrier 119107	Pible 128300
Ury	149253	gris-foncé	1920	Maquis 110284	Onche 123268
Ury	149531	noir	1920	Kerdrain 95437	Quinte 132557
Urzy	145884	noir	1920	Moineau 106576	Millième 108411
Urzy	146590	gris	1920	Olifant 119700	Nosologie 113571
Urzy	147590	noir-zain	1920	Quadean 131386	Oedemateuse 12081
Urzy	148086	noir	1920	Pivert 127373	Brunette 68428
Urzy	149532	noir	1920	Pitaud 128421	Orgie 123154
Us	145369	gris	1920	Quissac 130271	Panasserie 127718
Us	145712	gris-tr.-f.	1920	Quadricycle 128838	Natale 113946
Us	146142	gris	1920	Quodex 130186	Marinette 68468
Us	146661	noir-zain	1920	Quanevas 129730	Rosette 134179
Us	148087	gris-foncé	1920	Pivert 127373	Guelma 81577
Usa	145162	gris-fer	1920	Omer 119732	Nana 111877
Usaac	147073	alezan	1920	Psoriasis 126479	Léda 100960
Usable	145716	noir	1920	Quadricycle 128838	Logette 54199
Usable	146143	gris	1920	Orléans 121007	Nébuleuse 111826
Usable	149119	gris	1920	Marat 111305	Ordinale 123130
Usable	150032	gris	1920	Quobez 132448	Roupie 136021
Usage	144527	noir	1920	Mylord 107421	Fileuse 90094
Usage	144872	gris	1920	Quériquet 129124	Mire 106327
Usage	145030	noir-zain	1920	Orléans 121007	Souris 57501
Usage	146150	noir	1920	Perturbateur 125648	Hautaine 74593
Usage	146394	noir	1920	Passeur 124615	Omphale 119743
Usage	146447	gris	1920	Pouff 124218	Linotte 66318
Usage	147727	gris-fer	1920	Qualot 134492	Charmante 48134
Usage	148419	noir	1920	Québec 131267	Lisistrata 104700
Usage	149126	gris-foncé	1920	Quoncubin 132048	Juvénilia 87502
Usage	149482	noir	1920	Parieur 127471	Joanne 87436
Usagé	144868	gris-foncé	1920	Ontario 119738	Pensée 124219
Usagé	145033	gris clair	1920	Pampelune 124878	Nattière 113981
Usagé	145717	noir	1920	Quantilly 128970	Ormille 121009
Usagé	146146	gris-foncé	1920	Quodex 130186	Phobie 125701
Usagé	146821	gris	1920	Quontralto 130438	Mâtine 108131
Usagé	147729	gris-clair	1920	Quompromis 132021	Nice 113228
Usagé	149128	gris tr.-f.	1920	Quoncubin 132048	Jabel 93506
Usagé	149734	noir	1920	Pitaud 128421	Quinaude 132677
Usagé	150033	noir-zain	1920	Quinconce 130108	Orphine 123693
Usager	144880	noir	1920	Nyctalope 113635	Jeunesse 85783
Usager	145036	gris	1920	Orléans 121007	Quazotte 130842
Usager	146151	noir	1920	Perturbateur 125648	Kétanose 90311
Usager	146822	gris	1920	Quanevas 129730	Lacaille 101128
Usager	147734	noir	1920	Quissac 130271	Octavonne 121477

NOM	N°	ROBE	Naissance	PÈRE	MÈRE
Usager	148421	gris	1920	Québec 131267	Lambelle 101621
Usager	149130	gris-foncé	1920	Pâton 127979	Orgueilleuse 123160
Usager	149735	gris-clair	1920	Néflier 111919	Maina 108898
Usager	150037	gris	1920	Quobez 132448	Orlne 123681
Usain	148312	noir	1920	Importun 80576	Jarretée 87208
Usant	145034	gris	1920	Komplex 91539	Potidée 124445
Usant	145718	noir	1920	Quantilly 128970	Narcose 113999
Usant	146147	noir	1920	Quodex 130186	Iguela 79784
Usant	146817	noir	1920	Qu'en dira-t-on 130440	Lyrique 99056
Usant	147738	gris-foncé	1920	Néflier 111919	Piéride 127244
Usant	148494	gris-foncé	1920	Ouvrier 119107	Martelette 111250
Usant	149739	noir	1920	Lédon 101823	Quenouille 132686
Usant	150038	gris	1920	Quarnot 130722	Nubile 118139
Usard	147488	gris	1920	Ouleux 121183	Pécorade 126694
Usard	148203	alezan	1920	Kalidun 95297	Obsonville 122405
Usbeks	145054	noir	1920	Quesnel 129358	Perfide 125008
Usbeks	145315	gris foncé	1920	Quanivot 130128	Quovilha 131023
Usbeks	145827	gris	1920	Josué 88841	Judicature 84618
Usbeks	146281	noir	1920	Organsin 120977	Niche 114411
Usbeks	147283	noir zain	1920	Lichas 98731	Krinte 95935
Usbeks	147946	gris-foncé	1920	Malplaquet 107145	Quarotide 131576
Usbeks	148478	gris	1920	Québec 131267	Hispanie 98347
Usbeks	149387	gris-vin.	1920	Postiche 125397	Louve 102673
Usbeks	149833	gris-clair	1920	Mansard 109591	Isa 82793
Uscadet	147489	noir	1920	Ouleux 121183	Pègue 126697
Uscadet	148584	gris-vin-f.	1920	Neigeux 112725	Sarcelle 60141
Uscadier	148588	gris-foncé	1920	Neigeux 112725	Malvoisie 111406
Uscadin	147494	noir	1920	Kalidun 95297	Liesville 102181
Uscadin	148585	gris-foncé	1920	Neigeux 112725	Nivernaise 118622
Uscapion	145155	gris-vin.	1920	Qokala 129350	Ninive 112304
Uscari	147495	gris	1920	Ouleux 121183	Idylle 82410
Uscari	148586	gris-foncé	1920	Neigeux 112725	Rosalie 47923
Uscat	148589	gris	1920	Polonais 125998	Mendoza 111247
Usclas	145888	gris	1920	Moineau 106576	Patère 128700
Usclas	146591	noir	1920	Olifant 119700	Houssine 73910
Usclas	147591	noir	1920	Quadeau 131386	Kourie 92125
Usclas	148090	noir-zain	1920	Pivert 127373	Béatrice 93422
Usclas	149534	gris-foncé	1920	Obstructif 120705	Massue 111131
Usculeux	147497	noir	1920	Kalidun 95297	Midinette 111222
Usculeux	148593	gris-foncé	1920	Neigeux 112725	Finette 67739
Usé	145035	noir	1920	Komplex 91539	Longueville 98802
Usé	145720	gris	1920	Névrosé 115735	Jativa 84807
Usé	146152	noir	1920	Perturbateur 125648	Quarrure 129805
Usé	146443	noir-m.-t.	1920	Ontario 119738	Rosette 59214
Usé	146840	gris-foncé	1920	Josué 88841	Rosette 133078

NOM	N°	ROBE	NAISSANCE	PÈRE	MÈRE
Usé	147739	noir	1920	Quompromis 132021	Nysse 116482
Usé	149745	gris rouan	1920	Keris 93769	Mélanose 104913
Usé	149937	noir	1920	Quêteur 129815	Observance 118772
Usé	150039	gris	1920	Pitaud 128421	Livie 104567
Useau	147498	gris	1920	Juste 85878	Marbrière 110298
Useau	148314	gris	1920	Qualein 131447	Légion 104301
Useau	148597	gris vin.	1920	Polonais 125998	Rougette 135534
Usedom	145328	noir	1920	Josué 88841	Otellerie 121177
Usedom	146286	noir	1920	Organsin 120977	Laborde 98845
Usedom	148479	noir	1920	Québec 131267	Nannette 113329
Usedom	149395	noir	1920	Postiche 125397	Nana 117134
Usedom	149855	gris-foncé	1920	Ouvreur 123793	Tarlurette 50289
Usedom	149936	noir	1920	Quarto 128860	Mascarille 107301
Uséen	148315	noir	1920	Obus 121402	Patience 127479
Uselo	144844	noir	1920	Quesnel 129358	Prunelle 124227
Useum	147499	gris	1920	Juste 85878	Révolte 136264
Uséum	148598	bai cerise	1920	Quoiffeur 130263	Mirande 108530
Useur	147740	rouan	1920	Konstat 95797	Octantième 121438
Useur	148834	noir	1920	Postiche 125397	Panabase 127706
Usex	146193	noir zain	1920	Fier-à-Bras 65250	Labataille 99548
Usher	145316	gris	1920	Kroquet 91851	Quoxcie 131046
Usher	145830	noir zain	1920	Quesnel 129358	Joviale 98088
Usher	146288	gris-foncé	1929	Quérigut 128971	Omelette 120365
Usher	147950	gris-foncé	1920	Lichas 98731	Normale 115855
Usher	148480	noir	1920	Québec 131267	Florida 62380
Usher	149394	gris	1920	Médisant 105527	Qlovisse 131847
Usher	149837	noir	1920	Importun 80576	Nacaire 117314
Usical	147501	noir	1920	Kalidan 95297	Insigne 81033
Usical	148599	noir	1920	Quoiffeur 130263	Houppe 78371
Usico	147502	noir	1920	Oiseux 121183	Nerveuse 68672
Usignan	146254	noir	1920	Quitus 130149	Ouiche 123271
Usilier	148317	gris	1920	Qualein 131447	Némorale 116889
Usinens	146302	noir	1920	Organsin 120977	Nonante 114807
Usinens	147594	bai foncé	1920	Qualot 131492	Irruption 79259
Usinens	148091	noir	1920	Paricar 127471	Oasis 121910
Usinier	144318	noir	1920	Mylord 107421	Olvina 122644
Usinier	144697	bai chât.	1920	Gokala 129850	Chipette 63386
Usinier	145210	gris	1920	Mylord 107421	Ostracite 122128
Usinier	145725	noir	1920	Kalot 92507	Oursette 119097
Usinier	146155	noir	1920	Neuilly 112606	Mosquée 104965
Usinier	146824	noir	1920	Quadue 129371	Ouverte 119864
Usinier	147772	gris fer	1920	Marsin 109642	Oureque 123527
Usinier	149134	noir	1920	Paquebot 128754	Orgiaque 123158
Usinier	149747	gris foncé	1920	Keris 93769	Lentille 104494
Usinier	150040	gris	1920	Impérator 83461	Quinine 132748

NOM	N°	ROBE	NAISSANCE	PÈRE	MÈRE
Usis	146894	gris	1920	Psoriasis 126479	Garantie 78460
Usitanien	147717	noir	1920	Oiseux 121183	Laferrière 101998
Usitatus	146789	noir	1920	Lumineux 100865	Louveterie 100398
Usité	144556	gris	1920	Pachalik 127626	Muflée 105894
Usité	145213	gris	1920	Mylord 107421	Michotte 109380
Usité	145727	péchard	1920	Pampelune 124878	Nasalité 113940
Usité	146157	gris vin.	1920	Quodex 130186	Mélie 54465
Usité	146395	noir zain	1920	Qotonou 130216	Opacité 119181
Usité	146431	bai brun	1920	Ontario 119738	Mansarde 91095
Usité	146841	noir	1920	Josué 88841	Quasinette 129409
Usité	146880	noir	1920	Quasi 128865	Livadia 101030
Usité	147108	noir	1920	Nyctalope 112635	Kourgane 89692
Usité	147747	gris foncé	1920	Néflier 111919	Qualotte 131486
Usité	148426	gris	1920	Québec 131267	Nida 115394
Usité	149136	noir	1920	Manillon 110245	Kaptive 96477
Usité	149748	noir	1920	Lédon 101823	Moulure 110805
Usité	150041	gris	1920	Quarnot 130722	Amazone 54165
Uskin	149302	noir	1920	Quimperlé 129067	Larive 102866
Uskok	147292	alezan	1920	Nitrate 111699	Gribiche 69170
Uskok	149406	gris foncé	1920	Quasson 131729	Quollation 131909
Uskok	149834	gris	1920	Marquis 110284	Kénia 97324
Uskoks	146285	gris	1920	Organsin 120877	Pimpante 50397
Uskoks	147949	gris clair	1920	Octobre 120168	Hélène 90015
Uskub	147125	noir	1920	Piombino 127259	Quale 129679
Uskub	148307	gris-foncé	1920	Québec 131267	Margot 107911
Usnot	147877	gris-foncé	1920	Nitrate 111699	Coquette 56580
Usnot	149218	gris-vin.	1920	Importun 80576	Moustache 110812
Usoir	147503	noir	1920	Ouleux 121183	Penne 126712
Uspect	148880	noir-zain	1920	Quissac 130271	Gaulette 72909
Uspens	148881	bai-brun	1920	Quissac 130271	Nocette 117252
Uspidé	148231	gris-fer	1920	Pécunieux 124797	Henriette 87616
Uspied	148889	gris-foncé	1920	Quadeau 131386	Nonrétable 117265
Usqué	146872	gris	1920	Longre 100470	Jonction 83722
Usqué	147506	noir	1920	Juste 85878	Régina 135216
Usquebac	145214	noir	1920	Mylord 107421	Nouainville 115482
Usquebac	145728	noir	1920	Pampelune 124878	Hermine 74937
Usquebac	146158	gris-fer	1920	Quodex 130186	Métamérie 105052
Usquebac	146660	gris	1920	Névrosé 113735	Kokodile 90461
Usquebac	146842	gris-foncé	1920	Josué 88841	Nattière 114659
Usquebac	147749	gris-foncé	1920	Qualvades 131498	Numération 115942
Usquebac	149137	n.-m.-t.-z.	1920	Ouvrier 119107	Maline 109575
Usquebac	149483	gris-vin.	1920	Parieur 127471	Mécanique 100688
Usquebac	149751	gris	1920	Panama 128415	Coralie 93545
Usquebac	150042	gris	1920	Quarnot 130722	Noyale 118055
Usr	149185	gris-foncé	1920	Kéris 93769	Océana 122953

NOM	N°	ROBE	Naissance	PÈRE	MÈRE
Uss	147875	noir	1920	Quambrioleur 131507	Numération 113597
Ussac	145886	noir	1920	Quanivot 130128	Quonférence 130907
Ussac	146594	gris	1920	Organsin 120977	Ianina 81129
Ussac	147597	gris-foncé	1920	Quolonna 128784	Pimelle 126565
Ussac	148093	noir	1920	Pivert 127373	Pologne 128763
Ussac	149255	gris	1920	Quitus 130149	Jurisprudence 87306
Ussac	149536	noir-m.-t.	1920	Quinaud 132720	Ombre 123802
Ussard	145070	gris-foncé	1920	Qokala 129350	Alliance 62225
Ussard	145961	noir	1920	Mordicant 110698	Immanente 82236
Ussard	147185	noir	1920	Lumineux 100865	Raymonde 134353
Ussard	147423	noir	1920	Juste 85878	Levantine 104142
Ussard	148371	noir	1920	Obus 121402	Hellé 75840
Ussart	144592	noir	1920	Poison 125565	Lady 97914
Ussat	146585	noir	1920	Organsin 120977	Karlitte 90960
Ussat	147599	gris-fer	1920	Quolonna 128784	Perrine 127185
Ussat	148099	noir-zain	1920	Pivert 127373	Précieuse 127374
Ussat	149537	noir-m.-t.	1920	Obstructif 120705	Péniche 128731
Usseau	145887	gris	1920	Moineau 106576	Popotte 126849
Usseau	146597	gris	1920	Lichas 98731	Néophobie 115715
Usseau	147600	noir	1920	Quolonna 128784	Natalie 114487
Usseau	148094	gris-foncé	1920	Pivert 127373	Panade 127575
Usseau	149541	gris-tr.-f.	1920	Ouvreur 123793	Lorinette 134513
Ussein	149219	gris	1920	Maquis 110284	Koronia 97259
Ussel	145339	gris	1920	Pampelune 124878	Isabelle 82397
Ussel	145441	noir	1920	Quesnel 129358	Neustrie 113182
Ussel	145889	gris	1920	Moineau 106576	Kraqueuse 90402
Ussel	146600	gris	1920	Malplaquet 107145	Pasquale 127044
Ussel	147130	gris	1920	Piombino 127259	Médisance 105808
Ussel	147286	gris-foncé	1920	Lichas 98731	Nérite 114074
Ussel	147601	noir	1920	Quolonna 128784	Nourrice 115898
Ussel	148100	gris-clair	1920	Pivert 127373	Orne 121461
Ussel	148431	gris-foncé	1920	Ofa 122607	Otero 122622
Ussel	149391	gris tr.-f.	1920	Médisant 105527	Quornette 129114
Ussel	149542	noir-zain	1920	Ouvreur 123793	Fleurie 68336
Ussel	149843	noir-m.-t.	1920	Lutécien 102720	Niagara 118098
Ussellois	146319	noir	1920	Komplex 91539	Ogive 120216
Usserius	145327	bai-br.-f.	1920	Pampelune 124878	Lemme 103091
Usserius	145831	noir	1920	Quesnel 129358	Hapette 74581
Usserius	146294	noir-zain	1920	Komplex 91539	Panure 124425
Usserius	147290	gris-foncé	1920	Omer 119732	Lisette 103743
Usserius	147951	gris foncé	1920	Lichas 98731	Manchote 107577
Usserius	149388	aubère	1920	Postiche 125397	Ornière 119112
Usserius	149838	gris-foncé	1920	Lutécien 102720	Hantise 77930
Usset	144587	gris	1920	Omer 119732	Poucette 124830
Usset	148159	noir	1920	Quissac 130271	Cigarette 54835

NOM	N°	ROBE	Naissance	PÈRE	MÈRE
Ussey	149303	gris	1920	Quitus 130149	Lairesse 102793
Ussi	147878	gris-foncé	1920	Nitrate 111699	Quanaille 131536
Ussi	149220	gris-bleu	1920	Mansard 109591	Margot 98226
Ussidan	149282	noir	1920	Importun 80576	Hélice 90113
Ussif	148604	gris	1920	Polonais 125998	Mérode 111344
Ussigny	148012	noir	1920	Pilon 127251	Laplanche 103704
Ussigon	146923	gris	1920	Nyctalope 113635	Revue 134113
Ussigon	147178	noir	1920	Nyctalope 113635	Jovienne 85448
Ussius	149411	gris-foncé	1920	Nérac 112728	Qlandestine 131793
Usson	145396	gris	1920	Névrosé 113735	Kroisade 91835
Usson	145891	gris	1920	Moineau 106576	Indomptée 80193
Usson	146602	bai	1920	Malplaquet 107145	Oméga 122281
Usson	147602	gris foncé	1920	Quolonna 128784	Krête 96029
Usson	148013	gris-foncé	1920	Quornaro 130969	Narcé 116517
Usson	148106	gris foncé	1920	Obus 121402	Narration 116774
Usson	149543	noir	1920	Néflier 111919	Javanaise 88744
Ussonge	146643	gris	1920	Nyctalope 113635	Prisedarme 125063
Usstukru	145516	noir	1920	Pantin 124490	Jambe 84211
Ussy	145397	noir	1920	Quantilly 128970	Huisserie 73947
Ussy	145892	gris noir	1920	Moineau 106576	Faisante 67702
Ussy	146651	noir ?	1920	Piquet 125221	Noiseraie 112256
Ussy	147606	gris-fer	1920	Quolonna 128784	Quaillebotte 131421
Ussy	148102	noir zain	1920	Qualein 131447	Nappe 114310
Ussy	149547	gris	1920	Kerdrain 95437	Praline 128621
Ustache	144973	noir	1920	Quatorze 129013	Manivelle 105606
Ustache	145505	gris-foncé	1920	Poison 125565	Obstinée 119449
Ustang	147507	noir	1920	Juste 85878	Ouverture 121972
Ustapha	149283	gris	1920	Lutécien 102720	Outillée 123295
Ustarits	145398	gris	1920	Kroquet 91851	Quopiste 130486
Ustarits	146666	gris	1920	Quêteur 129813	Pointure 125558
Ustarits	148109	noir	1920	Konstat 95797	Masselotte 109841
Ustaritz	145833	gris	1920	Qokala 129350	Orgie 120327
Ustaritz	146295	gris	1920	Quérigut 128971	Jeufosse 86312
Ustaritz	149392	gris	1920	Médisant 105527	Quombrière 131970
Ustaritz	149840	gris-f.-r.	1920	Mansard 109591	Jolivette 93371
Ustart	145077	gris-foncé	1920	Quadnc 129371	Oléfiante 118895
Ustaud	148836	gris	1920	Instar 78857	Nucelle 117089
Ustel	149229	gris	1920	Mansard 109591	Numance 118249
Ustensile	145217	noir	1920	Mylord 107421	Pampelune 126936
Ustensile	145729	noir	1920	Ouistreham 120076	Lacheuse 100744
Ustensile	146440	alezan	1920	Ontario 119738	Olace 120235
Ustensile	147227	noir	1920	Fier-à-Bras 65250	Paulette 125778
Ustensile	147751	gris-tr. f.	1920	Qualot 131492	Olique 120774
Ustensile	148427	noir	1920	Québec 131267	Patrie 126817
Ustensile	149139	gris	1920	Pâton 127979	Galéasse 72199

NOM	N°	ROBE	Naissance	PÈRE	MÈRE
Ustensile	149752	noir	1920	Lédon 101823	Hortense 73737
Ustensile	150043	gris	1920	Quarnot 130722	Poissarde 128534
Usteri	145320	gris	1920	Kroquet 91851	Oreillette 122015
Usteri	145834	noir	1920	Qokala 129350	Koquine 89829
Usteri	146298	gris	1920	Quérigut 128971	Higotte 73477
Usteri	147287	gris	1920	Marsin 109642	Kazéine 94888
Usteri	147794	gris clair	1920	Qualvados 131498	Phylinte 125024
Usteri	147956	noir	1920	Quambrioleur 131507	Hautaine 77229
Usteri	148481	noir	1920	Québec 131267	Merveille 107905
Usteri	149389	gris-c.d.m	1920	Protocole 125460	Obédience 120778
Usteri	149841	bai	1920	Mansard 109591	Quonstance 132122
Ustet	148318	noir	1920	Qualein 131447	Ration 135461
Ustic	147122	gris	1920	Qotonnu 130216	Jarre 85779
Ustic	147152	gris	1920	Quodex 130186	Rousseur 134462
Usticier	148499	gris-foncé	1920	Numéro 118563	Fleurie 96899
Ustilago	146658	noir	1920	Quesnel 129358	Orangère 119731
Ustilago	146908	gris	1920	Quarnot 130722	Macédoine 106110
Ustin	147143	gris	1920	Quodex 130186	Houlette 74184
Ustinien	149233	gris-vin.	1920	Lutécien 102720	Mense 110399
Ustio	144599	gris-foncé	1920	Quaduc 129371	Ordure 120335
Ustion	144517	gris-foncé	1920	Ofa 122607	Nira 116217
Ustion	144551	gris-foncé	1920	Qokala 129350	Odeur 120792
Ustou	145399	noir	1920	Quantilly 128970	Kuisse 91884
Ustou	145896	noir-zain	1920	Liguori 103360	Lisonne 103177
Ustou	148110	gris-fer	1920	Pivert 127373	Ninette 116802
Ustou	149549	gris	1920	Néflier 111919	Qualifiée 132568
Ustral	144620	gris	1920	Pantin 124490	Ousse 120689
Ustral	147448	noir	1920	Ouleux 121183	Jouteuse 86844
Ustral	148544	gris-fer	1920	Quadrillé 128842	Kalandre 95486
Ustre	148839	gris-foncé	1920	Marsin 109642	Qlémence 131944
Ustreur	147449	gris	1920	Juste 85878	Kruchette 94130
Ustroir	147451	noir	1920	Heaume 75604	Lasserie 102089
Ustroir	148545	gris-fer	1920	Quadrillé 128842	Liliane 104028
Ustucru	144545	noir	1920	Pachalik 127626	Jaseuse 86016
Ustucru	146860	noir	1920	Quinaud 130441	Qlairette 129914
Ustulato	145469	noir	1920	Piombino 127259	Lamour 98996
Ustuleux	148797	gris foncé	1920	Paquebot 127787	Micronésie 106040
Usucapion	144645	noir	1920	Quissac 130271	Kératite 96794
Usucapion	149145	gris-tr.-f.	1920	Quoncubin 132048	Lanoue 102822
Usuel	144676	gris	1920	Quornaro 130969	Macaronée 110106
Usuel	145215	gris	1920	Mylord 107421	Mercedona 107086
Usuel	145733	gris-rouan	1920	Ouistreham 120076	Ixora 81325
Usuel	146161	gris	1920	Quesnel 129358	Girardière 57784
Usuel	146419	noir	1920	Piombino 127259	Jade 85663
Usuel	146490	gris	1920	Pachalik 127626	Quonversion 130471

NOM	N°	ROBE	Naissance	PÈRE	MÈRE
Usuel	146843	noir	1920	Josué 88841	Rénette 133717
Usuel	147752	gris-vin.	1920	Qualot 131492	Hactiphe 76605
Usuel	148389	noir	1920	Québec 131267	Mariette 107906
Usuel	149140	gris	1920	Quoncubin 132048	Rigole 135844
Usuel	149485	noir	1920	Idomen 83507	Kelba 96811
Usuel	150044	gris	1920	Quoréen 132242	Quérable 132528
Usufrit	145125	gris	1920	Pantin 124490	Ope 120569
Usufruit	144683	gris	1920	Pantin 124490	Sans-Tache 66740
Usufruit	145218	gris	1920	Kalot 92507	Qoouture 131021
Usufruit	145734	gris-foncé	1920	Ouistreham 120076	Kaline 92496
Usufruit	146335	gris-foncé	1920	Pampelune 124878	Voltige 63273
Usufruit	146420	gris	1920	Piombino 127259	Outarde 121077
Usufruit	146641	noir	1920	Quintanar 129225	Keti 94804
Usufruit	146790	noir	1920	Quaduc 129371	Korbeille 91610
Usufruit	146844	noir	1920	Josué 88841	Kanotte 91654
Usufruit	147753	noir	1920	Mordicant 110698	Janicule 88495
Usufruit	148393	noir	1920	Québec 131267	Quirinale 129658
Usufruit	149141	gris	1920	Ouvrier 119107	Originalité 123168
Usufruit	150045	gris	1920	Quarmot 130722	Roumaine 136022
Usufruitier	144713	gris-foncé	1920	Poison 125565	Icajine 80826
Usufruitier	145220	gris	1920	Kalot 92507	Coquette 61374
Usufruitier	145736	noir	1920	Ouistreham 120076	Préfète 126200
Usufruitier	146336	noir	1920	Komplex 91539	Héronnière 78064
Usufruitier	146428	bai-brun	1920	Quontralto 130438	Kuprique 91731
Usufruitier	146845	noir	1920	Quanivot 130128	Krème 93240
Usufruitier	147756	gris-vin.	1920	Obus 121402	Rebelle 63588
Usufruitier	149142	gris	1920	Quoncubin 132048	Hachère 78357
Usufruitier	150046	alezan-br.	1920	Pitaud 128421	Kapeline 97463
Usuraire	145221	gris	1920	Mylord 107421	Mariane 107634
Usuraire	145740	gris-foncé	1920	Pampelune 124878	Kayenne 91959
Usuraire	146337	noir	1920	Moineau 106576	Indigne 83520
Usuraire	146846	gris-foncé	1920	Quatorze 129013	Farine 68498
Usuraire	147757	noir	1920	Qualot 131492	Martha 106080
Usuraire	148387	gris-foncé	1920	Québec 131267	Japonaise 59259
Usuraire	149143	gris-foncé	1920	Keris 93769	Lina 98223
Usuraire	149486	noir	1920	Quesnel 129199	Pénalité 128121
Usuraire	150047	gris	1920	Quaolin 128963	Planète 128454
Usureur	150156	noir	1920	Québec 131267	Quartelette 131278
Usurier	144958	gris-foncé	1920	Quaduc 129371	Hirsette 97127
Usurier	145223	gris	1920	Kalot 92507	Gerbe 72588
Usurier	145471	gris-foncé	1920	Qokala 129350	Médrano 105727
Usurier	145741	gris-tr.-f.	1920	Pampelune 124878	Quanourgue 130712
Usurier	146340	gris	1920	Nyctalope 143635	Pirouette 125941
Usurier	146442	noir-m.-t.	1920	Piombino 127259	Inverse 80588
Usurier	146655	noir	1920	Psoriasis 126479	Poignante 125537

NOM	N°	ROBE	Naissance	PÈRE	MÈRE
Usurier	146847	gris-tr.-f.	1920	Quatorze 129013	Répression 133654
Usurier	147758	gris-fer	1920	Qualot 131492	Phase 125021
Usurier	148440	gris	1920	Ornain 119960	Jamaïque 84935
Usurier	148655	noir	1920	Idomen 83507	Imposte 82098
Usurier	149147	gris-clair	1920	Qualein 131447	Laminerie 103634
Usurier	149757	gris	1920	Mélo 108236	Margelle 111151
Usurier	150048	noir	1920	Impérator 83461	Fadette 64093
Usurier	150152	gris	1920	Ofa 122607	Ketty 94577
Usurier	150155	noir	1920	Québec 131267	Quartelette 131278
Usurpateur	144963	noir	1920	Quaduc 129371	Ritoujours 132834
Usurpateur	144970	gris	1920	Queriquet 129124	Flora 90231
Usurpateur	145101	gris	1920	Qotonnu 130216	Brillante 90181
Usurpateur	145226	noir	1920	Mylord 107421	Loge 102085
Usurpateur	145749	gris-foncé	1920	Pampelune 124878	Obèse 122044
Usurpateur	146341	gris	1920	Nyctalope 113635	Nénuphar 113578
Usurpateur	146422	gris	1920	Quontralto 130438	Panarde 124347
Usurpateur	146438	noir	1920	Poison 425565	Marchandise 105536
Usurpateur	146652	noir-zain	1920	Névrosé 113735	Rétention 134146
Usurpateur	146773	gris	1920	Quarto 128860	Jabès 83768
Usurpateur	146848	noir	1920	Josué 88841	Palissade 124319
Usurpateur	147261	bai-brun	1920	Fier-à Bras 65250	Ostende 121146
Usurpateur	147761	gris-foncé	1920	Mordicant 110698	Qualque 131489
Usurpateur	148386	noir	1920	Québec 131267	Mazurka 107901
Usurpateur	148652	noir	1920	Nectar 116862	Majeure 110980
Usurpateur	149152	gris	1920	Quimperlé 129067	Piponnette 124182
Usurpateur	149759	noir	1920	Quoin 131888	Pelée 128093
Usurpateur	150049	noir	1920	Quoréen 132242	Nubienne 118065
Usurpé	146411	gris-clair	1920	Névrosé 113735	Gibecière 73372
Usurpeur	144943	gris foncé	1920	Qotonnu 130216	Mucosité 105602
Usurpeur	147765	gris-foncé	1920	Omer 119732	Lanterne 103671
Ut	144521	noir	1920	Ofa 122607	Nobène 146227
Ut	144930	gris-ard.	1920	Qu'en-dira-t-on 130440	Ondulation 119127
Ut	145227	gris-clair	1920	Mylord 107421	Lentille 102544
Ut	145750	gris-rouan	1920	Pampelune 124878	Noaille 113027
Ut	146344	noir	1920	Nyctalope 113635	Matérielle 106242
Ut	146439	noir-m.-t.	1920	Ontario 119738	Métisse 106741
Ut	146662	noir	1920	Quêteur 129815	Mouquère 68500
Ut	147762	noir	1920	Néflier 111919	Karotide 94872
Ut	149466	gris-foncé	1920	Parieur 127471	Jacquerie 87179
Ut	150050	gris	1920	Quinconce 130408	Orne 123687
Utabaga	148840	gris	1920	Marsin 109642	Mytilène 110104
Utah	144840	noir	1920	Prunellier 126460	Nitrite 111651
Utah	146040	noir	1920	Quanivot 130128	Oletta 122434
Utah	146302	gris-clair	1920	Orléans 121007	Iliade 81198
Utah	147289	bai	1920	Pilon 127251	Légère 103081

NOM	N°	ROBE	NAISSANCE	PÈRE	MÈRE
Utah	147958	gris foncé	1920	Officieux 120209	Klaie 94950
Utah	148482	noir	1920	Québec 131267	Noisette 116921
Utah	149390	noir	1920	Postiche 125397	Ingénue 81288
Utah	149842	gris fer	1920	Mansard 109591	Ilia 98243
Utal	148673	noir	1920	Klocher 95657	Questure 131637
Utané	150148	gris-vin.	1920	Nectar 116862	Hollande 78524
Utck	144536	gris	1920	Pachalik 127626	Gargousse 71324
Uté	148319	noir	1920	Qualein 131447	Padouane 127583
Utobeuf	149303	gris	1920	Quittes 130149	Perdrix 128173
Utécien	147452	gris	1920	Pilon 127251	Orcanète 121986
Utécien	148549	noir m. t.	1920	Kourlis 95894	Myrosine 109531
Uteh	144888	bai-chât.	1920	Pouff 124218	Laronne 99779
Uter	148704	noir	1920	Idomen 83507	Lérida 104237
Utérin	144712	noir	1920	Quesnel 129358	Rathéry 133916
Utérin	145231	noir	1920	Pampelune 124878	Piochette 124166
Utérin	145756	gris foncé	1920	Orléans 121007	Préopinante 126217
Utérin	146347	gris	1920	Quantilly 128970	Henrietta 75633
Utérin	146849	gris-foncé	1920	Josué 88841	Oche 121140
Utérin	147766	gris-foncé	1920	Quernaro 130969	Noctule 115820
Utérin	149149	gris	1920	Polygone 125447	Névrite 118536
Utérin	149765	gris-foncé	1920	Mélo 108236	Jouvence 87287
Utérin	150053	gris	1920	Morniflard 106131	Joliette 85160
Utérinus	145174	noir	1920	Polygone 125447	Italie 78889
Utéro	145079	gris foncé	1920	Quaduc 129371	Nolasque 114886
Utérus	145237	noir	1920	Moineau 106576	Nanie 118558
Utérus	145641	noir	1920	Pampelune 124878	Orpheline 120582
Utérus	146349	gris-tr.-cl.	1920	Péplum 124974	Lapie 99628
Utérus	146852	rouan	1920	Quanton 129698	Lisière 104457
Utérus	147157	gris	1920	Quodex 130186	Motricité 106960
Uterus	147225	bai mar.	1920	Ontario 119738	Pologne 125358
Utérus	147769	gris-foncé	1920	Qualvados 131498	Kascarille 94886
Utérus	149153	gris l.-v.	1920	Lédon 101823	Penne 128140
Utérus	149766	noir	1920	Nicobar 118452	Palombe 128718
Utérus	150060	gris	1920	Pitaud 128421	Mirandole 106138
Utérus	149492	gris cl. d. m	1920	Quardeur 131237	Méthode 107363
Utès	147175	gris	1920	Ontario 119738	Rigidité 134142
Utet	148944	gris	1920	Mercy 105783	Pucelle 125300
Uteur	148503	gris-foncé	1920	Neigeux 112725	Olusie 131850
Uteux	147463	gris	1920	Juste 55878	Coquette 75014
Uth	144612	noir	1920	Quaduc 129371	Piqûre 124259
Uther	149259	noir	1920	Quimperlé 129067	Quabale 132593
Uther	147454	gris	1920	Pilon 127251	Numance 115158
Uthérien	148550	gris-foncé	1920	Quadrillé 128842	Roue 132835
Uthérien	149316	gris-bleu	1920	Importun 80576	Messène 104819
Utherland	144711	noir	1920	Pantin 124490	Lisette II 84380
Uthon					

NOM	N°	ROBE	Naissance	PÈRE	MÈRE
Uthon	144945	gris	1920	Qu'en-dira-t on 130448	Parisienne 61773
Uthon	147184	gris	1920	Lumineux 100865	Pélagie 124844
Uthreck	144650	gris	1920	Qualvados 131498	Potiche 125395
Uti	144714	gris-foncé	1920	Poison 125565	Quiça 129374
Uti	148718	gris	1920	Parieur 127471	Latomie 104299
Utick	146204	gris	1920	Omer 149732	Perrière 125499
Utiet	148798	gris-foncé	1920	Postiche 125397	Kourtilière 95902
Utigneux	148156	noir	1920	Quissac 130271	Margense 110326
Utile	144510	gris	1920	Ofa 122607	Ninette 116161
Utile	146185	noir	1920	Pachalik 127626	Rustique 64956
Utile	146434	gris	1920	Quontralto 130438	Langouste 100634
Utile	146618	noir	1920	Martinet 106203	Nichette 115269
Utile	146853	noir	1920	Quanton 129698	Quonfiture 129381
Utile	147838	gris-fer-f.	1920	Perkins 125027	Quinte 128983
Utile	148384	noir	1920	Québec 131267	Khartoum 97707
Utile	148441	bai-foncé	1920	Perturbateur 125648	Marande 107998
Utile	149863	gris	1920	Quayac 132444	Junte 87496
Utile	150078	noir	1920	Ostabat 123735	Joubarbe 89155
Utilement	145233	gris	1920	Kalot 92507	Ida 98496
Utilement	146350	gris-foncé	1920	Péplum 124974	Ionienne 80889
Utilement	146854	noir	1920	Quanton 129698	Quatillac 129877
Utilement	147770	gris-foncé	1920	Qualvados 131498	Ivraie 80268
Utilement	150065	gris	1920	Quayac 132444	Mélinite 110645
Utilis	144923	gris	1920	Qokala 129350	Poulette 125083
Utilis	144950	gris-ard.	1920	Péplum 124974	Pavette 124759
Utilis	146665	noir	1920	Psoriasis 126479	Kassine 91038
Utilisable	146351	noir	1920	Quadricycle 128838	Nèpe 112824
Utilisé	145106	gris foncé	1920	Quaduc 129371	Istoire 98084
Utilisé	146450	noir	1920	Pantin 124490	Printanière 126301
Utilitaire	145238	gris-foncé	1920	Mylord 107421	Harangue 73645
Utilitaire	146353	gris	1920	Quantilly 128970	Kasuistique 91179
Utilitaire	146855	noir	1920	Quanton 129698	Qropette 129634
Utilitaire	147777	gris-foncé	1920	Néflier 111919	Karoncule 94869
Utilitaire	148392	gris-fer	1920	Québec 131267	Larde 99307
Utilitaire	148676	gris	1920	Nectar 116862	Nôme 117978
Utilitaire	149150	gris	1920	Kourlis 95894	Peccadille 128049
Utilitaire	149767	noir	1920	Nicobar 148452	Jaseuse 88874
Utilité	146433	gris	1920	Névrosé 113735	Hardie 74893
Utilouis	147076	gris	1920	Neuilly 112606	Quarte 129807
Utin	145067	noir	1920	Qokala 129350	Pamée 124250
Utin	145130	noir	1920	Pachalik 127626	Hictoria 76545
Utin	145963	bai-brun	1920	Liguori 103360	Géresse 70513
Utin	146864	gris	1920	Quétenr 129815	Pretintaille 125371
Utin	147425	noir	1920	Ouleux 121183	Laviolle 102130
Utin	147455	gris-vin.	1920	Nitrate 144699	Gayette 98265

NOM	N°	ROBE	Naissance	PÈRE	MÈRE
Utin	148372	noir	1920	Importun 80576	Image 98048
Utin	148552	gris-foncé	1920	Kourlis 95894	Noisette 118507
Utin	148606	gris	1920	Klaro 97235	Pinnée 128370
Utinam	148705	noir	1920	Parieur 127471	Kanosava 94838
Utinet	145964	gris	1920	Mordicant 110698	Parvenue 126907
Utinet	146776	noir	1920	Quêteur 129815	Oénée 119675
Utinet	147427	gris	1920	Heaume 75604	Lavallière 104057
Utinet	148373	gris	1920	Lutécien 102720	Madeira 111054
Utinet	148608	bai cerise	1920	Neigeux 112725	Pipette 128397
Utiphar	149296	gris	1920	Lutécien 102720	Cascade 90127
Utité	148610	gris	1920	Neigeux 112725	Orange 123521
Utland	149234	gris-cl.-v.	1920	Lutécien 102720	Jasmine 86929
Utlaw	148762	gris-foncé	1920	Mercy 105783	Malveillance 140197
Utoir	148210	gris	1920	Octobre 120168	Plesse 127054
Utopique	146355	gris-tr.-f.	1920	Pampelune 124878	Grileuse 70575
Utopique	149164	gris	1920	Maquis 110284	Laurière 102887
Utopique	149770	noir-zain	1920	Interprète 80665	Julienne 88809
Utopique	150067	gris	1920	Quayac 132444	Iranienne 83151
Utopique	150130	gris-fer	1920	Pégoud 126957	Nora 118678
Utopiste	145111	noir	1920	Qokala 129350	Piqûre 125231
Utopiste	145239	noir	1920	Mylord 107421	Pistole 125952
Utopiste	146357	gris-clair	1920	Kalot 92507	Ouïe 122146
Utopiste	146446	gris	1920	Qu'en-dira-t-on 130440	Huette 77134
Utopiste	148408	noir	1920	Québec 131267	Lucie 50265
Utopiste	149156	gris	1920	Mansard 109591	Mutuelle 109520
Utopiste	149163	gris-foncé	1920	Nectar 116862	Inde 82428
Utopiste	149773	gris-foncé	1920	Nicobar 118452	Liseron 104354
Utopiste	150070	noir	1920	Pitaud 128421	Arianne 46277
Utor	148213	noir	1920	Pilon 127251	Naucelle 115220
Utra	146877	noir	1920	Quasi 128865	Guérite 66327
Utrancier	150159	bai	1920	Nichet 117897	Kandide 89952
Utraquiste	145240	noir	1920	Mylord 107421	Figaro 63084
Utraquiste	145757	gris	1920	Quatorze 129013	Lotte 101251
Utraquiste	146363	gris	1920	Komplex 91539	Kraiona 91620
Utraquiste	147779	noir	1920	Néflier 111919	Jaserie 88221
Utraquiste	149158	noir	1920	Nérac 112728	Quassette 131720
Utrech	146603	noir	1920	Martinet 106203	Muguette 108668
Utrecht	145041	gris	1920	Ontario 119738	Noblesse 111654
Utrecht	146044	gris	1920	Quanivot 130128	Ficelle 98454
Utrecht	147293	gris-foncé	1920	Nitrate 111699	Musique 106717
Utrecht	149396	gris-foncé	1920	Postiche 125397	Pétarade 128241
Utrecht	149688	gris-foncé	1920	Muet 109445	Passerelle 127535
Utrecht	149847	noir	1920	Importun 80576	Kystique 92139
Utrecht	149976	noir	1920	Quayac 132444	Notoriété 118018
Utrecht	150138	gris-foncé	1920	Lougre 100470	Opale 124112

NOM	N°	ROBE	Naissance	PÈRE	MÈRE
Utreck	144847	noir-zain	1920	Quaduc 129371	Montanère 105631
Utremer	148764	gris	1920	Instar 78857	Païenne 127632
Utrera	149488	gris	1920	Quambrai 131502	Nicotine 118509
Utri	146876	gris	1920	Quasi 128865	Honorine 74330
Utriage	146614	gris-foncé	1920	Martinet 106203	Mina 108637
Utricier	147519	gris	1920	Pilon 127251	Quonfiance 130063
Utricier	148747	gris-vin.	1920	Nichet 117897	Nonne 117278
Utriculaire	150073	gris	1920	Quarnot 130722	Mornifle 110744
Utricule	145189	noir	1920	Fier-à-Bras 65250	Orlette 119976
Utriculeux	145242	gris-foncé	1920	Mylord 107421	Kassette 93041
Utriculeux	145758	noir	1920	Quanton 129698	Négociation 114613
Utriculeux	146364	gris foncé	1920	Mylord 107421	Quarantaine 128938
Utriculeux	147780	gris-foncé	1920	Néflier 111919	Kastine 94905
Utriculeux	149159	gris	1920	Mansard 109591	Quinzaine 132722
Utriculeux	149774	noir	1920	Quab 131341	Ocanette 124040
Utriculeux	150071	gris	1920	Quobez 132448	Bergère 54073
Utriment	147520	noir	1920	Juste 85878	Mouche 108966
Utrin	147457	noir	1920	Pilon 127251	Lannie 98274
Utrin	149260	noir	1920	Quimperlé 129067	Népomucelle 118158
Utritif	147527	noir	1920	Pilon 127251	Adèle 98134
Utten	149221	noir	1920	Mansard 109591	Quontinente 132143
Utter	147428	gris vin.	1920	Pilon 127251	Nubile 115925
Utter	148255	gris	1920	Qualcin 131447	Junon 96945
Utter	148374	gris	1920	Pivert 127373	Quinteuse 131666
Utteur	147458	noir	1920	Juste 85878	Minette 108905
Utti	148947	noir	1920	Merey 105783	Quonfite 132071
Uttique	146604	alezan	1920	Japon 84819	Mascotte 108662
Utuel	147510	noir	1920	Kalidon 95297	Léoville 102151
Utuel	148609	gris-clair	1920	Klaro 97235	Jaseuse 89000
Utural	148886	gris	1920	Quadeau 131386	Pelta 124894
Uty	148151	gris fer	1920	Nérac 112728	Qlisse 131828
Utyra	144540	noir	1920	Pachalik 127626	Griotte 98266
Utyra	144672	alezan-r.	1920	Pantin 124490	Indiana 54498
Utyreux	148214	noir	1920	Nitrate 114699	Merluche 110446
Uva	145246	gris	1920	Mylord 107421	Koulla 95162
Uva	147782	noir	1920	Qualvados 131498	Maya 105960
Uva	149776	gris	1920	Quab 131341	Jouvencelle 88704
Uva	150074	noir	1920	Ostabat 123735	Merveilleuse 110745
Uvaire	145243	gris	1920	Mylord 107421	Pelote 126982
Uvaire	145761	gris	1920	Poison 125365	Qurette 130281
Uvaire	146633	gris	1920	Nagy 112488	Parenne 126667
Uvaire	149163	noir m.-t.	1920	Quinaud 132720	Opulence 125245
Uvaire	149773	gris	1920	Quab 131341	Zama 57403
Uvalb	146190	noir	1920	Prunellier 126460	Nourrice 112388
Uvalli	145322	gris	1920	Pampelune 124878	Germina 98474

NOM	N°	ROBE	Naissance	PÈRE	MÈRE
Uvalli	146042	gris	1920	Quanivot 130128	Oteville 122416
Uvalli	146303	gris-tr.-f.	1920	Quonviet 130474	Numulite 113604
Uvalli	147295	gris fer	1920	Quambrioleur 131507	Pairesse 127649
Uvalli	147795	noir	1920	Qualot 131492	Quapitale 131179
Uvalli	147963	gris foncé	1920	Néflier 111919	Onérosité 121658
Uvalli	149399	gris	1920	Médisant 105527	Manche 110211
Uvalli	149489	gris	1920	Quaiman 129648	Luzerne 104320
Uvalli	149848	gris-foncé	1920	Obstructif 120705	Moréna 111177
Uvard	148218	gris	1920	Nitrate 111699	Neyrolle 116603
Uva-Ursi	144640	noir	1920	Pantin 124490	Onyze 120716
Uvé	146896	noir zain	1920	Quêteur 129815	Olivette 119702
Uveau	148256	noir-zain	1920	Qualein 131447	Labiée 102063
Uvénal	149235	noir	1920	Qualein 131447	Laloire 104353
Uvernet	145400	gris	1920	Névrosé 113735	Naize 112255
Uvernet	145898	noir	1920	Liguori 103360	Nèpe 115717
Uvernet	146668	gris	1920	Quarto 128860	Poire 125560
Uvernet	147611	noir	1920	Qualvados 131498	Lapinière 103678
Uvernet	148113	gris-foncé	1920	Quitus 130149	Ogive 121932
Uvernet	149552	noir	1920	Ouvrier 119107	Lirette 104551
Uvet	144875	noir zain	1920	Pouff 124218	Papille 125040
Uvet	146875	gris	1920	Quasi 128865	Mégie 108201
Uvet	148259	gris	1920	Qualein 131447	Pydna 127419
Uvet	148288	gris	1920	Obus 121402	Missive 108256
Uvi	144547	noir	1920	Pachalik 127621	Kita 94067
Uvier	148258	gris-foncé	1920	Qualein 131447	Négresse 112144
Uviforme	145762	noir	1920	Josué 88841	Galilée 69515
Uviforme	146365	gris	1920	Quonviet 130474	Quourge 131007
Uviforme	147796	noir	1920	Néflier 111919	Haine 78343
Uviforme	149151	gris-foncé	1920	Kourlis 95894	Lucrèce 103954
Uviforme	149167	gris	1920	Quitus 130149	Neurologie 116108
Uviforme	149777	bai-brun	1920	Muet 109445	Morphine 110748
Uviforme	150075	gris	1920	Quohez 132448	Nourriture 118032
Uviformé	146873	gris	1920	Lougre 100470	Noyellette 114555
Uvis	148155	gris-foncé	1920	Quissac 130271	Marge 110324
Uvolin	144520	noir	1920	Ofa 122607	Opérette 122633
Uvréer	148765	gris-foncé	1920	Instar 78857	Quatalyse 131740
Uvulaire	145763	noir	1920	Quatorze 129013	Jarne 85521
Uvulaire	146726	gris	1920	Neuilly 112606	Obtrée 119868
Uvulaire	147797	gris-foncé	1920	Quompromis 132021	Quaduée 131389
Uvulaire	149778	gris-foncé	1920	Quab 131341	Berline 62929
Uvulaire	150076	gris	1920	Quayac 132444	Nuée 118079
Uvuler	146874	noir	1920	Lougre 100470	Georgette 69587
Uwoll	147248	gris	1920	Postiche 125397	Ozeraille 124160
Uxbridge	146043	gris	1920	Quanivot 130128	Marchandeuse 107436
Uxbridge	149490	noir	1920	Quesnel 129199	Passive 126505

NOM	N°	ROBE	Naissance	PÈRE	MÈRE
Uxeau	145401	gris	1920	Quantilly 128970	Larme 101761
Uxeau	145899	gris-fer	1920	Mordicant 110698	Quomtesse 130897
Uxeau	147613	noir	1920	Quambrai 131502	Lague 103681
Uxeau	148114	gris-fer	1920	Quitus 130149	Polka 98364
Uxeau	149553	gris	1920	Ouvreur 123793	Kabylia 96694
Uxegney	145403	gris-foncé	1920	Polus 123947	Quêvreville 128878
Uxegney	146671	gris	1920	Quarto 128860	Oublieuse 119514
Uxegney	148117	gris-foncé	1920	Mercy 105783	Provence 127388
Uxegney	149554	gris rouan	1920	Kerdrain 95437	Nantaise 118122
Uxella	146314	gris	1920	Orléans 121007	Nécrologie 142701
Uxellodunum	145117	noir	1920	Quesnel 129358	Olive 118918
Uxellodunum	145323	gris clair	1920	Pampelune 124878	Nature 145648
Uxellodunum	146311	gris	1920	Komplex 91539	Praline 126172
Uxellodunum	147964	gris-foncé	1920	Nêllier 111949	Ida 79111
Uxellodunum	149401	gris	1920	Quasson 131729	Nouâtre 117471
Uxellodunum	149491	noir	1920	Idomen 83507	Procuratie 126333
Uxellodunum	149851	gris	1920	Ouvreur 123793	Palmyre 128031
Uxem	145404	noir	1920	Piombino 127259	Joliette 85655
Uxem	148118	gris-fer	1920	Pivert 127373	Quanonnière 131157
Uxem	149559	noir	1920	Ouvreur 123793	Percheronne 128582
Uxembourg	148164	noir	1920	Qualein 131447	Peyrille 126769
Uxley	145205	gris	1920	Postiche 125397	Obrille 120407
Uxmal	145324	gris	1920	Pampelune 124878	Quelle 129023
Uxmal	146044	gris	1920	Octobre 120168	Flamande 62274
Uxmal	146309	noir	1920	Komplex 91539	Nyrre 112391
Uxmal	147296	noir	1920	Marsin 109642	Nocuité 116036
Uxmal	148658	gris-rouan	1920	Muet 109445	Galantine 98512
Uxmal	149403	gris-foncé	1920	Quasson 131729	Manique 110240
Uxmal	149850	noir	1920	Importun 80576	Polka 128770
Uxuriant	147459	noir m. t.	1920	Ouleux 121183	Suspecte 69135
Uxuriant	148555	gris	1920	Numéro 118563	Quoursive 132395
Uxurieux	147461	noir	1920	Heaimne 75604	Iris 98203
Uyant	148321	gris-clair	1920	Heaimne 75604	Arlée 67928
Uyard	148324	bai	1920	Magellan 106095	Dragonnette 57468
Uyau	148945	gris	1920	Nichet 117897	Igname 81232
Uysako	147249	noir	1920	Quissac 130271	Kaïdine 92898
Uysdaël	148149	gris-foncé	1920	Marsin 109642	Libérienne 99432
Uyter	149306	gris	1920	Mansard 109591	Normandie 117274
Uz	145405	noir	1920	Piombino 127259	Larougerie 101674
Uzain	145141	noir zain	1920	Fier-à-Bras 65250	Néma 112361
Uzan	145407	noir	1920	Moineau 106576	Oisonville 122431
Uzan	145800	bai-brun	1920	Mordicant 110698	Orientale 122029
Uzan	146674	gris	1920	Quarto 128860	Blaquette 62134
Uzan	148121	noir	1920	Parieur 127471	Providence 127391
Uzan	149567	gris-foncé	1920	Ouvreur 123793	Pépinière 128587

NOM	N°	ROBE	Naissance	PÈRE	MÈRE
Uzard	145086	gris fer	1920	Quaduc 129371	Manivelle 105331
Uzay	145408	gris	1920	Lichas 98731	Mode 106724
Uzay	145904	gris	1920	Osé 119475	Luciole 99928
Uzay	146684	gris	1920	Quarto 128860	Ovale 119592
Uzay	147618	noir	1920	Quambrai 131502	Katin 94924
Uzay	149562	gris-foncé	1920	Ouvreur 123793	Quivola 132569
Uzeb	145449	noir	1920	Qotonnu 130216	Rosette 52316
Uzech	145409	gris	1920	Moineau 106576	Jannisse 85173
Uzech	146711	noir	1920	Quarteron 128953	Giboulée 71469
Uzech	148130	gris-foncé	1920	Officieux 120209	Image 98244
Uzedo	146752	gris	1920	Névrosé 113735	Quasseuse 129851
Uzein	145414	noir	1920	Quanivot 130128	Laborieuse 103224
Uzein	147620	gris-foncé	1920	Quambrai 131502	Philèbe 127219
Uzel	145087	noir	1920	Quaduc 129371	Obocke 120332
Uzel	145325	bai-br.-f.	1920	Pampelune 124878	Ozone 122208
Uzel	145415	gris	1920	Moineau 106576	Garmante 98383
Uzel	145906	gris	1920	Ouistreham 120076	Lectrice 100520
Uzel	146045	gris	1920	Mordicant 110698	Orincle 122677
Uzel	146312	noir	1920	Komplex 91539	Mirza 67409
Uzel	147299	noir	1920	Quinquin 128944	Mienne 110518
Uzel	147621	gris fer	1920	Quambrai 131502	Labesnarderie 103607
Uzel	147967	noir	1920	Quambrioleur 131507	Goyette 97016
Uzel	149404	gris	1920	Quasson 131729	Pantoire 127766
Uzel	149455	gris	1920	Nectar 116862	Philippeville 126596
Uzel	149852	noir	1920	Ouvreur 123793	Myrrhe 110405
Uzemain	145416	gris	1920	Octavon 120167	Juliobona 88073
Uzemain	145909	gris	1920	Ouistreham 120076	Navarraise 112977
Uzemain	146767	gris	1920	Quanevas 129730	Glaneuse 70150
Uzemain	147624	gris-foncé	1920	Nitrate 111699	Quince 130010
Uzemain	148125	gris-clair	1920	Quissac 130271	Quoline 131902
Uzéo	144871	noir	1920	Pouff 124218	Orale 119367
Uzer	145449	gris	1920	Quanivot 130128	Lisa 123046
Uzer	147631	gris-foncé	1920	Quompromis 132021	Loménie 103445
Uzer	148126	noir	1920	Quissac 130271	Parcelle 127805
Uzer	149565	gris-f.-r.	1920	Javelot 88236	Marietta 111145
Uzerain	148887	noir	1920	Qualvados 131498	Kravache 95991
Uzerche	148733	bai-br.-f.	1920	Muet 109445	Jahel 88719
Uzero	145422	gris	1920	Mylord 107421	Kerim 95128
Uzès	144891	noir	1920	Quesnel 129358	Kreye 91666
Uzès	145326	noir	1920	Pampelune 124878	Nichée 112837
Uzès	148127	gris-cend.	1920	Marsin 109642	Juaye 88618
Uzès	148396	noir	1920	Quélec 131267	Virginie 52785
Uzès	148659	noir-zain	1920	Klocher 95657	Ogresse 122474
Uzès	149853	noir	1920	Lédon 101823	Négation 117646
Uzetout	146174	gris-foncé	1920	Quériquet 129124	Lydie 99038

NOM	N°	ROBE	Naissance	PÈRE	MÈRE
Uzillac	149284	gris	1920	Quitus 130149	Mentana 109718
Uzos	145420	noir	1920	Pampelune 124878	Ivrée 81393
Uzos	145908	bai- brun	1920	Ouistreham 120076	Kairouanne 95245
Uzos	147634	noir	1920	Quompromis 132021	Obturante 121398
Uzos	148128	gris foncé	1920	Marsin 109642	Mâchoire 110131
Uzos	149568	gris-foncé	1920	Ouvreur 123793	Dora 60564
Uzu	145437	noir	1920	Quesnel 129358	Herminie 74523
Uzu	147251	noir	1920	Mordicant 110698	Milady 106325

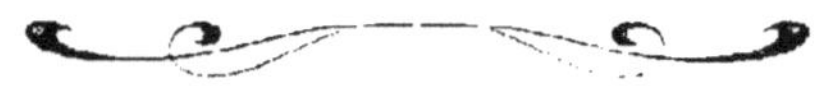

STUD-BOOK PERCHERON

JUMENTS

NOM	N°	ROBE	Naissance	PÈRE	MÈRE
Uallaga	148622	gris-foncé	1920	Parieur 127471	Isère 93428
Uallaga	149191	gris-bleu	1920	Paquebot 128754	Naxia 118257
Uanne	147970	noire	1920	Néflier 111919	Javotte 85170
Uarte	148802	grise	1920	Quasson 131729	Orcière 123438
Ubac	146653	noire	1920	Psoriasis 126479	Louisette 101277
Ubage	145045	grise	1920	Josué 88841	Moulette 105391
Ubalde	147194	grise	1920	Quarteron 128953	Omission 119081
Ubaldine	144919	grise	1920	Piombino 127259	Lacune 104669
Ubale	148176	noire	1920	Octobre 120168	Kléo 95302
Ubanya	148053	noire	1920	Nérac 112728	Oeuvre 121881
Ubaste	149182	gris-fer	1920	Mansard 109591	Paillerote 128198
Ubaye	145254	noire	1920	Mylord 107421	Larme 101417
Ubaye	145345	grise	1920	Komplex 91539	Bleue 49492
Ubaye	145770	noire	1920	Josué 88841	Ketmie 90619
Ubaye	145835	grise	1920	Josué 88841	Raflade 133518
Ubaye	146218	grise	1920	Pampelune 124878	Jubine 85260
Ubaye	146325	grise	1920	Organsin 120977	Lapone 98931
Ubaye	147301	gris-foncé	1920	Néflier 111919	Lusine 103448
Ubaye	147879	gris-foncé	1920	Nitrate 111699	Puritaine 126865
Ubaye	148019	gris-foncé	1920	Parieur 127471	Josse 88587
Ubaye	148465	grise	1920	Laristot 98920	Marinette 108536
Ubaye	149331	noire	1920	Quitus 130149	Néologie 117674
Ubaye	149413	grise	1920	Queux 129144	Résure 135687
Ubaye	149804	noire	1920	Kerdrain 95437	Paulette 126371
Ubaye	150087	grise	1920	Nectar 118379	Helvétia 78359

NOM	N°	ROBE	NAISSANCE	PÈRE	MÈRE
Uba	144966	grise	1920	Josué 88841	Quoloquinte 130320
Ubellite	148806	noire	1920	Queux 129144	Quouette 131891
Uberdiere	147230	noire	1920	Quarteron 128953	Languette 99294
Ubère	148766	gris foncé	1920	Nérac 112728	Brillante 68205
Ubéreuse	144715	noire	1920	Quinaud 130441	Oise 120585
Ubéreuse	145965	bai brun	1920	Quanivot 130128	Belle Image 63476
Ubéreuse	146934	gris-noir	1920	Quanivot 130128	Quomande 130334
Ubéreuse	147312	noire	1920	Juste 85878	Noyade 112221
Ubéreuse	148949	gris foncé	1920	Quesnel 129199	Orangère 123108
Ubéreuse	149453	gris foncé	1920	Quaïman 129648	Héliotrope 77938
Ubéreuse	149574	gris foncé	1920	Néflier 114919	Nuance 118133
Ubéreuse	149940	noire	1920	Quoréen 132242	Masculeuse 110880
Ubérina	145144	grise	1920	Quissac 130271	Isquarre 96892
Ubertade	146775	grise	1920	Prorata 126402	Pliure 125904
Uberte	146617	noire	1920	Japon 84819	Narode 115314
Ubertá	146709	grise	1920	Quarto 128860	Outrance 119552
Uberte	147212	noire	1920	Quêteur 129815	Obstruction 118783
Uberte	147848	gris-foncé	1920	Josué 88341	Médiatrice 107932
Ubertine	147218	noire	1920	Quêteur 129815	Jordonne 83878
Ubervie	149309	grise	1920	Mansard 109591	Percussion 128170
Uberville	147971	gris-foncé	1920	Kagot 92240	Hue-Hue 77053
Ubiche	144902	noire	1920	Prunellier 126460	Jouiza 85925
Ubichette	146178	noire	1920	Pantin 124490	Qaprice 129977
Ubicole	148897	grise	1920	Nichet 117897	Héléna 93500
Ubie	147090	grise	1920	Quarto 128860	Piste 125948
Ubie	147433	noire	1920	Oaleux 121183	Kerjolie 94144
Ubie	148769	grise	1920	Nichet 117897	Kocotte 95682
Ubie	149286	bai-cerise	1920	Quitus 130149	Orfraie 123753
Ubienne	145495	gris-fer	1920	Pantin 124490	Nubienne 112908
Ubienne	148767	gris-foncé	1920	Mercy 105783	Lyre 102045
Ubiens	148678	grise	1920	Nectar 116862	Mainmorte 111102
Ubiette	148809	grise	1920	Quantdeux 131765	Palliative 127674
Ubignonne	147146	grise	1920	Quontralto 130438	Kampêche 90914
Ubikiste	146935	grise	1920	Moineau 106576	Ligature 104644
Ubikiste	147313	grise	1920	Jupiter 88668	Pauline 78518
Ubile	148614	gris-fer	1920	Neigeux 112725	Plombée 128492
Ubine	148810	gris-foncé	1920	Paquebot 127787	Ruelle 134349
Ubiquitaire	144639	gris-foncé	1920	Qualvados 131498	Odométrie 121498
Ubiquitaire	146703	noire	1920	Psoriasis 126479	Quastille 129862
Ubiquité	144686	noire	1920	Qualot 131492	Luronne 102710
Ubiquité	144717	noire	1920	Quinaud 130441	Jaqueline 85907
Ubiquité	145046	gris-fer	1920	Pantin 124490	Ovale 119068
Ubiquité	145536	gris-tr.-f.	1920	Quadricycle 128838	Landaise 101733
Ubiquité	145967	grise	1920	Moineau 106576	Kotice 95844
Ubiquité	146223	noire	1920	Organsin 120977	Koquerie 91265

NOM	N°	ROBE	Naissance	PÈRE	MÈRE
Ubiquité	146902	grise	1920	Ontario 119738	Qurie 129294
Ubiquité	146937	grise	1920	Moineau 106376	Konfidence 91147
Ubiquité	147231	noire	1920	Joney 85121	Lactose 100154
Ubiquité	147314	baie	1920	Jupiter 88668	Jasmine 86741
Ubiquité	148528	grise	1920	Marat 111305	Koussinette 92788
Ubiquité	148950	gris-tr.-f.	1920	Quoneubin 132048	Natale 117164
Ubiquité	149496	noire	1920	Idomen 83507	Prophétie 127380
Ubiquité	149576	gris foncé	1920	Maquis 110284	Quinteuse 132721
Ubiquité	149941	noire	1920	Quercitcon 132534	Décidée 51283
Ubitale	148220	noir-zain	1920	Nitrate 111699	Jacante 98432
Ublique	148770	noir zain	1920	Quitus 130149	Quatisseuse 131747
Ublotte	148661	grise	1920	Obus 121402	Paduletta 126616
Ubourg	145463	noire	1920	Gotonnu 130216	Harpe 74354
Ubraye	145346	grise	1920	Pampelune 124878	Gagnante 70621
Ubraye	146326	noire	1920	Organsin 120977	Héberge 78124
Ubraye	147304	gris-fer	1920	Quadeau 131386	Noyade 117861
Ubraye	148020	noire	1920	Parieur 127471	Odeur 121942
Ubraye	149414	grise	1920	Quanteleux 131765	Mulotte 109462
Ubriche	146933	grise	1920	Ontario 119738	Rondelette 134274
Ubrique	145088	noire	1920	Qokala 129350	Navigue 111587
Ubrique	146242	noire	1920	Organsin 120977	Ligue 98752
Ubrique	147254	noire	1920	Quontralto 130438	Anguille 52926
Ubrique	147902	gris-foncé	1920	Néflier 111919	Jacobine 86046
Ubrique	148811	gris-foncé	1920	Mercy 105783	Nouvelle 117286
Ubrue	146926	grise	1920	Piombino 127259	Lapine 100911
Ubulée	148844	noire	1920	Marsin 109642	Pontoise 125367
Ubulée	148898	grise	1920	Instar 78857	Quassolette 131723
Ucade	146189	grise	1920	Quaduc 129371	Protection 125143
Ucane	148508	grise	1920	Ouvrier 119107	Orbitale 120899
Ucanie	148510	gris-foncé	1920	Kourlis 95894	Novice 118527
Ucanie	149236	gris-foncé	1920	Lutécien 102720	Marneuse 140356
Ucanienne	148511	gris-foncé	1920	Ouvrier 119107	Laveur 401803
Ucassée	147607	noire	1920	Quolomna 128784	Neslette 116349
Ucavale	145315	noire	1920	Pantin 124490	Oreillette 11[illegible]
Uccelle	145253	gris-foncé	1920	Mylord 107421	Onche 122145
Uccelle	145774	noire	1920	Josué 88841	Norwège 68652
Uccelle	147881	baie	1920	Kagat 92240	Klephtes 89786
Uccelle	149335	noire	1920	Mansard 109591	Océanide 123362
Uccine	148173	grise	1920	Octobre 120168	Polka 59717
Uccinie	148771	grise	1920	Mercy 105783	Nuageuse 117083
Uccle	145256	grise	1920	Mylord 107421	Nouvelle 113642
Uccle	145775	grise	1920	Josué 88841	Qamille 130256
Uccle	146220	noire	1920	Quadricycle 128838	Hoquette 97096
Uccle	147885	gris-foncé	1920	Quambrideur 131507	Pomèranie 127295
Uccle	149805	noir-zain	1920	Québec 132753	Nada 116303

NOM	N°	ROBE	Naissance	PÈRE	MÈRE
Uccle	150088	grise	1920	Pitaud 128421	Livonie 99636
Ucelle	146333	gris-foncé	1920	Organsin 120977	Néronde 112382
Ucelle	147312	grise	1920	Kalidun 95297	Polka 84451
Ucelle	148023	noir-zain	1920	Parieur 127471	Méningite 110395
Ucelle	148772	grise	1920	Quimperlé 129067	Coquette 68180
Ucéphale	148177	baie	1920	Lichas 98731	Qruseille 134098
Ucerne	149238	noir m.-t.	1920	Importun 80576	Pénale 128419
Uche	144604	gris-foncé	1920	Qokala 129350	Odine 120637
Uche	144921	gris-foncé	1920	Ontario 119738	Koutaïs 96124
Uche	145424	noire	1920	Qroisy 130286	Lacoudre 104761
Uche	145910	grise	1920	Ouistreham 120076	Once 120374
Uche	147389	grise	1920	Jupiter 88668	Louesme 102273
Uche	148331	grise	1920	Kalidun 95297	Parabole 127518
Uche	148812	grise	1920	Queux 129144	Ondée 124154
Uchée	147430	grise	1920	Nitrate 111699	Pellouaille 126705
Uchée	148813	grise	1920	Queux 129144	Osne 122710
Uchenneville	147972	gris-foncé	1920	Néflier 111919	Glorieuse 71799
Uchères	147092	noire	1920	Quarto 128860	Inscrite 80443
Uchesse	148266	noire	1920	Nectar 116862	Kova 92800
Uchette	147099	grise	1920	Quarteron 128953	Ibride 81767
Uchette	147801	noire	1920	Néflier 111919	Nivernaise 117253
Uchette	148168	gris-vin.	1920	Qualein 131447	Ostende 121758
Uchette	148174	bai-br.-f.	1920	Octobre 120168	Jacqueline 86871
Uchette	148332	noire	1920	Ouleux 121183	Ormille 124829
Ucheuse	148178	grise	1920	Lichas 98731	Kildore 95416
Uchonne	146905	gris vin.	1920	Quarteron 128953	Oeillade 119273
Uchy	144895	grise	1920	Poison 125365	Pékinette 124226
Ucide	148512	gris-foncé	1920	Kourlis 95894	Jamaïque 89035
Ucine	149239	gris-tr.-f.	1920	Importun 80576	Marsanne 109637
Uciole	147436	noire	1920	Juste 85878	Biche 74997
Uciole	148513	gris-foncé	1920	Numéro 118363	Poésie 126562
Ucléole	148617	baie	1920	Marat 111305	Quonfluence 132074
Ucoquette	144710	noire	1920	Négligent 112708	Machine 107498
Ucorina	145203	grise	1920	Prunellier 126460	Optime 119160
Ucocité	147469	baie	1920	Ouleux 121183	Ica 82420
Ucre	144538	grise	1920	Pachalik 127626	Place 125302
Ucrèce	145442	noir-zain	1920	Quesnel 129358	Lasouris 99007
Ucrèce	149240	noire	1920	Quimperlé 129067	Osmonde 123235
Uctile	148267	noire	1920	Idomen 83507	Oebalia 121777
Ucumonie	148514	noir-m.-t.	1920	Ouvrier 119107	Parcimonie 128678
Udaine	146891	noire	1920	Prorata 126402	Quonfiture 130377
Udalie	145406	noire	1920	Négligent 112708	Fanchon 67368
Uddlage	148775	grise	1920	Quitus 130149	Brillante 64556
Ude	144883	grise	1920	Queriquet 129124	Lune 99121
Ude	146870	noire	1920	Prorata 126402	Ode 119666

NOM	N°	ROBE	Naissance	PÈRE	MÈRE
Udée	149223	gris-bleu	1920	Kerdrain 95437	Permise 128199
Udela	149319	gris bleu	1920	Quitus 130149	Liégeuse 101917
Udelle	148150	gris-foncé	1920	Officieux 120209	Qloche 131830
Udense	145488	noire	1920	Qotonnu 130216	Odensée 120629
Udentée	148814	bai-brun	1920	Quasson 131729	Hongrie 98307
Udenture	148815	grise	1920	Médisant 105527	Meuse 106039
Uderica	146683	noir-zain	1920	Quarteron 128953	Jaffa 85462
Udesse	148817	noire	1920	Quasson 131729	Hélice 76059
Udicature	147431	noire	1920	Juste 85878	Galère 93320
Udine	144965	noire	1920	Poison 125565	Quache 129383
Udine	145050	noire	1920	Quesnel 129358	Raclette 133513
Udine	145257	noire	1920	Mylord 107421	Charmante 57315
Udine	145777	grise	1920	Josué 88841	Rustique 132975
Udine	146634	noire	1920	Marocain 107904	Madère 107922
Udine	146906	grise	1920	Quarteron 128953	Recherche 133622
Udine	147792	gris-foncé	1920	Qualvados 131498	Qualoyère 131488
Udine	147886	gris-foncé	1920	Nitrate 111699	Hémine 75441
Udine	148430	grise	1920	Ola 122607	Marinette 109184
Udine	148679	grise	1920	Quointre 132604	Ophélie 122507
Udine	149336	grise	1920	Mansard 109591	Octavie 123364
Udine	149798	noire	1920	Interprète 80665	Gironette 73268
Udine	150090	baie	1920	Oct 148821	Nevada 111475
Udiore	145524	noire	1920	Iodure 82275	Kheta 92413
Udisma	147135	noire	1920	Nyctalope 113635	Nieppe 114227
Udole	145464	gris fer	1920	Qotonnu 130216	Quarpette 129349
Udométrie	144638	noire	1920	Quissac 130271	Quastille 98097
Udométrie	144721	noire	1920	Nyctalope 113635	Rotissoire 134401
Udométrie	145540	gris-tr.-f.	1920	Quadricycle 128838	Romaine 134678
Udométrie	145968	noire	1920	Mordicant 110698	Hilote 77342
Udométrie	146938	noir-zain	1920	Quanivot 130128	Labdacide 103042
Udométrie	147317	baie	1920	Jupiter 88668	Nymphée 115032
Udométrie	148951	grise	1920	Paquebot 128754	Ondée 123035
Udométrique	144722	gris t.cl.v.	1920	Quodex 130186	Ormille 119346
Udométrique	146939	baie	1920	Mordicant 110698	Lambruche 98856
Udométrique	148953	grise	1920	Médisant 105527	Quolonne 131875
Udora	146829	bai-brun	1920	Prunellier 126460	Menotte 105823
Udorine	147136	grise	1920	Nyctalope 113635	Pompette 126005
Udsone	147847	noir-zain	1920	Josué 88841	Opathe 120281
Ue	145090	grise	1920	Qokala 129350	Mimiche 105690
Ue	145175	noir-zain	1920	Fier-à-Bras 65250	Insanité 78780
Uebla	148157	gris-foncé	1920	Kagot 92240	Palenne 124696
Uebla	149292	gris-l.-v.	1920	Obstructif 120705	Jonense 98260
Uède	149310	gris-bleu	1920	Quimperlé 129067	Manique 108297
Uée	144886	grise	1920	Pouff 124218	Maxée 106339
Uée	144947	gris-foncé	1920	Piombino 127259	Magnésie 105614

NOM	N°	ROBE	Naissance	PÈRE	MÈRE
Uée	147804	gris-foncé	1920	Néllier 111919	Négresse 116028
Uée	148333	noire	1920	Ouleux 121183	Kane 90979
Uée	148734	grise	1920	Quoncubin 132048	Quoncise 132038
Uelgoat	147973	noire	1920	Néllier 111919	Isle 82132
Uelle	148818	grise	1920	Quesnel 129358	Georgette 72142
Uelle	149298	grise	1920	Instar 78857	Lausanne 102888
Uellerie	147862	noire	1920	Konstat 95797	Rigolette 97672
Uelva	147844	grise	1920	Laristot 98920	Himère 98348
Uelva	148724	grise	1920	Parieur 127471	Pauline 128628
Uelva	149194	grise	1920	Pâton 127979	Marie 109617
Uerta	149196	gris-foncé	1920	Keris 93769	Joppe 87456
Uesca	147845	noir-zain	1920	Laristot 98920	Malaska 108542
Uesca	149195	gris-foncé	1920	Keris 93769	Pélate 128090
Uescaria	148721	noire	1920	Nectar 116862	Quotidienne 131663
Ueste	147978	gris-foncé	1920	Kagot 92240	Ovgone 121672
Uêtre	147979	noir-zain	1920	Nitrate 111699	Nuclée 114990
Uette	144699	noire	1920	Poison 125565	Nolle 111865
Uette	145911	grise	1920	Ouistreham 120076	Quonche 130898
Uette	147086	noire	1920	Psoriasis 126479	Luette 99795
Uette	147467	noire	1920	Juste 85878	Ignorante 79354
Uette	147809	gris-foncé	1920	Quambrai 131502	Jambette 88186
Uette	147846	noire	1920	Josué 88844	Moissonneuse 108617
Uette	148162	rouanne	1920	Quissac 130271	Groseille 72829
Uette	148334	noire	1920	Ouleux 121183	Pallice 126645
Uette	148516	gris-foncé	1920	Marat 111305	Ostie 123488
Ufalvy	144948	gris-foncé	1920	Qu'en-dira-t-on 130440	Indépendante 78499
Ufisque	149299	grise	1920	Instar 78857	Norique 147272
Ufose	145435	grise	1920	Josué 88844	Pipette 124351
Ufrasie	145138	grise	1920	Quesnel 129358	Ourqueline 120554
Ugalde	145258	noire	1920	Mylord 107421	Mauviette 107708
Ugalde	145780	grise	1920	Quarteron 128953	Oyante 119612
Ugalde	146599	gris-fer	1920	Québec 131267	Pelote 126814
Ugalde	147234	noire	1920	Marocain 107904	Louise 101622
Ugalde	147888	gris-foncé	1920	Nitrate 111699	Pellerine 127106
Ugalde	148729	gris-foncé	1920	Muet 109445	Cochenille 67964
Ugalde	149338	noire	1920	Quitus 130149	Perse 128208
Ugalde	149801	gris-rouan	1920	Quoin 131888	Rotation 136261
Ugalde	150092	grise	1920	Impérator 83461	Gerveuse 72636
Uganne	145526	grise	1920	Ouistreham 120076	Junon 87966
Ugénia	145206	grise	1920	Postiche 125397	Hématurie 74720
Ugénie	147094	baie	1920	Quarto 128860	Komtesse 91108
Ugénie	148170	gris-foncé	1920	Qualein 131447	Nucelle 115918
Ugénise	147649	noire	1920	Quompromis 132024	Numance 116470
Ugère	146721	grise	1920	Quinaud 130441	Rosette 66955
Ughe	147849	grise	1920	Laristot 98920	Moselle 108604

NOM	N°	ROBE	Naissance	PÈRE	MÈRE
Ugine	144952	gris-foncé	1920	Ontario 119738	Oxydable 121117
Ugine	145260	noire	1920	Mylord 107421	Kandie 90922
Ugine	145347	grise	1920	Pampelune 124878	Livrée 103163
Ugine	145783	grise	1920	Quatorze 129013	Milanière 107838
Ugine	145836	grise	1920	Josué 88841	Purgette 124822
Ugine	146318	noire	1920	Organsin 120977	Noiseraie 114784
Ugine	147311	noire	1920	Quambrai 131502	Latitude 98683
Ugine	148028	gris-foncé	1920	Parieur 127471	Quantharide 131162
Ugine	148819	noire	1920	Quadeau 131386	Ozeville 122771
Ugine	149339	grise	1920	Lutécien 102720	Odense 123366
Ugine	149415	gris-foncé	1920	Nichet 117897	Quolombine 131923
Ugine	150094	noire	1920	Ostabat 123735	Largesse 104395
Ugines	145051	grise	1920	Quesnel 129358	Nive 112286
Ugines	147593	gris-foncé	1920	Quadeau 131386	Nohelle 116428
Uglasse	146519	noire	1920	Organsin 120977	Littérature 98782
Ugleville	147980	baie	1920	Malplaquet 107145	Kadenette 95457
Ugleville	147990	noire	1920	Nitrate 114699	Linotte 67935
Uglosse	148183	grise	1920	Octobre 120168	Limeuse 103196
Ugna	145851	noire	1920	Quarteron 128953	Océanide 121198
Ugna	146520	noire	1920	Organsin 120977	Missive 106838
Ugna	147535	noire	1920	Qualot 131492	Nage 116495
Ugna	148034	noire	1920	Parieur 127471	Navigante 116840
Ugna	149416	noire	1920	Kourlis 95894	Havane 75295
Ugnie	146521	gris-foncé	1920	Organsin 120977	Liesse 98745
Ugnorante	146676	grise	1920	Quarto 128860	Maronite 108064
Ugolde	146861	noire	1920	Perturbateur 125648	Gothie 71380
Ugoline	145049	grise	1920	Polygone 125447	Oméga 120322
Ugoline	146701	grise	1920	Névrosé 113735	Loque 101081
Ugoline	147852	gris-fer	1920	Malplaquet 107145	Gamine 72783
Ugoline	148449	gris-tr.-f.	1920	Névrosé 113735	Noblesse 113829
Ugonenc	146780	grise	1920	Prorata 126402	Piteuse 125908
Ugosité	148820	grise	1920	Nichet 117897	Magie 110135
Ugotta	147850	noire	1920	Qnambrai 131502	Kalotte 95542
Ugrane	148184	grise	1920	Octobre 120168	Intimité 79125
Ugrée	146887	noire	1920	Quêteur 129815	Octeville 119662
Ugrève	146168	gris-foncé	1920	Qokala 129350	Lagrève 98986
Ugue	144694	gris-foncé	1920	Pantin 124490	Juroterie 86507
Ugue	149183	grise	1920	Lutécien 102720	Nacrée 117516
Uguée	148290	gris-noir	1920	Nectar 116862	Orpheline 121803
Uguenote	145912	noire	1920	Ouistreham 120076	Licorne 100293
Uguenote	147810	noire	1920	Konstat 95797	Harlotte 90052
Uguenote	148337	gris-rouan	1920	Juste 85878	Illétrée 78851
Uguenote	148628	noir-zain	1920	Pécunieux 124797	Mélusine 111059
Uguette	147471	noire	1920	Juste 85878	Coralie 68683
Uguette	148557	gris-foncé	1920	Numéro 118563	Mélopée 104814

NOM	N°	ROBE	Naissance	PÈRE	MÈRE
Uguette	149468	gris noir	1920	Obus 121402	Queurie 131716
Ugueuse	148821	grise	1920	Lasso 103951	Kohérente 95687
Uharte	146522	noir-m.-t.	1920	Organsin 120977	Karpelle 93009
Uharte	148037	noire	1920	Importun 80576	Quape 131173
Uhlande	144942	noire	1920	Piombino 127259	Pudique 125097
Uignette	148327	grise	1920	Heainne 75604	Neuvillette 116599
Uile	145913	bai-brun	1920	Ouistreham 120076	Orbrie 119920
Uile	147811	gris-fer	1920	Quambrai 131502	Palle 126573
Uile	148338	grise	1920	Magellan 106095	Lisette 98195
Uile	148900	grise	1920	Instar 78857	Parotide 128675
Uilée	148826	gris-foncé	1920	Mercy 105783	Kolère 95695
Uilerie	144964	gris-foncé	1920	Quesnel 129358	Quahutte 129385
Uilerie	145916	grise	1920	Lichas 98731	Norte 113283
Uilerie	147813	gris-fer	1920	Pamiers 124802	Platée 127272
Uilerie	148344	noir-zain	1920	Heainne 75604	Nance 145200
Uileuse	145918	baie	1920	Osé 119475	Pycnide 126877
Uileuse	148342	noire	1920	Juste 85878	Peyraube 126765
Uillemite	148328	noire	1920	Magellan 106095	Rasade 135462
Uinée	148777	grise	1920	Mansard 109591	Mésie 108471
Uinette	144570	noire	1920	Pantin 124490	Aiguille 66902
Uineuse	148827	gris-foncé	1920	Nérac 112728	Olavette 131804
Uirasse	148222	noir-zain	1920	Pilon 127251	Opinion 121696
Uirette	148185	grise	1920	Octobre 120168	Loueuse 102275
Uisette	147466	grise	1920	Juste 85878	Lasse 102088
Uisette	148779	grise	1920	Mercy 105783	Norvège 117282
Uisine	148223	grise	1920	Heainne 75604	Outre 121756
Uisne	147854	noire	1920	Konstat 95797	Quamellia 134512
Uisne	147992	noire	1920	Qualot 131492	Lessiveuse 104132
Uisne	148720	noire	1920	Importun 80576	Obstinée 122553
Uisne	149204	grise	1920	Quotient 129087	Devinette 68283
Uissance	148781	gris-foncé	1920	Quasson 131729	Noisette 116995
Uissaque	145522	noire	1920	Quinquin 128944	Lataille 103372
Uisserie	144933	gris-foncé	1920	Ontario 119738	Nérie 112947
Uisserie	145919	grise	1920	Osé 119475	Lacome 101142
Uisserie	147815	gris foncé	1920	Néflier 111919	Nostalgie 113784
Uisserie	147994	noir-zain	1920	Pilon 127251	Lamoche 98916
Uisserie	148343	gris-foncé	1920	Qualcin 131447	Peyratte 126764
Uissette	147078	grise	1920	Neuilly 112606	Io 80762
Uissière	148186	noire	1920	Lichas 98731	Galante 97080
Uissière	148226	grise	1920	Heainne 75604	Métylène 50995
Uissinière	148205	grise	1920	Lichas 98731	Minime 107407
Uistrerie	148227	noire	1920	Obus 121402	Gentille 78520
Uitaine	145920	grise	1920	Osé 119475	Madrilène 109783
Uitaine	147817	gris-foncé	1920	Néflier 111919	Mayonnaise 109912
Uitaine	148344	noire	1920	Qualcin 131447	Opella 121837

NOM	N°	ROBE	Naissance	PÈRE	MÈRE
Uite	148270	grise	1920	Quaïman 129648	Marginale 110949
Uitième	145921	grise	1920	Osé 119475	Optimisme 120535
Uitième	147818	gris-foncé	1920	Omer 119732	Pulsation 126838
Uitre	145924	baie	1920	Quanivot 130128	Nef 114754
Uitre	147820	gris-foncé	1920	Konstat 95797	Jaffa 86392
Uitrière	145925	alezane	1920	Kroquet 91851	Fanchette 96883
Uitrière	147821	gris-foncé	1920	Konstat 95797	Notoriété 115884
Uitta	144926	bai-cerise	1920	Piombino 127259	Galba 70369
Uitte	144904	grise	1920	Pouff 124218	Qloutière 130146
Uittière	147237	gris foncé	1920	Laristot 98920	Munition 107935
Ui-Ui	144853	noire	1920	Ontario 119738	Pagode 124199
Uka	146171	noire	1920	Prunellier 126460	Kaëlte 92166
Ukase	144723	gris-foncé	1920	Nyctalope 113635	Isolée 80486
Ukase	145048	noire	1920	Quesnel 129358	Junon 86022
Ukase	145541	gris étour	1920	Quantilly 128970	Krête 92488
Ukase	145970	grise	1920	Qualot 131492	Quorneille 130963
Ukase	146224	noir-m.-t.	1920	Organsin 120977	Poterie 124748
Ukase	146942	baie	1920	Quanivot 130128	Liste 103178
Ukase	147318	bai-brun	1920	Jupiter 88668	Isolée 82467
Ukase	148548	grise	1920	Quadrillé 128842	Kille 97155
Ukase	148954	gris-clair	1920	Médisant 105527	Cassette 60653
Ukase	149579	grise	1920	Maquis 110284	Immanente 82545
Ukase	149943	grise	1920	Quoréopsis 132243	Quenolle 132502
Ukase	150147	grise	1920	Kéris 93769	Omnipotence 123018
Ukeraine	144941	noire	1920	Piombino 127259	Lisette 62129
Uklette	144913	noire	1920	Josué 88841	Mouvette II 53573
Ukokote	145061	grise	1920	Qu'en-dira-t on 130448	Kaaba 92277
Ukolique	144837	gris-foncé	1920	Pouff 124218	Huppée 74568
Ukraine	145157	grise	1920	Pantin 124490	Docile 59964
Ukraine	145261	grise	1920	Kalot 92507	Griffarde 98473
Ukraine	145785	noire	1920	Quarteron 128953	Lize 100768
Ukraine	146232	grise	1920	Quonviet 130474	Notule 114431
Ukraine	146389	noire	1920	Ontario 119738	Metella 106737
Ukraine	147791	gris-clair	1920	Qualvados 131498	Notatrice 115870
Ukraine	147893	noire	1920	Nitrate 111699	Nuée 116461
Ukraine	148434	gris-foncé	1920	Neigeux 112725	Lancette 104027
Ukraine	149086	grise	1920	Quoncubin 132048	Neuveville 147401
Ukraine	149342	gris-tr.-f.	1920	Prunellier 126460	Nouille 111621
Ukraine	149439	noire	1920	Muet 109445	Païenne 127392
Ukraine	149689	grise	1920	Klocher 95657	Oulme 122738
Ukraine	149802	gris-rouan	1920	Nicobar 118452	Jativa 96994
Ukraine	150095	noire	1920	Quayac 132444	Mutille 110911
Ukraque	146199	bai-brun	1920	Prunellier 126460	Kraquette 92766
Ukrède	145493	grise	1920	Qotonnu 130216	Qrédule 129287
Ukrette	146167	gris-foncé	1920	Qokala 129350	Passerelle 125271

NOM	N°	ROBE	Naissance	PÈRE	MÈRE
Ukrine	147922	noire	1920	Obus 121402	Jacasse 87162
Ulahne	145124	gris-vin.	1920	Pachalik 127626	Jason 84602
Ulaie	146550	grise	1920	Pampelune 124878	Quordiale 130524
Ulaine	149570	gris-foncé	1920	Ouvreur 123793	Libration 104185
Ulalie	145173	noir-zain	1920	Pantin 124490	Léda 98924
Ulalie	147129	grise	1920	Ontario 119738	Quirellie 129284
Ulalie	147149	noire	1920	Quinaud 130441	Konséquence 91564
Ulame	146194	grise	1920	Qupidon 130054	Palme 125312
Ularde	148561	gris-fer	1920	Quadrillé 128842	Jeannette 90124
Ulasse	148228	noire	1920	Obus 121402	Gauloise 75232
Ulbeuse	148187	noire	1920	Octobre 120168	Kita 95420
Ulbute	148229	gris-foncé	1920	Obus 121402	Lazulite 103698
Ulca	149344	noir zain	1920	Quanteleux 131765	Klaudine 96525
Ulcanale	149171	gris-l.-v.	1920	Mansard 109591	Jenny 88878
Ulcéra	144649	noire	1920	Qualvados 134498	Octavie 121439
Ulcéra	144935	noire	1920	Ontario 119738	Quamoulle 128829
Ulcérate	144673	gris-foncé	1920	Pantin 124490	Ortie 122102
Ulceratia	145514	grise	1920	Négligent 112708	Batterie 67106
Ulcération	144690	noire	1920	Quissac 130271	Ottière 120611
Ulcération	144731	noire	1920	Nyctalope 113635	Morosive 106936
Ulcération	145551	grise	1920	Quadricycle 128838	Potion 126113
Ulcération	145972	noir-zain	1920	Liguori 103360	Kervela 95107
Ulcération	146706	baie	1920	Névrosé 113735	Novale 114549
Ulcération	146947	noire	1920	Jouillat 88642	Qroisette 131088
Ulcération	147322	noire	1920	Magellan 106095	Lacasse 101991
Ulcération	148965	noire	1920	Prunellier 126460	Retorderie 135717
Ulcération	149581	noire	1920	Maquis 110284	Nudité 118144
Ulcérative	144730	noir-m.-t.	1920	Nyctalope 113635	Jouvence 84592
Ulcérative	145543	noire	1920	Qroisy 130286	Keugénie 92298
Ulcérative	145971	noir-zain	1920	Liguori 103360	Quoriole 130965
Ulcérative	146944	noire	1920	Jouillat 88642	Fanchon 64030
Ulcérative	147321	gris-rouan	1920	Jupiter 88668	Junon 86766
Ulcérative	148956	noire	1920	Prunellier 126460	Niniche 111961
Ulcérative	149580	grise	1920	Maquis 110284	Marquise 111152
Ulcérative	149947	noire	1920	Quoréopsis 132243	Lérouville 102154
Ulcère	144643	noire	1920	Quissac 130271	Invétérée 79160
Ulcère	149950	noire	1920	Quoréen 132242	Marcheuse 111402
Ulcérée	144586	noire	1920	Pantin 124490	Porte 125256
Ulcérée	144735	noir-zain	1920	Quinaud 130441	Posée 126080
Ulcérée	144889	noire	1920	Pouff 124218	Livonienne 98982
Ulcérée	145548	gris-foncé	1920	Quadricycle 128838	Noduleuse 143549
Ulcérée	145974	grise	1920	Mordicant 110698	Osséine 122118
Ulcérée	147323	grise	1920	Jupiter 88668	Nana 115035
Ulcérée	148977	grise	1920	Médisant 105527	Quompassion 132002
Ulcérée	149582	noir-zain	1920	Maquis 110284	Valérie 56880

NOM	N°	ROBE	Naissance	PÈRE	MÈRE
Ulcérée	149952	bai-zain	1920	Quayac 132444	Marmotte 111401
Ulcéreuse	144679	gris-foncé	1920	Pantin 124490	Nectaire 111947
Ulcéreuse	144736	noir-zain	1920	Quinaud 130441	Monition 106890
Ulcéreuse	145353	gris-foncé	1920	Kroquet 91851	Taupette 88334
Ulcéreuse	145976	grise	1920	Mordicant 110698	Kadmia 95250
Ulcéreuse	146708	grise	1920	Quarto 128860	Outrageuse 119547
Ulcéreuse	146949	noire	1920	Jouillat 88642	Logette 104640
Ulcéreuse	147324	noire	1920	Magellan 106095	Irène 81067
Ulcéreuse	148981	grise	1920	Quanteleux 131765	Hella 98354
Ulcéreuse	149585	gris-foncé	1920	Maquis 110284	Krista 96697
Ulcéroïde	144738	noire	1920	Quinaud 130441	Écorce 64438
Ulcéroïde	146960	noir zain	1920	Lichas 98731	Lyssa 103195
Ulcéroïde	147325	noire	1920	Magellan 106095	Jonquille 86765
Ulchérie	149294	grise	1920	Quambrien 131503	Quoqueluche 132198
Ulcinée	148271	noire	1920	Idomen 83507	Nénie 116891
Ulcite	148272	noire	1920	Nectar 116862	Ginette 72915
Ulcote	146523	noire	1920	Organsin 120977	Lanterne 97759
Ulcote	148038	noire	1920	Importun 80576	Jeandelize 87539
Uléa	144505	noire	1920	Ofa 122607	Narine 116149
Ulea	145263	grise	1920	Kalot 92507	Ouverte 122170
Ulea	145786	gris-foncé	1920	Quatorze 129013	Hélène 49182
Ulea	146236	noire	1920	Organsin 120977	Propre 126390
Ulea	147895	noir-zain	1920	Nitrate 111699	Oisiveté 121566
Ulea	149241	noire	1920	Lédon 101823	Nuit 118374
Uléa	149443	bai-br.-f.	1920	Kerango 95253	Nonchalante 117751
Ulea	149806	alezane	1920	Interprète 80565	Négresse 63713
Ulea	150096	grise	1920	Quayac 132444	Quarteronne 132614
Uléas	147732	noire	1920	Quambrai 131502	Quaféière 131394
Uléma	145978	grise	1920	Mordicant 110698	Chartreuse 67856
Uléma	146959	gris-foncé	1920	Lichas 98731	Rhétie 134299
Uléma	147326	noire	1920	Jupiter 88668	Jalouse 86408
Uléonce	148103	gris-foncé	1920	Qualcin 131447	Membrane 110365
Ulerine	144561	noire	1920	Qokala 129350	Manille 105328
Uleta	147472	grise	1920	Ouleux 121183	Joueuse 86833
Uleta	148363	gris-foncé	1920	Marat 111305	Mitraille 108267
Ulette	147165	alezane	1920	Nyctalope 113635	Opérette 119143
Ulette	147476	noire	1920	Kalidun 95297	Presle 126527
Ulette	148354	grise	1920	Ouvrier 119107	Kane 97216
Ulette	148687	gris clair	1920	Klocher 95657	Histoire 74492
Uleuse	146522	noire	1920	Ouleux 121183	Galante 56318
Ulfila	145268	noire	1920	Mylord 107421	Nymphe 115502
Ulfila	145790	noire	1920	Quatorze 129013	Quode 129094
Ulfila	146237	noir-m.-t.	1920	Organsin 120977	Jacinthe 96897
Ulfila	147896	noire	1920	Konstat 95797	Pervenche 126943
Ulfite	148847	noir-zain	1920	Postiche 125397	Joyeuse 87157

NOM	N°	ROBE	Naissance	PÈRE	MÈRE
Ulfure	148848	gris-foncé	1920	Postiche 125397	Clientèle 131822
Ulgaria	148188	grise	1920	Octobre 120168	Ourga 122378
Ulgate	149174	noire	1920	Mansard 109591	Harangère 77443
Ulgate	149409	grise	1920	Instar 78857	Jacque 87369
Ulhouse	148161	noire	1920	Quissac 130271	Ouida 120754
Ulhouse	149263	noire	1920	Quimperlé 129067	Quapture 131204
Ulia	149224	grise	1920	Mansard 109591	Ornière 123189
Uliche	145208	grise	1920	Postiche 125397	Mazarine 106159
Ulie	145172	gris-foncé	1920	Pantin 124490	Lavallière 98925
Ulienne	148237	grise	1920	Moineau 106576	Orangère 121977
Ulière	148232	grise	1920	Obus 121402	Peintresse 124865
Uliette	148135	gris-foncé	1920	Ombreux 120360	Lavande 100032
Uliginaire	146705	grise	1920	Quarto 128860	Nounou 144126
Uligineuse	144739	gris-t.-c.-r	1920	Nyctalope 113635	Identité 80938
Uligineuse	145554	gris-foncé	1920	Quantilly 128970	Nourrice 112889
Uligineuse	145983	baie	1920	Mordicant 110698	Triquette 57193
Uligineuse	146702	grise	1920	Quarto 128860	Poivrade 125574
Uligineuse	146961	grise	1920	Napoléon 144031	Nostalgie 112508
Uligineuse	147327	noire	1920	Magellan 106095	Nisette 115037
Uligineuse	149595	noire	1920	Quayac 132444	Hure 78204
Uligineuse	149953	grise	1920	Quinconce 130108	Pierrette 128325
Ulima	144678	noire	1920	Qualot 131492	Fantasia 63538
Ulimane	145209	gris foncé	1920	Postiche 125397	Petite 124225
Uline	147153	noire	1920	Quodex 130186	Lignite 99812
Uline	147158	grise	1920	Quontralto 130438	Lamie 100614
Uline	147858	noire	1920	Quompromis 132024	Occupée 121416
Uline	148433	gris-vin.	1920	Ofa 122607	Jupe 89502
Ulina	148686	grise	1920	Klocher 95657	Rapière 134886
Ulique	146834	grise	1920	Poison 125565	Quelique 128965
Ulite	144741	gris-tr.-cl.	1920	Quodex 130186	Osmane 119806
Ulite	144957	noire	1920	Qokala 129350	Moniche 405327
Ulite	145556	gris-foncé	1920	Quadricycle 128838	Onde 119902
Ulite	145984	grise	1920	Mordicant 110698	Quorogne 130971
Ulite	146965	bai-brun	1920	Jouillat 88642	Olympie 122267
Ulite	147328	noir zain	1920	Jupiter 88668	Nymphe 115026
Ulite	148429	gris-foncé	1920	Ofa 122607	Joséphine 89531
Ulite	148082	grise	1920	Queux 129144	Isle 84494
Ulite	149586	gris-foncé	1920	Interprète 80665	Quolibette 132707
Ulite	149954	grise	1920	Quoréopsis 132243	Nervation 117868
Ulite	150146	gris-foncé	1920	Keris 93769	Jusquiame 85283
Ulle	144537	noire	1920	Pachalik 127626	Ritourne 133786
Ulla	149320	noire	1920	Quimperlé 129067	Palaja 126628
Ulleuse	148189	noire	1920	Lichas 98731	Pensive 126988
Ullie	146524	noire	1920	Organsin 120977	Nombreuse 114796
Ullie	149321	noire	1920	Quitus 130149	Longrine 102613

NOM	N°	ROBE	Naissance	PÈRE	MÈRE
Ullière	148752	grise	1920	Nérac 112728	Orcière 122660
Ulloa	144931	gris-foncé	1920	Qu'en-dira-t-on 130448	Colombine 62922
Ulloa	145195	noire	1920	Prunellier 126460	Nonuple 112491
Ulloa	145264	grise	1920	Quantilly 128970	Ignorée 79604
Ulloa	149346	noire	1920	Quanteloux 131765	Quenarde 130601
Ulluke	149003	grise	1920	Pâton 127979	Piaffe 128292
Ulluke	149956	noir-zain	1920	Ostabat 123735	Kyrielle 97702
Ulluque	145987	bai-brun	1920	Moineau 106576	Moinerie 109386
Ulluque	147329	grise	1920	Juste 85878	Pirette 126593
Ulluque	148983	grise	1920	Quanteloux 131765	Magnéto 104888
Ulluque	149597	noir-zain	1920	Quinaud 132720	Libellule 104333
Ulluque	149955	alezane	1920	Quoréen 132242	Kiésérite 97696
Ulm	145265	bai-br.-f.	1920	Mylord 107421	Neuve 114816
Ulm	145791	noire	1920	Quatorze 129013	Jaumière 85107
Ulm	146241	gris-tr.-f.	1920	Organsin 120977	Quanala 129543
Ulm	150103	grise	1920	Ouvrier 119107	Jeunesse 87242
Ulmacée	144743	grise	1920	Passeur 124615	Kif-Kif 92999
Ulmacée	145557	gris-foncé	1920	Quadricycle 128838	Poudreuse 126119
Ulmacée	146966	grise	1920	Lichas 98731	Oudenarde 122363
Ulmacée	147330	grise	1920	Jomarin 87262	Paroche 126668
Ulmacée	148984	bai-mar.	1920	Queux 129144	Fanny 98220
Ulmacée	149591	gris-foncé	1920	Néflier 111919	Orgelette 123805
Ulmacée	149958	grise	1920	Quinconce 130108	Linilion 103829
Ulmaire	144688	noire	1920	Mordicant 110698	Hotesse 75500
Ulmaire	144745	noire	1920	Passeur 124615	Nippe 112004
Ulmaire	145558	noire	1920	Quadricycle 128838	Nonuple 113558
Ulmaire	145985	baie	1920	Quanivot 130128	Nabote 117128
Ulmaire	146455	noire	1920	Qu'en-dira-t-on 130448	Karenne 92709
Ulmaire	146460	gris-foncé	1920	Pantin 124490	Lasagne 100669
Ulmaire	146556	gris-foncé	1920	Quonviet 130474	Oasis 124118
Ulmaire	146637	grise	1920	Quaduc 129371	Économie 61996
Ulmaire	146692	alezane	1920	Quarto 128860	Nonciature 112053
Ulmaire	146967	grise	1920	Ops 121242	Bijou 78537
Ulmaire	147331	noire	1920	Jupiter 88668	Lardoire 102847
Ulmaire	148523	gris-foncé	1920	Ouvrier 119107	Kaptive 97481
Ulmaire	148985	grise	1920	Queux 129144	Etamine 59898
Ulmaire	149444	grise	1920	Quaiman 129648	Licitation 104280
Ulmaire	149592	noire	1920	Maquis 110284	Poupée 128596
Ulmaire	149959	noire	1920	Panama 128415	Obstruction 123908
Ulmaire	150133	grise	1920	Lougre 100470	Nébuleuse 118675
Ulmaire	150164	grise	1920	Pitaud 128421	Noisette 117872
Ulmane	148605	noir-m.-t.	1920	Klaro 97235	Jouvencelle 89175
Ulme	144907	gris-foncé	1920	Prunellier 126460	Jigolette 87948
Ulme	145837	noire	1920	Josué 88841	Quobonette 130318
Ulme	146526	noire	1920	Organsin 120977	Ostie 121298

NOM	N°	ROBE	Naissance	PÈRE	MÈRE
Ulme	147539	gris-clair	1920	Quinquin 128944	Qlochette 131831
Ulme	147899	gris-foncé	1920	Nitrate 111699	Patiente 127080
Ulme	149348	grise	1920	Mercy 105783	Kologne 96544
Ulme	149417	noire	1920	Kourlis 95894	Linette 64998
Ulmes	145348	grise	1920	Pampelune 124878	Larve 101763
Ulmes	148039	gris-foncé	1920	Quambrien 131503	Noyellette 116719
Ulmette	146530	noire	1920	Organsin 120977	Hermine 78166
Ulmine	146693	noire	1920	Quarto 128860	Quassonade 129853
Ulminette	146166	grise	1920	Poison 125565	Kolicq 92163
Ulmique	145562	gris-foncé	1920	Quadricycle 128838	Poulaine 126124
Ulmique	147332	noire	1920	Jupiter 88668	Morphine 108937
Ulmique	149497	gris-noir	1920	Quompas 130345	Noisette 116124
Ulmique	149960	grise	1920	Ostabat 123735	Quantité 132494
Ulnaire	145563	gris-foncé	1920	Komplex 91539	Nagy 117133
Ulnaire	147334	noire	1920	Kalidun 95297	Mulotte 108751
Ulnaire	149598	noire	1920	Quinaud 132720	Questionneuse 132505
Ulnaire	149857	noire	1920	Quercitron 132534	Ingénue 82805
Ulnéreuse	145990	grise	1920	Qualot 131492	Java 88418
Ulontine	147650	gris-foncé	1920	Quompromis 132021	Koulée 95869
Uloque	146837	grise	1920	Postiche 125397	Qloque 131840
Uloque	146857	noire	1920	Quesnel 129358	Kapitule 92896
Uloragia	145084	noire	1920	Qokala 129350	Préfixe 125125
Uloragia	145150	grise	1920	Fier-à-Bras 65250	Isbillette 80019
Ulote	148623	noir-zain	1920	Importun 80576	Komarom 94846
Ulotte	145190	noir-zain	1920	Négligent 112708	Querlette 130250
Ulotte	145529	grise	1920	Mordicant 110698	Ligne 102234
Ulotte	145926	gris-pom.	1920	Osé 119475	Papule 125330
Ulotte	146838	noire	1920	Prunellier 126460	Panémone 127731
Ulotte	147822	noire	1920	Quompromis 132021	Migraine 110532
Ulotte	148346	noire	1920	Juste 85878	Ino 79342
Ulotte	148565	gris-vin.	1920	Polonais 125998	Minerve 111289
Ulphace	147209	noire	1920	Psoriasis 126479	Lavolinière 100918
Ulpiane	144839	noire	1920	Quesnel 129358	Malle 105549
Ulque	148783	grise	1920	Paquebot 127787	Avarie 57294
Ulranie	144940	gris-foncé	1920	Ontario 119738	Odette 55206
Ulriche	144855	grise	1920	Ontario 119738	Pêche 125165
Ulrique	145269	grise	1920	Mylord 107421	Pipette 126948
Ulrique	145792	grise	1920	Quatorze 129013	Quistine 129073
Ulrique	148447	gris-fer	1920	Quanevas 129730	Persuasive 125643
Ulrique	149351	grise	1920	Instar 78857	Quorrida 132276
Ulrique	150097	noire	1920	Quoréen 132242	Raillerie 136181
Ulsinie	149412	gris-foncé	1920	Instar 78857	Bichette 81599
Ulsion	148566	noir-m.-t.	1920	Numéro 118563	Quourtine 132403
Ulster	145276	gris clair	1920	Moineau 106576	Kivala 95221
Ulster	145794	noire	1920	Quatorze 129013	Néologie 114738

NOM	N°	ROBE	Naissance	PÈRE	MÈRE
Ulster	146245	noire	1920	Komplex 91539	Nervure 114372
Ulster	149335	noire	1920	Quanteleux 131765	Kératine 96291
Ulster	150098	grise	1920	Pitaud 128421	Méduse 104873
Ulta	146610	noire	1920	Philippe 127225	Miza 106213
Ultane	148849	grise	1920	Quodex 130186	Rosalie 64537
Ulter	144692	grise	1920	Pantin 124490	Kanette 92341
Ultère	147088	noire	1920	Quarto 128860	Fabia 62725
Ultérieure	144747	gris-foncé	1920	Nyctalope 113635	Kalibre 90634
Ultérieure	145570	gris-tr.-f.	1920	Kalot 92507	Nymphe 112771
Ultérieure	145986	grise	1920	Quanivot 130128	Oreille 119413
Ultérieure	146399	noire	1920	Osé 119475	Nicée 114840
Ultérieure	146466	noir-zain	1920	Fier-à-Bras 65250	Lamaserie 100200
Ultérieure	146694	noire	1920	Psoriasis 126479	Juive 83818
Ultérieure	146970	baie	1920	Lichas 98731	Bichette 78549
Ultérieure	147325	noir-zain	1920	Kalidun 95297	Jocaste 98294
Ultérieure	148986	noire	1920	Prunellier 126460	Passette 127914
Ultérieure	149602	gris-fer	1920	Mélo 108236	Osmonde 123813
Ultérieure	149858	noire	1920	Quayac 132444	Marquise 111160
Ultième	145572	gris-tr.-f.	1920	Kalot 92507	Lunelle 101321
Ultième	145998	noire	1920	Mordicant 110698	Quiète 131117
Ultième	146638	noire	1920	Nyctalope 113635	Rebut 133050
Ultième	146977	grise	1920	Malplaquet 107145	Pastourelle 127035
Ultième	147339	baie	1920	Magellan 106095	Pandrigne 126654
Ultième	148987	noire	1920	Prunellier 126460	Pétunia 128258
Ultième	149606	gris fer	1920	Québec 132753	Matte 109890
Ultième	149860	grise	1920	Quoréen 132242	Ionienne 82654
Ultiflore	148570	grise	1920	Polygone 125447	Lubie 403971
Ultima	144892	noire	1920	Quesnel 129358	Roaille 133319
Ultima	149177	gris-clair	1920	Mansard 109591	Quérido 132729
Ultima	150084	grise	1920	Quarnot 130722	Oka 124065
Ultimatte	145443	noire	1920	Prunellier 126460	Impératrice 59182
Ultimatum	148643	noir-zain	1920	Quaiman 129648	Jocaste 88721
Ultime	144635	grise	1920	Pantin 124490	Pilardière 126045
Ultime	145571	gris-foncé	1920	Kalot 92507	Maltaise 107635
Ultime	145992	gris-noir	1920	Malplaquet 107145	Panticapée 126985
Ultime	146452	grise	1920	Nyctalope 113635	Ignatie 79692
Ultime	146699	noire	1920	Psoriasis 126479	Rance 133709
Ultime	147337	baie	1920	Ouleux 121183	Olona 121970
Ultime	149513	gris-foncé	1920	Quaiman 129648	Quenotte 132609
Ultime	149604	noire	1920	Kerdrain 95437	Ostéine 123815
Ultime	149859	baie	1920	Quinconce 130108	Muabilité 110832
Ultissima	144634	noire	1920	Pantin 124490	Oldrait 120709
Ultitude	147477	grise	1920	Ouleux 121183	Julia 86859
Ultitude	148567	gris-foncé	1920	Polonais 125998	Morelle 111187
Ultra	147340	grise	1920	Magellan 106095	Moustille 109000

NOM	N°	ROBE	NAISSANCE	PÈRE	MÈRE
Ultra	147806	gris-fer	1920	Quompromis 152021	Olga 121840
Ultra	149862	noire	1920	Quayac 132444	Noire 117962
Ultra	150158	grise	1920	Quoréopsis 132243	Querelle 132620
Ultramediaire	146688	noire	1920	Quarteron 128953	Katherine 90385
Ultramontaine	144349	grise	1920	Qotonnu 130216	Qualité 129986
Ultramontaine	144751	noire	1920	Kroquet 91851	Halte 73630
Ultramontaine	146465	bai-brun	1920	Fier-à-Bras 65250	Oseraie 121036
Ultramontaine	146470	gris-foncé	1920	Négligent 112708	Oie 119872
Ultramontaine	146479	noire	1920	Négligent 112708	Judith 57995
Ultramontaine	149608	gris-foncé	1920	Obstructif 120705	Lareine 104553
Ultrapetita	144752	noire	1920	Quomqnis 130396	Nodosité 112025
Ultrapetita	146978	noire	1920	Jouillat 88642	Qroisille 131089
Ultrapetita	149609	gris-rouan	1920	Interprète 80665	Limonade 104516
Ultrapetita	149870	noire	1920	Quayac 132444	Quératite 132453
Ultravite	144677	grise	1920	Quambrai 131502	Oie 120737
Ululation	144755	noire	1920	Passeur 124615	Nôme 113538
Ululation	145573	gris-foncé	1920	Kalot 92507	Lunette 101322
Ululation	146003	grise	1920	Lichas 98731	Patraque 124715
Ululation	146980	grise	1920	Lichas 98731	Queudrette 129747
Ululation	147341	aubère	1920	Jupiter 88668	Mouvette 109010
Ululation	148988	grise	1920	Paquebot 128754	Distinguée 64657
Ululation	149445	grise	1920	Quaïman 129648	Javeline 88686
Ululation	149458	gris-foncé	1920	Nectar 116862	Jaille 86534
Ululation	149614	gris-foncé	1920	Ouvreur 123793	Oxydation 123747
Ululation	149872	grise	1920	Quayac 132444	Morsure 110749
Ululette	147208	grise	1920	Pouff 124218	Jacinthe 83676
Ulva	144938	noire	1920	Piombino 127259	Kine 91691
Ulva	149454	grise	1920	Quaïman 129648	Magicienne 110951
Ulvacée	144763	gris-tr.-cl.	1920	Quodex 130186	Junon 90092
Ulvacée	145574	gris-clair	1920	Kalot 92507	Miche 105097
Ulvacée	146004	noire	1920	Lichas 98731	Klaire 94951
Ulvacée	146981	noire	1920	Lichas 98731	Lorga 100203
Ulvacée	147342	romanne	1920	Jupiter 88668	Néerlande 115055
Ulvacée	148990	grise	1920	Kourlis 95894	Quommande 131982
Ulvacée	149459	grise	1920	Quaïman 129648	Péluse 127112
Ulvacée	149615	noire	1920	Qualcin 131447	Nippe 118187
Ulvacée	149874	grise	1920	Ostabat 123735	Orélia 122965
Ulvadie	145153	grise	1920	Omer 119732	Brillante 52404
Ulve	144767	noire	1920	Quinaud 130441	Latrie 99331
Ulve	145575	gris-tr.-f.	1920	Kalot 92507	Outrepasse 122169
Ulve	146010	grise	1920	Octobre 120168	Pasiphaé 126554
Ulve	146696	noire	1920	Psoriasis 126479	Quassure 129859
Ulve	146988	grise	1920	Lichas 98731	Kagnotte 90409
Ulve	147348	gris-rouan	1920	Magellan 105095	Biche 84531
Ulve	148991	n. m. t. l. r.	1920	Quitus 130149	Lavande 101805

NOM	N°	ROBE	Naissance	PÈRE	MÈRE
Ulve	149876	noire	1920	Quayac 132444	Nervure 117873
Ulvée	145198	gris-foncé	1920	Prunellier 126460	Montréale 100079
Ulvée	149004	grise	1920	Kéris 93769	Recette 66802
Ulyssa	146886	grise	1920	Quêteur 129815	Navarette 114618
Umachelle	148519	gris foncé	1920	Ouvrier 119107	Mouette 111318
Umage	147823	gris-foncé	1920	Marsin 109642	Quannée 131511
Umagine	148292	noire	1920	Nectar 116862	Querelle 131699
Umaine	145927	noire	1920	Osé 119475	Poule 53639
Umaine	147731	gris foncé	1920	Quambrai 131502	Novatrice 115906
Umaine	147824	gris foncé	1920	Marsin 109642	Planquette 127276
Umaine	148348	gris-foncé	1920	Qualcin 131447	Hardie 84503
Umance	149288	gris-clair	1920	Importun 80576	Escapade 73319
Umanisation	147826	gris-fer	1920	Quompromis 132021	Hermine 75516
Umaniste	147827	noire	1920	Quambrai 131502	Louvette 87587
Umanité	145928	noire	1920	Ouistreham 120076	Mordelle 109747
Umanité	147831	noir-zain	1920	Qualot 131492	Mesure 110466
Umanité	148349	noire	1920	Héaume 75604	Kabylie 93929
Umbanville	147996	noire	1920	Pilon 127251	Opiacée 121687
Umbella	144896	grise	1920	Quesnel 129358	Labrune 99039
Umbelle	148690	gris foncé	1920	Musclé 106701	Marianne 111029
Umbellifère	149464	noire	1920	Parieur 127471	Partition 127469
Umberte	147859	gris fer	1920	Quompromis 132021	Kolette 97737
Umbertine	148726	baie	1920	Nectar 116862	Marcheuse 111071
Umberville	147998	gris foncé	1920	Qualot 131492	Coquette 94996
Umble	144647	grise	1920	Néflier 111919	Quarême 130208
Umbre	147349	grise	1920	Magellan 106095	Pélagie 84530
Umbrella	146888	noir-zain	1920	Lougre 100470	Ombrelle 118949
Umbrelle	148685	gris-foncé	1920	Kibus 96690	Ottawa 122525
Umbrine	148698	grise	1920	Paillon 124273	Jacée 86648
Ume	145446	gris-foncé	1920	Ontario 119738	Mérope 105803
Ume	147860	noire	1920	Quompromis 132021	Novice 115911
Ume	147999	noir-zain	1920	Pilon 127251	Pérouse 126740
Ume	149207	gris-foncé	1920	Queneubin 132048	Gamine 72180
Umea	145093	noire	1920	Qokala 129350	Myrza 105692
Uméa	145270	noire	1920	Mylord 107421	Quantième 128936
Uméa	145795	noire	1920	Josué 88841	Ouvragée 121093
Uméa	146246	noire	1920	Organsin 120977	Jolie 86595
Uméa	147255	grise	1920	Quontralto 130438	Nicomédie 116392
Uméa	147903	gris-foncé	1920	Néflier 111919	Pêche 125428
Uméa	149357	grise	1920	Quauteleux 131765	Nippe 118410
Uméa	149803	noire	1920	Mansard 109591	La Vallée 63175
Umectation	147392	grise	1920	Pilon 127251	Rosée 134557
Umée	145499	noire	1920	Pantin 124490	Fable 75146
Umée	148294	noire	1920	Qualcin 131447	Jalouse 86901
Umelle	148235	grise	1920	Pilon 127251	

NOM	N°	ROBE	Naissance	PÈRE	MÈRE
Umène	149311	grise	1920	Quitus 130149	Ida 83082
Umérale	145929	grise	1920	Osé 119475	Justicière 86442
Umérale	147393	noire	1920	Kalidun 95297	Limouzine 102201
Umérale	148350	baie	1920	Nectar 116862	Lascelle 101632
Umerolle	148295	grise	1920	Obus 121402	Nécropole 116863
Umette	148301	noire	1920	Quardeur 131237	Lascouris 99023
Umeur	145930	noire	1920	Osé 119475	Ninon 113262
Umeur	147394	noire	1920	Ouleux 121183	Irma 81088
Umeur	148351	bai foncé	1920	Lutécien 102720	Karonade 93002
Umeur	148830	grise	1920	Quasson 131729	Kanette 95096
Umèze	145436	noire	1920	Josué 88841	Mézelle 103625
Umide	145078	noire	1920	Quesnel 129358	Lique 99449
Umide	145931	noire	1920	Ouistreham 120076	Labelle 103060
Umide	147396	baie	1920	Pilon 127251	Kabale 95445
Umide	148352	gris-foncé	1920	Herbier 75748	Kayenne 94052
Umidie	149291	noir-m.-t.	1920	Importun 80576	Quoqueleuse 132194
Umidité	144956	gris-foncé	1920	Qokala 129350	Juridiction 85218
Umidité	145478	noire	1920	Qotomu 130216	Ginette 70407
Umidité	145934	grise	1920	Osé 119475	Louisiane 104655
Umidité	147397	noire	1920	Pilon 127251	Kordoue 94103
Umidité	148354	grise	1920	Klocher 95637	If 82426
Umière	147869	noire	1920	Quambrai 131502	Thérésa 45954
Umière	148004	noire	1920	Lichas 98731	Isabelle 79282
Umière	148517	noir-m.-t.	1920	Ouvrier 119107	Goulue 98569
Umière	149209	grise	1920	Keris 93769	Quonvulsée 132177
Umiliante	145936	grise	1920	Ouistreham 120076	Midie 109338
Umiliante	147398	noire	1920	Kalidun 95297	Mira 108866
Umiliation	147399	noire	1920	Juste 85878	Koquette 94022
Umilité	145940	grise	1920	Osé 119475	Lucane 100481
Umilité	147400	noire	1920	Juste 85878	Négation 112137
Umine	145941	baie	1920	Ouistreham 120076	Lésineuse 103075
Umine	147401	bai-mar-f.	1920	Juste 85878	Jambette 86810
Umine	148353	baie	1920	Magellan 106095	Nangeville 115202
Umineuse	147441	alez.-aub.	1920	Ouleux 121183	Néoménie 112159
Umineuse	148520	gris-fer	1920	Ouvrier 119107	Néva 118545
Umorale	145179	noir-zain	1920	Fier-à-Bras 65250	Gargouille 66861
Umorale	145942	noir-zain	1920	Ouistreham 120076	Pochetée 125234
Umorale	147407	grise	1920	Juste 85878	Irlande 79051
Umorista	145085	grise	1920	Quadue 129371	Koriquette 95078
Umour	145943	noire	1920	Ouistreham 120076	Lucine 101311
Umoura	145530	grise	1920	Qualot 131492	Niriby 112467
Umpe	146528	noire	1920	Organsin 120977	Laplume 101543
Umulative	148138	gris-clair	1920	Quanton 129698	Pure 125113
Umulite	148740	grise	1920	Instar 78857	Quolonelle 131925
Una	149179	grise	1920	Mansard 109591	Quonsomme 132120

NOM	N°	ROBE	NAISSANCE	PÈRE	MÈRE
Una	150085	grise	1920	Quarnot 130722	Muraie 110861
Unaire	148521	gris vin.	1920	Ouvrier 119107	Patrologie 127989
Unaison	147442	noire	1920	Juste 85878	Kléopâtre 94055
Unaison	148524	noire	1920	Ouvrier 119107	Pennine 128030
Unanime	144652	gris-foncé	1920	Néflier 111919	Mirande 106054
Unanime	144770	gris-clair	1920	Quérigut 128971	Quanadienne 130695
Unanime	145579	bai-tr.-f.	1920	Névrosé 113735	Mesle 109426
Unanime	146691	grise	1920	Quarto 128860	Locuste 99651
Unanime	147351	grise	1920	Magellan 106095	Longevelle 102245
Unanime	148994	grise	1920	Médisant 105527	Omelette 123016
Unanime	149447	romanne	1920	Nectar 116862	Jalouse 88700
Unanime	149880	grise	1920	Ostabat 123735	Nippe 117920
Unanimitas	146782	alezane	1920	Quêteur 129815	Plicature 125896
Unanimité	144656	grise	1920	Quornaro 130969	Odontalgie 120771
Unanimité	144772	noire	1920	Quonquis 130396	Matassin 106244
Unanimité	145580	gris-clair	1920	Quantilly 128970	Muscade 106684
Unanimité	146016	grise	1920	Lichas 98731	Languette 103277
Unanimité	146493	noire	1920	Quinquin 128944	Miellée 106542
Unanimité	146695	noire	1920	Psoriasis 126479	Lutine 99085
Unanimité	146990	noir-zain	1920	Octavon 120167	Karbine 92968
Unanimité	147352	bai-marr.	1920	Nagy 112488	Palière 126640
Unanimité	148995	noire	1920	Médisant 105527	Nycette 117317
Unanimité	149449	gris-foncé	1920	Nectar 116862	Patricienne 127598
Unanimité	149617	noire	1920	Importun 80576	Oseraie 123834
Unanimité	149882	noire	1920	Ostabat 123735	Unique 59589
Unarque	145439	grise	1920	Poison 125565	Quabane 129049
Unative	144827	noire	1920	Komplex 91539	Narration 112812
Una-Une	144539	gris-foncé	1920	Pachalik 127626	Plaine 125206
Unciale	144771	grise	1920	Quonquis 130396	Quatrefage 129188
Unciale	145581	noire	1920	Kroquet 91851	Qlarisse 129333
Unciale	146017	grise	1920	Octobre 120168	Kastomia 95303
Unciale	146991	grise	1920	Jouillat 88642	Grandine 75071
Unciale	147355	baie	1920	Kalidun 95297	Lorbie 102255
Unciale	148996	gris-foncé	1920	Prunellier 126460	Parité 127851
Unciale	149619	noire	1920	Maquis 110284	Quadrilleuse 132603
Unciale	149883	noire	1920	Quayac 132444	Nette 117874
Uncinaire	146680	grise	1920	Quarto 128860	Nanterre 114124
Uncinée	144773	gris-foncé	1920	Quonquis 130396	Monle 106986
Uncinée	145583	grise	1920	Kroquet 91851	Poulette 126128
Uncinée	146019	noire	1920	Lichas 98731	Langouste 100270
Uncinée	146993	grise	1920	Napoléon 114031	Paquerette 57510
Uncinée	147356	alezane	1920	Juste 85878	Cocotte 84450
Uncinée	148647	grise	1920	Quaiman 129648	Kincardine 96206
Uncinée	148997	grise	1920	Pâton 127979	Ombrette 123010
Uncinée	149621	noir-zain	1920	Mansard 109591	Ortie 123838

NOM	N°	ROBE	Naissance	PÈRE	MÈRE
Uncinée	149884	noire	1920	Quaolin 128963	Piteuse 128423
Uncus	146769	grise	1920	Quarto 128860	Juive 84960
Unda	149265	grise	1920	Quitus 130149	Pérégrine 128175
Undinale	147521	grise	1920	Nitrate 111699	Melotte 108799
Undinale	148741	grise	1920	Mercy 105783	Moustache 57519
Undine	148723	grise	1920	Parieur 127471	Orangerie 122559
Unduite	147163	grise	1920	Qu'en-dira-t-on 130448	Induite 80435
Une	144606	noire	1920	Qokala 129350	Piave 125275
Une	144669	noire	1920	Négligent 112708	Glaudine 70091
Une	144758	noire	1920	Quinaud 130441	Mignonne 65202
Une	145578	grise	1920	Kalot 92507	Nine 114240
Une	145944	noir-zain	1920	Ouistreham 120076	Quonvention 130924
Une	146011	grise	1920	Liguori 103360	Négresse 115683
Une	146989	noire	1920	Octavon 120167	Nécromancie 115667
Une	147350	grise	1920	Magellan 106095	Jasmine 86798
Une	147408	noir-zain	1920	Juste 85878	Patangeuse 127021
Une	148169	noire	1920	Qualcin 131447	Impétueuse 93427
Une	148359	noire	1920	Qualcin 131447	Narbonne 114481
Une	148525	gris-vin.	1920	Ouvrier 119107	Quenouille 132625
Une	148993	grise	1920	Médisant 105527	Kennédie 96285
Une	149894	grise	1920	Numéro 118563	Hyène 87629
Unéa	144835	bai-chât.	1920	Josué 88841	Piquette 124820
Uneame	146893	alezane	1920	Psoriasis 126479	Rhénane 134118
Unebelle	146686	grise	1920	Nyctalope 113635	Kécoute 90272
Unebergère	150055	grise	1920	Quobez 132448	Diva 98535
Unebiche	145044	grise	1920	Josué 88841	Prévision 124916
Unée	148527	noire	1920	Marat 111305	Oude 123495
Unegrise	147210	grise	1920	Nyctalope 113635	Kymrique 89704
Unelle	145040	grise	1920	Quesnel 129358	Kigellariée 91664
Unemiche	147161	gris-rouan	1920	Qu'en-dira-t-on 130448	Pote 126102
Unenoire	144682	noire	1920	Pantin 124490	Mouvette 98178
Unenoire	146771	baie	1920	Quarto 128860	Rosette 75244
Unepierrette	150056	grise	1920	Quobez 132448	Lisa 104675
Unepipe	146175	bai chât.	1920	Quesnel 129358	Lisette 73374
Unequal	148624	gris-tr.-f.	1920	Quaïman 129648	Pateline 127530
Uneromaine	147117	noire	1920	Prorata 126402	Quatrième 129014
Unerosière	147101	noire	1920	Quarteron 128953	Nièce 111685
Unesse	145535	grise	1920	Pachalik 127626	Quinini 129962
Unetaupe	144619	noir-zain	1920	Fier-à-Bras 65250	Quaiche 130052
Unetrique	145192	noir-zain	1920	Fier-à-Bras 65250	Marginale 106142
Unetrotte	145510	grise	1920	Poison 125565	Quaisse 129380
Unette	147445	noire	1920	Juste 85878	Hachette 93333
Unette	148137	gris-foncé	1920	Kéris 93769	Noise 118402
Unette	148530	noir-m. t.	1920	Numéro 118563	Oudine 123502
Uneviève	147302	gris-foncé	1920	Quadeau 134386	Glorieuse 70243

NOM	N°	ROBE.	Naissance	PÈRE	MÈRE
Uneville	147253	noire	1920	Neuilly 112606	Narcisse 111821
Unéville	149243	gris-bleu	1920	Keris 93769	Naine 117583
Unezec	146024	noire	1920	Ontario 119738	Brillante 53628
Unghiella	145129	grise	1920	Qokala 129350	Nouvelle 114908
Ungola	145519	noire	1920	Quinquin 128944	Biche 73403
Unguéale	144774	noire	1920	Perkins 125027	Kanine 90720
Unguéale	145589	gris-vin.	1920	Kroquet 91851	Kampagne 90904
Unguéale	146025	grise	1920	Jouillat 88642	Ilia 98491
Unguéale	146995	grise	1920	Parfait 124913	Martinique 109423
Unguéale	147357	noire	1920	Juste 85878	Modale 108761
Unguéale	149000	gris-clair	1920	Quimperlé 129067	Pélerine 128095
Unguéale	149886	grise	1920	Quayac 132444	Nidoreuse 117925
Unguifère	149626	noir-m.-t.	1920	Ostabat 123735	Gantoise 71444
Unguineuse	144775	noire	1920	Qroisy 130286	Optation 120881
Unguineuse	145591	noire	1920	Kalot 92507	Oches 119989
Unguineuse	146026	noir zain	1920	Jouillat 88642	Némorale 115703
Unguineuse	146996	noire	1920	Mylord 107421	Hochette 77016
Unguineuse	147358	noir zain	1920	Kalidun 95297	Nampeelle 115198
Unguineuse	149008	grise	1920	Paquebot 128754	Quompagnie 131999
Unguineuse	149627	noire	1920	Lutécien 102720	Nautelée 117592
Unguineuse	149888	gris-tr.-f.	1920	Ostabat 123735	Moulue 110803
Unia	149266	grise	1920	Quitus 130149	Perdue 128174
Uniade	147866	noire	1920	Quompromis 132021	Ismid 82122
Uniade	149214	gris-fer	1920	Quitus 130149	Persuasion 128221
Unias	146532	noire	1920	Organsin 120977	Quaserte 130796
Uniate	144779	alez.-b.-c.	1920	Nyctalope 113635	Josseline 85117
Uniate	145597	gris-foncé	1920	Qroisy 130286	Sirène 55406
Uniate	146028	grise	1920	Jouillat 88642	Néologie 115706
Uniate	147002	grise	1920	Octavon 120167	Quarabosse 130761
Uniate	147360	noir-zain	1920	Juste 85878	Jacasse 86778
Uniate	149012	grise	1920	Keris 93769	Quondition 132050
Uniate	149631	gris-rouan	1920	Quotient 129087	Nougatine 118201
Uniate	149897	noire	1920	Quoréen 132242	Noctuelle 117948
Unica	145177	noire	1920	Qotonnu 130216	Labiée 97891
Unica	149690	grise	1920	Muet 109443	Litharge 103874
Unicale	144655	grise	1920	Quornaro 130969	None 111924
Unicaule	145598	gris-tr.-f.	1920	Qroisy 130286	Sophie 63976
Unicaule	147361	noire	1920	Juste 85878	Ianina 98206
Unicaule	149013	gris-bleu	1920	Paquebot 128754	Juliette 87491
Unicaule	149632	gris-rouan	1920	Quotient 129087	Fauvette 81789
Unicaule	149898	noire	1920	Ostabat 123735	Onerville 123617
Uniche	145467	grise	1920	Qotonnu 130216	Nichachien 113389
Unicolore	144653	grise	1920	Quissac 130271	Perruque 125420
Unicolore	147362	noire	1902	Nagy 112488	Paleville 126644
Unicorne	144782	bai-cerise	1920	Quodex 130186	Nuageuse 112904

NOM	N°	ROBE	Naissance	PÈRE	MÈRE
Unicorne	147365	grise	1920	Kalidon 95297	Lorgie 102259
Unicorne	149015	grise	1920	Paquebot 128754	Néantise 116848
Unicorne	149633	noire	1920	Quaïman 129648	Navale 117607
Unicorne	149899	grise	1920	Quayac 132444	Limonade 103799
Uniculaire	147388	grise	1920	Magellan 106095	Loulle 102278
Unie	144624	grise	1920	Fier-à Bras 65250	Kildarée 92287
Unie	144659	noire	1920	Qualot 131492	Lorette 103300
Unie	144777	baie	1920	Quomquis 130396	Ornementale 119318
Unie	145480	grise	1920	Quesnel 129358	Iglotte 80020
Unie	145596	grise	1920	Quadricycle 128838	Hulotte 67045
Unie	146027	noire	1920	Jouillat 88642	Hista 98609
Unie	146396	grise	1920	Pachalik 127626	Quilipica 129988
Unie	146449	gris-roman	1920	Nyctalope 113635	Quaoline 129536
Unie	146456	noir- m.-t.	1920	Piombino 127259	Valeureuse 58242
Unie	146998	gris-vin.r.	1920	Patrice 124730	Quinette 131934
Unie	147107	grise	1920	Quontralto 130438	Neuvelle 144198
Unie	147359	gris tr.-f.	1920	Juste 85878	Lamarque 102025
Unie	148403	gris-fer	1920	Québec 131267	Martine 107912
Unie	148640	grise	1920	Nectar 116862	Orée 122481
Unie	149014	grise	1920	Paquebot 128754	Lignée 104437
Unie	149630	noire	1920	Quotient 129087	Adruise 64670
Unie	149890	grise	1920	Quercitron 132534	Joconde 98554
Unième	144781	rouanne	1920	Quodex 130186	Ormaie 119313
Unième	144918	gris-foncé	1920	Ontario 119738	Quaissadire 129286
Unième	145600	noire	1920	Quantilly 128970	Poulpe 126135
Unième	146030	grise	1920	Jouillat 88642	Quornière 131085
Unième	147003	grise	1920	Octavon 120167	Nécrologie 115666
Unième	147366	alezane	1920	Juste 85878	Lorcière 102260
Unième	149016	grise	1920	Manillon 110245	Quomplète 132005
Unième	149635	gris-foncé	1920	Québec 132753	Quinte 132612
Unième	149900	grise	1920	Quinconce 130108	Kaféine 97374
Uniens	149927	noire	1920	Quayac 132444	Mucosité 110835
Unienville	145350	gris-foncé	1920	Mylord 107421	Jubine 98042
Unienville	145844	noire	1920	Josué 88841	Plantule 125856
Unienville	146531	noire	1920	Organsin 120977	Orélie 121253
Unienville	147544	noire	1920	Obus 121402	Qavalle 130089
Unienville	148043	noire	1920	Quitus 130149	Nesle 117198
Unienville	149418	gris-clair	1920	Kourlis 95894	Incision 82100
Unifiant	148717	grise	1920	Nectar 116862	Helvétie 75602
Unification	144783	grise	1920	Quodex 130186	Quarotte 129532
Unification	144878	grise	1920	Nyctalope 113635	Quaranta 129296
Unification	145602	noire	1920	Quadricycle 128838	Quivienne 129572
Unification	146488	grise	1920	Pachalik 127126	Hélène 74828
Unification	147005	grise	1920	Octavon 120167	Offranville 122420
Unification	147367	grise	1920	Juste 85878	Régale 134380

NOM	N°	ROBE	Naissance	PÈRE	MÈRE
Unification	149017	grise	1920	Manillon 110245	Mulasserie 110841
Unification	149636	grise	1920	Québec 132753	Obole 123801
Unification	149902	grise	1920	Pitaud 128421	Kamala 96792
Unificence	147478	noir-m.-t.	1920	Juste 85878	Nuée 115000
Unifiée	144708	grise	1920	Cupidon 130054	Panonnie 125476
Unifiée	147309	noire	1920	Ouleux 121183	Madone 108944
Unifiée	148660	noire	1920	Nectar 116862	Nacelle 117739
Uniflore	144680	grise	1920	Qualvados 131498	Oiselle 120588
Uniflore	145605	gris-foncé	1920	Quantilly 128970	Kornique 91636
Uniflore	146786	grise	1920	Quêteur 129815	Olargue 119691
Uniflore	147371	alezane	1920	Ouleux 121183	Magie 108949
Uniflore	149018	bai-b.-t.-f.	1920	Manillon 110245	Ondulante 123039
Uniflore	149085	grise	1920	Instar 78857	Maritorne 110345
Uniflore	149637	gris-rouan	1920	Maquis 110284	Gauloise 72867
Uniflore	149904	grise	1920	Quoréen 132242	Olliergue 123605
Unifoliée	144786	grise	1920	Nyctalope 113635	Navarine 111765
Unifoliée	145606	gris-foncé	1920	Quadricycle 128838	Glissière 70025
Unifoliée	146033	grise	1920	Jouillat 88642	Kerlédic 95230
Unifoliée	147006	grise	1920	Patrice 124730	Insipide 82376
Unifoliée	147377	gris-foncé	1920	Juste 85878	Latomie 99603
Unifoliée	149020	gris-bleu	1920	Keris 93769	Lioube 101508
Unifoliée	149638	noire	1920	Maquis 110284	Lubie 104534
Unifoliée	149908	grise	1920	Quoréen 132242	Plaideuse 128438
Uniforme	146719	noire	1920	Quinaud 130441	Procida 125373
Uniforme	147378	noire	1920	Juste 85878	Inquiète 81071
Uniforme	148710	gris-vin.	1920	Poltron 125996	Quouture 132191
Uniforme	149639	noire	1920	Maquis 110284	Irlande 96895
Uniformiste	145185	gris-foncé	1920	Pantin 124490	Quobra 130071
Uniformité	144644	grise	1920	Omer 119732	Brillante 62853
Uniformité	144792	gris-tr. f.	1920	Quinaud 130441	Justine 85040
Uniformité	145608	grise	1920	Osé 119475	Incluse 80514
Uniformité	146444	noire	1920	Piombino 127259	Javotte 83698
Uniformité	146475	noire	1920	Négligent 112708	Quoriacée 130539
Uniformité	147007	grise	1920	Patrice 124730	Ogenne 122421
Uniformité	147380	gris-fer	1920	Jupiter 88668	Girouette 93322
Uniformité	149021	grise	1920	Paquebot 128754	Pelote 81591
Uniformité	149640	gris-foncé	1920	Mansard 109591	Moque 108897
Uniformité	149909	grise	1920	Quoréopsis 132243	Noce 117940
Unifracturée	146832	gris-foncé	1920	Qotonnu 130216	Riquette 133596
Unigenitus	145178	noire	1920	Qotonnu 130216	Gigogne 69871
Unijuguée	144793	grise	1920	Nyctalope 113635	Quarbonne 130763
Unijuguée	145609	noire	1920	Qroisy 130286	Névrite 113083
Unijuguée	146943	noire	1920	Jouillat 88642	Lamie 101431
Unijuguée	147014	noire	1920	Quanivot 130128	Plaisante 127067
Unijuguée	149022	gris-foncé	1920	Paquebot 128754	Musarde 109480

NOM	N°	ROBE	Naissance	PÈRE	MÈRE
Unijuguée	149641	gris-foncé	1920	Québec 132753	Panetière 128656
Unijuguée	149912	grise	1920	Pitaud 128421	Pointue 128528
Unilabiée	144794	noire	1920	Péplum 124974	Noologie 113561
Unilabiée	145611	gris-clair	1920	Péplum 124974	Poterne 126109
Unilabiée	147383	grise	1920	Jupiter 88668	Kocyte 94059
Unilabiée	149023	gris-bleu	1920	Paquebot 128754	Néva 117345
Unilabiée	149642	grise	1920	Québec 132753	Ronde 136234
Unilabiée	149913	noire	1920	Pitaud 128421	Livraison 103889
Unilatérale	144577	grise	1920	Pantin 124490	Biche 74991
Unilatérale	145612	grise	1920	Quirat 128885	Lamelle 104580
Unilatérale	146484	noir-zain	1920	Fier-à-Bras 65250	Logette 57191
Unilatérale	147011	noire	1920	Octavon 120167	Ondoyée 149091
Unilatérale	147384	noire	1920	Magellan 106095	Noire 145120
Unilaterale	149027	grise	1920	Pâton 127979	Jugeable 88332
Unilatérale	149643	noire	1920	Kerdrain 95437	Galère 97717
Unilatérale	149914	noire	1920	Numéro 118563	Grivoise 72802
Unîle	145477	gris-foncé	1920	Qotonnu 130216	Juive 85389
Unilobée	144800	noire	1920	Quodex 130486	Bichette 58324
Unilobée	145613	noire	1920	Névrosé 113735	Lamelle 101742
Unilobée	146052	noir-zain	1920	Lumineux 100865	Madame 107069
Unilobée	147012	grise	1920	Patrice 124730	Martiale 108357
Unilobée	147385	bai-brun	1920	Jupiter 88668	Irma 81002
Unilobée	149030	grise	1920	Nichet 117897	Nauroise 117359
Unilobée	149645	bai-brun	1920	Pitaud 128421	Obélisque 123968
Unilobée	149917	grise	1920	Panama 128415	Rivale 53646
Uniloculaire	145614	noire	1920	Névrosé 113735	Oriole 120035
Uniment	147013	bai-brun	1920	Patrice 124730	Inanité 80376
Uningue	147865	noire	1920	Quompromis 132021	Hermine 75488
Uningue	149210	gris-foncé	1920	Keris 93769	Kyrielle 96330
Uninominale	144801	gris-tr. cl.	1920	Quodex 130486	Quonsulte 130418
Uninominale	145616	gris-clair	1920	Osé 119475	Nuée 112917
Uninominale	147017	noire	1920	Quanivot 130128	Quosnardière 130995
Uninominale	147635	gris-fer	1920	Quompromis 132021	Phase 127201
Uninominale	149919	noire	1920	Panama 128415	Effrénée 58399
Unio	146787	grise	1920	Quêteur 129815	Klabaud 91042
Unioculée	144802	noire	1920	Quonquis 130396	Rosette 68794
Unioculée	145617	gris-tr.-f.	1920	Quadricycle 128838	Naurouge 112547
Unioculée	146059	noir-zain	1920	Perturbateur 125648	Ogivale 118865
Unioculée	147636	baie	1920	Néflier 111919	Noé 116721
Unioculée	149032	grise	1920	Instar 78857	Irénée 93505
Unioculée	149652	noire	1920	Lédon 101823	Janire 88834
Unioculée	149920	grise	1920	Panama 128415	Levure 104407
Union	144616	gris-foncé	1920	Fier-à-Bras 65250	Pairie 127650
Union	144648	noire	1920	Qualot 131492	Modane 106058
Union	144803	bai-brun	1920	Quonquis 130396	Ourville 119843

NOM	N°	ROBE	Naissance	PÈRE	MÈRE
Union	144841	noire	1920	Quesnel 129358	Lyda 98951
Union	145277	gris-clair	1920	Moineau 106576	Noroise 115860
Union	145352	gris-clair	1920	Pampelune 124878	Octeville 122227
Union	145618	grise	1920	Névrosé 113735	Poupée 126141
Union	145796	gris-foncé	1920	Josué 88841	Potée 126103
Union	145841	noire	1920	Josué 88841	Nausée 114672
Union	146058	noire	1920	Olifant 119700	Margarita 107217
Union	146247	noire	1920	Organsin 120977	Coquille 93650
Union	146469	bai-br.-z.	1920	Fier-à-Bras 65250	Cabotine 92442
Union	146512	noire	1920	Négligent 112708	Lanotte 98071
Union	146534	noir-zain	1920	Organsin 120977	Jouissance 86269
Union	146546	noire	1920	Pampelune 124878	Méloplaste 107183
Union	146784	noire	1920	Prorata 126402	Navarraise 114620
Union	147023	noire	1920	Quanivot 130128	Instinctive 81107
Union	147257	grise	1920	Quontralto 130438	Quontrée 130453
Union	147343	noire	1920	Obus 121402	Mitre 110630
Union	147638	noire	1920	Obus 121402	Joppe 88537
Union	147904	gris-foncé	1920	Néflier 111919	Lactoline 103575
Union	148043	gris-foncé	1920	Quitus 83835	Orseille 123207
Union	148142	noire	1920	Quissac 130271	Plina 125383
Union	148198	noire	1920	Lichas 98731	Hardie 74404
Union	148391	noir-zain	1920	Québec 131267	Iéa 80342
Union	149036	gris-vin.	1920	Quitus 130149	Oxydation 123336
Union	149358	grise	1920	Postiche 125397	Clairette 129518
Union	149448	noire	1920	Nectar 116862	Liberté 104285
Union	149653	gris fer	1920	Quotient 129087	Orange 122956
Union	149809	gris-foncé	1920	Mansard 109591	Optique 124016
Union	149921	grise	1920	Quoréen 132242	Ogne 123582
Union	150105	grise	1920	Quoréen 132242	Isocélie 83183
Unionisme	145620	gris-foncé	1920	Quadricycle 128838	Palabre 124282
Unionisme	147644	gris-fer	1920	Quompromis 132021	Linition 100743
Unionisme	149922	grise	1920	Quoréen 132242	Janicule 89041
Unioniste	148638	grise	1920	Nectar 116862	Quinquennale 131337
Uniovulée	144804	grise	1920	Quodex 130186	Quittance 129238
Uniovulée	145621	gris-foncé	1920	Quadricycle 128838	Nisette 112586
Uniovulée	146060	noire	1920	Perturbateur 125648	Harpe 73857
Uniovulée	147024	noire	1920	Quanivot 130128	Lente 101424
Uniovulée	147645	gris-cend.	1920	Quompromis 132021	Koulure 95878
Uniovulée	149040	gris-vin.	1920	Lédon 101823	Ismène 83117
Uniovulée	149654	noire	1920	Panama 128415	Nérodienne 118395
Uniovulée	149923	grise	1920	Quobez 132448	Joyeuse 86620
Unipare	144806	grise	1920	Nyctalope 113635	Ourthe 119845
Unipare	149924	noire	1920	Quayac 132444	Luisante 57124
Unipersonnelle	145622	noire	1920	Kalot 92507	Noue 142103
Unipersonnelle	146482	noire	1920	Fier-à-Bras 65250	Magenta 105905

NOM	N°	ROBE	Naissance	PÈRE	MÈRE
Unipersonnelle	146495	grise	1920	Fier à-Bras 65250	Marsaille 107271
Unipersonnelle	147646	noire	1920	Quompromis 132021	Obtuse 121400
Unipersonnelle	149657	bai brun	1920	Panama 128415	Quarlote 132631
Unipersonnelle	149929	grise	1920	Quayac 132444	Jumelée 89187
Unipétale	144750	noir-zain	1920	Nyctalope 113635	Parcimonie 124483
Unipétale	145623	gris-foncé	1920	Osé 119475	Laiche 100166
Unipétale	146063	grise	1920	Lumineux 100865	Largesse 99310
Unipétale	147025	noire	1920	Quanivot 130128	Faribole 87716
Unipétale	147654	gris-foncé	1920	Quompromis 132021	Mazurka 109919
Unipétale	149041	grise	1920	Quoncubin 132048	Litorne 101522
Unipétale	149659	gris-foncé	1920	Pitaud 128421	Nacorelle 118390
Unipétale	149932	noire	1920	Ostabat 123735	Oppedette 123634
Unipétalée	144979	gris foncé	1920	Nyctalope 113635	Poule 127835
Unipétalée	145626	gris-foncé	1920	Quadricycle 128838	Goguette 90041
Unipétalée	147028	gris-fer	1920	Quanivot 130128	Orange 120893
Unipolaire	145627	grise	1920	Quadricycle 128838	Kastille 95984
Unique	144505	noire	1920	Ofa 122607	Pastille 126774
Unique	144530	gris-foncé	1920	Mylord 107421	Médée 109405
Unique	144917	gris-foncé	1920	Ontario 119738	Quonoïde 130405
Unique	145027	gris-clair	1920	Quérigut 128971	Laperche 101542
Unique	145497	noire	1920	Pantin 124490	Pimpante 125281
Unique	145628	gris tr.-cl.	1920	Pampelune 124878	Méniane 106362
Unique	146064	noire	1920	Lumineux 100865	Pistonette 62712
Unique	146569	grise	1920	Quonviet 130474	Noyale 114459
Unique	146625	grise	1920	Mylord 107421	Bouillante 67342
Unique	147029	grise	1920	Quanivot 130128	Quapelle 131435
Unique	147097	noire	1920	Prorata 126402	Kabaretière 90435
Unique	147186	grise	1920	Neuilly 142606	Occase 118792
Unique	148197	grise	1920	Lichas 98731	Perthe 126750
Unique	148627	grise	1920	Idomen 83507	Kolline 94774
Unique	148905	grise	1920	Instar 78857	Résiliation 135654
Unique	149042	noir-m.-t.	1920	Lédon 101823	Opérette 123067
Unique	149154	grise	1920	Nichet 117897	Pêche 128054
Unique	149295	noire	1920	Importun 80576	Ile 98242
Unique	149460	grise	1920	Nectar 116862	Indépendance 83523
Unique	149662	gris-foncé	1920	Paquebot 128754	Quonstante 132123
Unique	149928	grise	1920	Quercitron 132534	Krimée 92062
Uniquement	147030	grise	1920	Quanivot 130128	Nigrette 112128
Uniquette	144511	noire	1920	Ofa 122607	Nita 116168
Unisériée	144984	gris-tr.-cl.	1920	Quérigut 128971	Olliergue 121212
Unisériée	145629	noire	1920	Quantilly 128970	Kruzade 91867
Unisériée	146065	noir-zain	1920	Perturbateur 125648	Mélinite 106518
Unisériée	147031	noire	1920	Quanivot 130128	Lignerolle 100072
Unisériée	147655	noir-m.-t.	1920	Quompromis 132021	Lutèce 103528
Unisériée	149043	grise	1920	Paquebot 128754	Farandole 87777

NOM	N°	ROBE	Naissance	PÈRE	MÈRE
Unisériée	149663	gris-foncé	1920	Kéris 93769	Kuvette 96418
Unisériée	149961	grise	1920	Quoréen 132242	Orgère 123662
Unisexualité	145631	noire	1920	Quadricycle 128838	Persécutée 125382
Unisexualité	147033	grise	1920	Patrice 124730	Locution 103249
Unisexualité	147658	grise	1920	Quompromis 132021	Qeapeline 131176
Unisexualité	149044	grise	1920	Panama 128415	Quartine 132641
Unisexualité	149664	gris-foncé	1920	Pâton 127979	Kabale 96411
Unisexualité	149962	baie	1920	Quoréen 132242	Quourgane 132467
Unisexuée	145634	noire	1920	Komplex 91539	Osselle 120063
Unisexuée	146724	grise	1920	Nyctalope 113635	Péseta 125657
Unisexuée	149966	grise	1920	Quinconce 130108	Mosaïque 110763
Unisexuelle	144890	gris-foncé	1920	Pouff 124218	Quatherine 129298
Unisexuelle	145632	grise	1920	Orcisy 130286	Quoquerelle 130496
Unisexuelle	146066	gris-foncé	1920	Névrosé 113735	Rubace 134028
Unisexuelle	147035	bai brun	1920	Patrice 124730	Iole 82355
Unisexuelle	147659	gris fer	1920	Quompromis 132021	Quintetquatorze 130118
Unisexuelle	149046	gris-clair	1920	Paquebot 128754	Muserolle 109500
Unisexuelle	149667	noire	1920	Kéris 93769	Piane 128296
Unisexuelle	149964	grise	1920	Quercitron 132534	Quadrille 132477
Unisie	149323	noire	1920	Mercy 105783	Kurieuse 96428
Unissante	146301	grise	1920	Négligent 112708	Mare 105679
Unison	147034	gris-noir	1920	Patrice 124730	Margot 87651
Unissonnante	145636	gris-foncé	1920	Komplex 91539	Proximité 126449
Unissonnante	146068	noire	1920	Perturbateur 125648	Loue 101241
Unissonnante	149965	grise	1920	Quoréopsis 132243	Quenouillette 131940
Unissonne	145470	noire	1920	Piombino 127259	Godichonne 70557
Unitaire	149967	grise	1920	Numéro 118363	Plique 128490
Unitarisme	144705	gris-clair	1920	Quissac 130271	Kwosine 92271
Unitarisme	149070	grise	1920	Ostabat 123735	Isère 82694
Unitche	146188	bai-chât.	1920	Qokala 129350	Nitouche 111622
Unité	144623	gris-rouan	1920	Qupidon 130054	Potterie 125255
Unité	144990	noire	1920	Quérigut 128971	Occupation 120139
Unité	145475	grise	1920	Quaduc 129371	Merveille 105728
Unité	145637	gris-foncé	1920	Komplex 91539	Qraie 130641
Unité	146069	noire	1920	Perturbateur 125648	Maquette 107988
Unité	146477	noire	1920	Négligent 112708	Latente 100673
Unité	146503	noire	1920	Négligent 112708	Kamule 90751
Unité	147037	grise	1920	Kalot 92507	Nébulosité 115651
Unité	147662	noire	1920	Quompromis 132021	Hébé 96303
Unité	148423	noire	1920	Québec 131267	Kératite 94620
Unité	148651	grise	1920	Klocher 95657	Mirsa 111080
Unité	149048	grise	1920	Lédon 101823	Tantine 84482
Unité	149671	gris-rouan	1920	Panama 128415	Lavande 104418
Unité	149969	grise	1920	Quoréen 132242	Fleurett 64044
Unité	150157	noire	1920	Panama 128415	Naiade 118225

NOM	N°	ROBE	Naissance	PÈRE	MÈRE
United	145278	grise	1920	Moineau 106576	Cigale 68706
United	145798	grise	1920	Prorata 126402	Java 83646
United	146249	noire	1920	Komplex 91539	Lucrèce 98820
United	147262	noire	1920	Orléans 121007	Divette 62948
United	147907	noire	1920	Olus 121402	Kraponne 96588
United	150406	noire	1920	Ostabat 123735	Opérette 123869
Unitif	146725	baie	1920	Nyctalope 113635	Russie 134334
Unition	147479	noir-zain	1920	Juste 85878	Junon 86732
Unition	148574	grise	1920	Numéro 118563	Quouverte 132431
Unitive	144991	gris-tr.-cl.	1920	Quérigut 128971	Novation 112897
Unitive	145639	gris-foncé	1920	Komplex 91539	Précession 126183
Unitive	146070	grise	1920	Quêteur 129815	Olynthe 112725
Unitive	146718	noir-zain	1920	Psoriasis 126479	Kénia 93934
Unitive	147038	gris-pom.	1920	Patrice 124730	Olivette 122440
Unitive	147663	baie	1920	Pilon 127251	Occlusive 124409
Unitive	148648	grise	1920	Quaïman 129648	Majolique 111026
Unitive	149051	bai-br.-z.	1920	Mercy 105783	Oléandre 122976
Unitive	149672	gris-rouan	1920	Pitaud 128421	Otage 123905
Unitive	149074	grise	1920	Quoréen 132242	Limande 103789
Unitive	150160	noire	1920	Quitus 130149	Pelle 128099
Univalve	144700	grise	1920	Pantin 124490	Pitié 124671
Univalve	144992	gris-foncé	1920	Nyctalope 113635	Martienne 106201
Univalve	145640	gris-tr.-f.	1920	Komplex 91539	Préceinte 126182
Univalve	146074	noire	1920	Lumineux 100865	Oniromancie 120397
Univalve	146375	noire	1920	Osé 119475	Ozonisation 121134
Univalve	146398	noire	1920	Pachalik 127626	Kaluette 92086
Univalve	146739	grise	1920	Névrosé 113735	Kanche 90707
Univalve	147039	grise	1920	Patrice 124730	Gazelle 98468
Univalve	147665	noire	1920	Quompromis 132021	Naple 112955
Univalve	149055	noir-m.t.z	1920	Paquebot 128754	Kamargo 96443
Univalve	149673	gris rouan	1920	Panama 128415	Kalabraise 93871
Univalve	149975	noire	1920	Quercitron 132534	Kalomnie 92752
Universalité	144993	gris-foncé	1920	Nyctalope 113635	Grisette 97111
Universalité	146454	grise	1920	Qu'en-dira-t-on 130448	Manière 105654
Universalité	146627	gris-clair	1920	Komplex 91539	Narcotine 112802
Universalité	146740	grise	1920	Névrosé 113735	Nieulle 114228
Universalité	147040	grise	1920	Moineau 106576	Genillotte 70059
Universalité	147667	gris-fer	1920	Quolonna 128784	Neige 113708
Universalité	149677	noire	1920	Kerdrain 95437	Négation 148303
Universelle	144581	noire	1920	Quissac 130271	Nivelle 114249
Universelle	144994	noire	1920	Nyctalope 113635	Quaussette 129889
Universelle	146071	noire	1920	Lumineux 100865	Quapote 129758
Universelle	146378	grise	1920	Négligent 112708	Laraie 98688
Universelle	147042	grise	1920	Pégoud 126957	Girouette 87577
Universelle	147242	noire	1920	Québec 131267	Goguette 72566

NOM	N°	ROBE	Naissance	PÈRE	MÈRE
Universelle	147668	noire	1920	Quompromis 132021	Europe 98373
Universelle	148133	gris-foncé	1920	Officieux 120209	Bichette 68258
Universelle	148645	grise	1920	Nectar 116862	Parenthèse 127542
Universelle	149056	gris-bleu	1920	Quanteleux 131765	Ozette 120448
Universitaire	146489	bai-brun	1920	Pachalik 127626	Ostéine 121049
Universitas	144870	gris-foncé	1920	Pouff 124218	Promise 124220
Université	144590	noire	1920	Quissac 130271	Noutefam 112347
Université	144995	gris tr. cl.	1920	Quérigut 128971	Odontalogie 120490
Université	145281	noire	1920	Kalot 92507	Qaapelucke 130755
Université	145460	bai chât.	1920	Qokala 129350	Oyée 120007
Université	145647	gris tr.-f.	1920	Komplex 91539	Nef 112710
Université	145800	grise	1920	Josué 88841	Knolle 91599
Université	146077	noire	1920	Lumineux 100865	Nicotiane 113866
Université	146251	grise	1920	Moineau 106576	Lécluse 97821
Université	146381	noire	1920	Osé 119475	Libérale 99731
Université	146494	noire	1920	Fier-à-Bras 65250	Influence 80599
Université	146734	grise	1920	Névrosé 113735	Ignette 80453
Université	147043	gris fer	1920	Pégoud 126957	Olliergue 122445
Université	147263	gris-foncé	1920	Fier-à-Bras 65250	Née 113963
Université	147669	gris-cend.	1920	Quompromis 132021	Occasion 121404
Université	147908	gris-foncé	1920	Ohus 121402	Kourtrouche 95810
Université	148143	gris-foncé	1920	Quissac 130271	Répudiation 135626
Université	148417	gris-foncé	1920	Québec 131267	Quittance 131270
Université	148691	grise	1920	Muet 109445	Nécrobie 117627
Université	149057	grise	1920	Quanteleux 131765	Niquette 118494
Université	149359	grise	1920	Postiche 125397	Qravache 129303
Université	149679	noire	1920	Quayac 132444	Panacée 128658
Université	149080	grise	1920	Quercitron 132534	Pluche 128497
Université	150107	noire	1920	Panama 128415	Poésie 128518
Univette	147245	bai-chât.	1920	Quesnel 129358	Qassure 130022
Univocation	144857	noire	1920	Pouff 124218	Gastralgie 69876
Univocation	146382	noire	1920	Fier-à-Bras 65250	Abjectif 66372
Univocation	146502	noire	1920	Négligent 112708	Polka 58636
Univocation	146736	grise	1920	Quanevas 129730	Représaille 133649
Univolta	145507	noire	1920	Ontario 119738	Névrotomie 111694
Univoque	144568	noire	1920	Quissac 130271	Nime 117241
Univoque	145002	noir-l.-r.	1920	Quérigut 128971	Judaïsme 86239
Univoque	145201	noir-zain	1920	Prunellier 126460	Nymphe 113375
Univoque	145648	gris-foncé	1920	Komplex 91539	Pattée 124734
Univoque	146079	noire	1920	Perkins 125027	None 113843
Univoque	147046	grise	1920	Pégoud 126957	Nivelette 115809
Univoque	147670	gris foncé	1920	Quompromis 132021	Lignerolle 104219
Univoque	149058	grise	1920	Prunellier 126460	Karacole 97489
Univoque	149681	grise	1920	Maquis 110284	Liqueur 103848
Univoque	149981	grise	1920	Quinconce 130108	Loganie 103910

NOM	N°	ROBE	Naissance	PÈRE	MÈRE
Univoque	149982	grise	1920	Quayac 132444	Callista 75139
Unkas	145454	gris-foncé	1920	Qotonnu 130216	Kousseine 90645
Unna	145095	noire	1920	Quadue 129371	Rameuse 133582
Unnite	148854	grise	1920	Médisant 105527	Laurinée 101796
Unode	146895	noire	1920	Quêteur 129815	Penaude 124907
Unome	147183	noire	1920	Lumineux 100865	Louvette 100846
Unorette	147128	grise	1920	Quériquet 129124	Noire 112429
Unotre	147167	noire	1920	Nyctalope 113635	Miniature 105642
Unoudeux	145479	gris-foncé	1920	Qokala 129350	Matronne 105739
Unst	145801	gris-clair	1920	Quanton 129698	Chiquette 59274
Unstrut	146252	gris foncé	1920	Passeur 124615	Pitaude 125954
Unte	149228	grise	1920	Maquis 110284	Osée 123222
Untyre	146897	grise	1920	Quêteur 129815	Inventeuse 79802
Unule	148532	noire	1920	Ouvrier 119107	Groseille 73162
Unulée	147446	noire	1920	Juste 85878	Joconde 93375
Unverre	146535	noire	1920	Organsin 120977	Koqueluche 93644
Unyadi	148727	noire	1920	Idomen 83507	Liliacée 104250
Unyady	145500	grise	1920	Pantin 124490	Quafetière 130064
Unzente	146536	gris-foncé	1920	Organsin 120977	Limagne 98761
Uonatte	145447	noire	1920	Ontario 119738	Intention 79190
Upale	147124	grise	1920	Qotonnu 130216	Opale 119069
Upasse	144617	grise	1920	Omer 149732	Limonade 62030
Upax	146538	gris clair	1920	Organsin 120977	Mistress 106844
Upe	148486	grise	1920	Ouvrier 119107	Miss 110931
Upée	148852	grise	1920	Marsin 109642	Néolatine 117672
Upelle	146163	grise	1920	Prunellier 126460	Peluche 124733
Upercale	149247	noire	1920	Lédon 101823	Carpette 67500
Upetto	147100	noir zain	1920	Quarteron 128953	Pomponnette 125581
Upette	147247	grise	1920	Pantin 124490	Taupette 55941
Uphile	145123	bai-chât.	1920	Pachalik 127626	Kadmée 96417
Uphose	145450	grise	1920	Qotonnu 130216	Phosphatine 125406
Uphryge	146211	noire	1920	Prunellier 126460	Phrygie 125497
Upicole	148831	noir-rub.	1920	Queux 129144	Gargamelle 98304
Upie	145357	noir-zain	1920	Mylord 107421	Hautefeuille 73696
Upie	145845	grise	1920	Josué 88841	Planure 125857
Upie	146539	noire	1920	Organsin 120977	Quavalleria 130838
Upie	146716	noire	1920	Quinaud 130441	Perrette 125600
Upie	147551	noire	1920	Quadeau 131386	Intimation 79123
Upie	148046	gris-foncé	1920	Marsin 109642	Louisville 103470
Upie	149421	noir-zain	1920	Ouvrier 119107	Kupide 92815
Upille	146715	noire	1920	Psoriasis 126479	Pinace 125799
Upille	148787	grise	1920	Quasson 131729	Mangue 110237
Uplica	148278	noire	1920	Konstat 95797	Norvège 116415
Uppe	144595	bai-chât.	1920	Qokala 129350	Noyade 113405
Uppe	144675	gris-foncé	1920	Fier-à-Bras 65250	Ombrée 120253

NOM	N°	ROBE	NAISSANCE	PÈRE	MÈRE
Uppe	145945	gris-pom.	1920	Ouistreham 120076	Pythie 126888
Uppe	147409	grise	1920	Juste 85878	Grivette 72982
Uppe	148361	grise	1920	Hcainne 75604	Lacaille 100494
Uppée	145946	noire	1920	Quanivot 130128	Mélodie 109336
Uppée	147411	noire	1920	Juste 85878	Lignerolle 102185
Upquickly	148632	grise	1920	Nectar 116862	Quenotte 131687
Upreste	148190	noire	1920	Kalidon 95297	Parthie 127036
Upry	148049	noire	1920	Quadeau 131386	Narva 115984
Upsala	145064	gris fer	1920	Ontario 119738	Iche 80360
Upsala	145283	grise	1920	Kalot 92507	Biche 81782
Upsala	145803	noire	1920	Prorata 126402	Mireille 50300
Upsala	146257	grise	1920	Quérigut 128971	Herbette 77170
Upsala	147911	noir-zain	1920	Pilon 127251	Mimosa 110552
Upsala	149362	grise	1920	Queux 129144	Perspective 128219
Upsala	149813	grise	1920	Qnoin 131888	Kobriani 96652
Upsala	150112	noir zain	1920	Panama 128415	Nommée 113546
Upsale	146255	noire	1920	Moineau 106576	Minorative 106800
Upsale	147264	noire	1920	Organsin 126977	Juridique 86216
Upsale	147909	gris fer	1920	Néflier 111919	Menette 110385
Upsaline	146700	noire	1920	Névrosé 113735	Poêlée 125533
Uptiale	147522	grise	1920	Nitrate 111699	Lasouche 101629
Uptiale	148742	gris foncé	1920	Nichet 117897	Pagayeuse 127622
Uptialité	148744	noire	1920	Instar 78857	Nivéenne 116964
Uptière	145658	baie	1920	Quantilly 128970	Palisse 124919
Upture	148832	gris-foncé	1920	Marsin 109642	Blidah 48211
Upy	146714	grise	1920	Psoriasis 126479	Journée 83726
Uqrèce	145492	noire	1920	Qotonnu 130216	Orécelle 129343
Uquale	145528	grise	1920	Qualot 131492	Oprimée 120968
Uqueuse	147482	noir zain	1920	Juste 85878	Ida 82501
Uqueuse	148575	grise	1920	Numéro 118563	Karavane 97494
Ura	145698	noire	1920	Poison 125565	Parana 125473
Ura	148667	noire	1920	Nul 117097	Nomination 117749
Urable	148280	noire	1920	Précurieux 124797	Norte 116414
Uraète	145005	noire	1920	Quérigut 128971	Jacqueline 83653
Uraète	145649	noire	1920	Komplex 91539	Koopérative 93633
Uraète	146080	grise	1920	Perturbateur 125648	Nidoreuse 113870
Uraète	147673	noire	1920	Quompromis 132021	Marquisette 59870
Uraète	149061	grise	1920	Keris 93769	Italienne 79322
Uraète	149682	grise	1920	Ouvreur 123793	Nabotte 118307
Uraète	149984	grise	1920	Pitaud 128421	Moje 110823
Uraille	147483	baie	1920	Odeux 121183	Peaze 126088
Uraille	148577	grise	1920	Neigeux 112725	Farfadette 68034
Uraille	149268	baie	1920	Quimperle 129067	Kinette 96752
Urale	148578	gris-foncé	1920	Numéro 118563	Orhotte 123540
Uranate	145652	noire	1920	Komplex 91539	Kerbetta 89768

NOM	N°	ROBE	Naissance	PÈRE	MÈRE
Uranate	146082	noire	1920	Quodex 130186	Harmonie 74092
Uranate	147675	gris-foncé	1920	Quompromis 132021	Lumière 67678
Uranate	149065	gris-foncé	1920	Kéris 93769	Ombrienne 123014
Uranate	149683	noire	1920	Mansard 109591	Quille 132648
Uranate	149985	grise	1920	Orcevaux 123646	Mycose 110913
Urande	148487	grise	1920	Ouvrier 119107	Nerva 118497
Urande	149230	alez.-auh.	1920	Mansard 109591	Kouétche 96346
Urane	144567	grise	1920	Quambrai 131502	Galliéra 70270
Urane	145006	grise	1920	Quérigut 128971	Protection 126421
Urane	145653	gris-clair	1920	Komplex 91539	Paume 124741
Urane	146084	gris-foncé	1920	Perkins 125027	Quennédie 129539
Urane	146624	gris-vin.	1920	Ombou 121608	Querelle 132689
Urane	146741	noire	1920	Quarteron 128953	Politesse 125621
Urane	147056	noir-zain	1920	Nitrate 111699	Quanardière 131541
Urane	147266	noire	1920	Organsin 120977	Hirondelle 78066
Urane	147676	noir zain	1920	Quompromis 132021	Koupe 95879
Urane	147918	gris-cend.	1920	Kagot 92240	Modalité 110631
Urane	148547	noir m.-t.	1920	Neigeux 112725	Liane 104031
Urane	149067	gris-bleu	1920	Queux 129144	Quafetière 131402
Urane	149565	noire	1920	Quimperlé 129067	Igualada 83207
Urane	149684	gris-foncé	1920	Qualvados 131498	Quizienze 131441
Urane	149990	grise	1920	Pitaud 128421	Istalif 82672
Uranie	144662	grise	1920	Pantin 124490	Numérale 113594
Uranie	144879	noire	1920	Ontario 119738	Mimosée 106785
Uranie	144910	gris-foncé	1920	Prunellier 126460	Pastillette 125069
Uranie	145028	grise	1920	Quérigut 128971	Puinée 126503
Uranie	145071	noire	1920	Qokala 129350	Ombrette 119208
Uranie	145118	noire	1920	Quesnel 129358	Novale 112356
Uranie	145285	grise	1920	Kroquet 91851	Malevole 105478
Uranie	145418	noire	1920	Québec 131267	Marquise 90237
Uranie	145655	noire	1920	Péplum 124974	Ozeraille 120110
Uranie	145805	noire	1920	Quarteron 128953	Question 129194
Uranie	146085	noire	1920	Perkins 125027	Ruse 134524
Uranie	146258	gris-clair	1920	Moineau 106576	Quarvine 130790
Uranie	146372	grise	1920	Osé 119475	Lunette 100429
Uranie	146409	grise	1920	Quontralto 130438	Pélagie 58644
Uranie	146561	grise	1920	Quonviet 130474	Nitrière 114747
Uranie	146626	noire	1920	Mylord 107421	Norine 118707
Uranie	146729	grise	1920	Névrosé 113735	Novacelle 114545
Uranie	147057	grise	1920	Qualot 131492	Noce 118169
Uranie	147263	grise	1920	Organsin 120977	Quérite 129556
Uranie	147679	gris fer	1920	Quompromis 132021	Qualebasse 131458
Uranie	147790	noire	1920	Qualvados 131498	Quannelle 131571
Uranie	147853	grise	1920	Québec 131267	Margot 107914
Uranie	147915	noire	1920	Malplaquet 107145	Lamette 100217

NOM	N°	ROBE	Naissance	PÈRE	MÈRE
Uranie	148442	noire	1920	Clément 129934	Kourtilière 93200
Uranie	148450	noire	1920	Perturbateur 125648	Médaille 108185
Uranie	148668	grise	1920	Kérango 95253	Lady 104305
Uranie	148694	gris foncé	1920	Quesnel 129199	Julie 88664
Uranie	149068	grise	1920	Queux 129144	Quomtoise 132029
Uranie	149363	grise	1920	Quanteleux 131765	Romance 135959
Uranie	149686	gris roman	1920	Quavac 132444	Multitude 110854
Uranie	149815	noire	1920	Nicobar 118452	Myrtha 111234
Uranie	149992	grise	1920	Quinconce 130108	Ruineuse 136095
Uranie	150113	noire	1920	Panama 128415	Nimbe 118506
Uranie	150162	grise	1920	Nickel 117897	Neutralité 117203
Uranienne	145288	grise	1920	Orléans 121007	Normale 114824
Uranienne	145806	noire	1920	Quarteron 128953	Ocana 121197
Uranite	145007	noir zain	1920	Quérigut 128971	Impasse 81316
Uranite	145662	noire	1920	Malplaquet 107145	Lavisse 100534
Uranite	146090	grise	1920	Quodlex 130186	Quapucine 129492
Uranite	147058	noire	1920	Quernaro 130969	Gambade 93317
Uranite	149069	grise	1920	Quanteleux 131765	Kortone 96576
Uranite	149473	noire	1920	Importun 80576	Liesse 104514
Uranite	149691	noire	1920	Ostabat 123735	Miquette 110739
Uranite	149991	gris-tr. f.	1920	Quavac 132444	Studieuse 59248
Urannée	148856	grise	1920	Médisant 105527	Laxure 102733
Uranographie	145664	noire	1920	Komplex 91539	Gourgane 70738
Uranographie	146092	grise	1920	Quontralto 130438	Nicole 114841
Uranographie	146379	noir-m.-t.	1920	Fier-à-Bras 65250	Orgie 120728
Uranographie	146445	noire	1920	Qu'en-dira-t-on 130448	Pierrée 125762
Uranographie	146733	gris-vin.	1920	Quanevas 129730	Lasable 100909
Uranographie	149693	noire	1920	Lédon 101823	Nouka 118313
Uranométrie	145665	gris-clair	1920	Quantilly 128970	Naturante 113984
Uranométrie	146730	noire	1920	Psoriasis 126479	Outrée 119554
Uranométrie	147681	gris-foncé	1920	Quompromis 132021	Alerte 57296
Uranométrie	149071	gris-foncé	1920	Postiche 125397	Nosologie 117034
Uranométrie	149696	noir-zain	1920	Ouvreur 123793	Ottava 123959
Uranométrie	149996	noire	1920	Piland 128421	Jocaste 98553
Uranoplastie	149072	grise	1920	Quasson 131729	Maquette 104827
Uranoplastie	149698	noire	1920	Lédon 101823	Kenouille 96347
Uranoplastie	149997	baie	1920	Orcevaux 123646	Duchesse 64011
Uranus	145289	grise	1920	Orléans 121007	Plaignarde 126954
Urapie	147133	noire	1920	Quesnel 129358	Location 99210
Urate	144887	grise	1920	Pouff 127218	Faridondaine 67797
Urate	145668	grise	1920	Quadricycle 128838	Ousine 119854
Urate	147059	grise	1920	Quernaro 130969	Laxative 99665
Urate	147683	noire	1920	Quompromis 132021	Gentille 72833
Urate	148858	grise	1920	Médisant 105527	Obèse 122826
Urate	149073	grise	1920	Paquebot 128754	Kobda 96767

NOM	N	ROBE	Naissance	PÈRE	MÈRE
Urate	149312	gris-clair	1920	Quimperlé 129067	Indienne 62278
Urate	149700	noir-zain	1920	Mansard 109591	Gondole 97718
Urate	150001	grise	1920	Quayac 132444	Nanette 118050
Uratéa	144607	gris fer	1920	Qotomm 130216	Lactique 97923
Uratine	148193	grise	1920	Octobre 120168	Nicette 115537
Urbache	148005	noire	1920	Quancbrioleur 131507	Guillemette 71781
Urbaine	144332	gris foncé	1920	Mylord 107421	Aubépine 56430
Urbaine	144808	noire	1920	Olifant 119700	Ourale 121327
Urbaine	144877	gris foncé	1920	Ponff 124218	Location 99783
Urbaine	145167	noire	1920	Qupidon 130054	Oxygénée 120805
Urbaine	145671	noire	1920	Quantilly 128970	Qualcutta 130654
Urbaine	145807	baie	1920	Quarteron 128953	Quératine 129540
Urbaine	146086	grise	1920	Quontralto 130438	Kaoline 90498
Urbaine	146221	gris foncé	1920	Laristot 98920	Mignardise 107925
Urbaine	146261	gris-foncé	1920	Passeur 124615	Minette 106812
Urbaine	146329	baie	1920	Organsin 120977	Osmane 121291
Urbaine	146374	noire	1920	Négligent 112708	Lippe 100757
Urbaine	146481	grise	1920	Osé 119473	Jambelette 85595
Urbaine	146738	noire	1920	Psoriasis 126479	Lisbonne 101023
Urbaine	147050	gris fer	1920	Nitrate 111699	Pénélope 127118
Urbaine	147267	grise	1920	Nyctalope 113635	Jaille 86298
Urbaine	147684	noire	1920	Néflier 111919	Flûte 56289
Urbaine	147924	gris foncé	1920	Qualot 131492	Gisette 73381
Urbaine	148695	gris clair	1920	Quompas 130243	Junon 88666
Urbaine	149074	grise	1920	Keris 93769	Pastourelle 127935
Urbaine	149367	grise	1920	Qæux 129144	Orée 123144
Urbaine	149703	gris fer	1920	Méta 108236	Jalousie 88901
Urbaine	149816	grise	1920	Quoin 131888	Kopélie 96693
Urbaine	150002	grise	1920	Pitaud 128421	Jugulaire 89184
Urbaine	150114	grise	1920	Ostabat 123735	Kalenda 96677
Urbalacone	145361	grise	1920	Mylord 107421	Limaire 100255
Urbalacone	145846	baie	1920	Josué 88841	Platée 125865
Urbalacone	146543	grise	1920	Pampelune 124878	Narcéine 112799
Urbalacone	148050	gris-foncé	1920	Merry 105783	Offerte 121878
Urbalacone	149423	gris-foncé	1920	Pâton 127079	Pelote 128103
Urbaniste	144811	grise	1920	Orléans 121007	Mobilité 106862
Urbaniste	145672	grise	1920	Quantilly 128970	Mentonnière 107748
Urbaniste	146097	noire	1920	Perturbateur 125648	Ocellation 118808
Urbaniste	147061	noire	1920	Nitrate 111699	Marenne 107211
Urbaniste	147685	gris-foncé	1920	Néflier 111919	Occurente 121418
Urbaniste	149075	gris-bleu	1920	Keris 93769	Mutine 109513
Urbaniste	149707	gris-foncé	1920	Marat 111305	Czarine 57153
Urbaniste	150803	noire	1920	Orcevaux 123646	Istib 82674
Urbanité	144812	grise	1920	Passeur 124615	Provision 126447
Urbanité	144939	noir-zain	1920	Ontario 119738	Igue 90172

NOM	N°	ROBE	Naissance	PÈRE	MÈRE
Urbanité	145673	noire	1920	Pampelune 124878	Plante 124455
Urbanité	146099	bai foncé	1920	Neuilly 112606	Obéissante 119703
Urbanité	146441	baie	1920	Ontario 119738	Kosarée 92823
Urbanité	146474	noire	1920	Négligent 112708	Névrite 111831
Urbanité	146764	noire	1920	Névrosé 113735	Matité 108147
Urbanité	147062	grise	1920	Malplaquet 107145	Sésostrie 65551
Urbanité	147688	gris-fer	1920	Quambrioleur 131507	Jacée 98421
Urbanité	148696	gris-foncé	1920	Quesnel 129199	Pastille 124931
Urbanité	149077	grise	1920	Quoncubin 132048	Quoncorde 132042
Urbanité	149708	gris-fer	1920	Ouvrier 119107	Paresse 128674
Urbanité	150170	grise	1920	Pitaud 128421	Muscarine 110876
Urbanya	145362	noire	1920	Mylord 107421	Olivète 122255
Urbanya	146548	noire	1920	Pampelune 124878	Quintinie 128867
Urbanya	147549	gris-foncé	1920	Ombreux 120360	Gazelle 56238
Urbanya	149424	grise	1920	Pâton 127979	Khiva 96735
Urbie	146788	gris-vin.	1920	Omer 119732	Ignée 79694
Urbigotte	147168	noir-zain	1920	Piombino 127259	Qualandre 129674
Urbine	145290	grise	1920	Pampelune 124878	Nivéole 118718
Urbine	145808	noire	1920	Quarteron 128953	Nasarde 114329
Urbine	146263	noire	1920	Moineau 106576	Latérale 101778
Urbine	147114	grise	1920	Névrosé 113735	Picolure 125733
Urbine	147268	grise	1920	Olifant 119700	Kursive 91900
Urbine	148910	gris-foncé	1920	Paquebot 127787	Jubine 54221
Urbine	149369	grise	1920	Quanteleux 131765	Quondylienne 132054
Urbine	149818	noire	1920	Nicobar 118452	Piquette 128733
Urbinelle	148913	grise	1920	Mercy 105783	Pêcheuse 128065
Urbinière	147087	noire	1920	Psoriasis 126479	Quorbinière 129655
Urbinoche	144954	noire	1920	Quadue 129371	Quaterne 128817
Urbise	145366	bai-br.-f.	1920	Pampelune 124878	Nini 115624
Urbise	145842	noire	1920	Josué 88841	Lucanie 101296
Urbise	146549	grise	1920	Pampelune 124878	Levantine 99405
Urbise	147555	noire	1920	Quompromis 132021	Navaille 116012
Urbise	148056	gris-fer	1920	Instar 78857	Offrande 121160
Urbise	149426	gris-foncé	1920	Quoncubin 132048	Mariane 109616
Urbotière	148914	grise	1920	Nichet 117897	Maquilleuse 110283
Urbulence	148916	grise	1920	Mercy 105783	Marbrure 110293
Urcelle	146551	noire	1920	Pampelune 124878	Livie 98784
Urcelle	147556	gris-foncé	1920	Quambrioleur 131507	Karriole 94880
Urcelle	148059	gris-foncé	1920	Instar 78857	Pagode 127629
Urcelle	149427	noire	1920	Lédon 101823	Ouste 123523
Urcéolaire	144813	gris-tr.-f.	1920	Passeur 124615	Offert 118855
Urcéolaire	145674	gris-foncé	1920	Quantilly 128970	Roumanille 131740
Urcéolaire	146100	bai-foncé	1920	Neuilly 112606	Kraquette 90485
Urcéolaire	147063	noire	1920	Nitrate 111699	Nullité 115938
Urcéolaire	147689	baie	1920	Pilon 127251	Macédonienne 131467

NOM	N°	ROBE	NAISSANCE	PÈRE	MÈRE
Urcéolaire	149710	gris-foncé	1920	Lédon 101823	Juliange 87910
Urcéole	144816	gris-foncé	1920	Orléans 121007	Maille 105418
Urcéole	144861	grise	1920	Piombino 127259	Ombreuse 118951
Urcéole	145680	noire	1920	Komplex 91539	Havanaise 75716
Urcéole	146101	grise	1920	Quontralto 130438	Octandrie 118813
Urcéole	147064	gris-fer	1920	Octobre 120168	Ibérienne 82217
Urcéole	147693	noire	1920	Néflier 111919	Juvénilia 85598
Urcéole	149078	gris-tr.-f.	1920	Instar 78857	Orcanète 123126
Urcéole	150007	noire	1920	Pitaud 128421	Plumule 128504
Urcéolée	144820	gris-foncé	1920	Passeur 124615	Jumenteuse 85132
Urcéolée	145683	grise	1920	Komplex 91539	Rigolette 73428
Urcéolée	146102	alezane	1920	Neuilly 112606	Jarde 84988
Urcéolée	146751	grise	1920	Névrosé 113735	Lisière 100771
Urcéolée	146868	grise	1920	Quêteur 129815	Natoire 114605
Urcéolée	147065	noire	1920	Liguori 103360	Nuée 118477
Urcéolée	147698	gris-foncé	1920	Qualvados 131498	Quonscience 130917
Urcéolée	149081	noir-zain	1920	Instar 78857	Evadée 58674
Urcie	148920	gris-foncé	1920	Quimperlé 129067	Paraffine 127793
Urcie	149267	baie	1920	Quimperlé 129067	Ozonée 123352*
Urcière	145855	noire	1920	Mordicant 110698	Qualtanisetta 130672
Urcière	146552	alezane	1920	Pampelune 124878	Micheline 106279
Urcière	146722	grise	1920	Quinaud 130441	Chainette 67788
Urcière	147558	gris-clair	1920	Quompromis 132021	Ozonéole 120474
Urcine	146911	noire	1920	Quarteron 128953	Mitaine 105607
Urcinotte	146912	noire	1920	Quarteron 128953	Galopade 69606
Urcoupe	148859	noire	1920	Paquebot 127787	Notariale 117041
Urcuite	145393	noir-zain	1920	Ontario 119738	Castille 66931
Urcuite	146553	noire	1920	Pampelune 124878	Kontrebasse 93621
Urcuite	147562	gris-fer	1920	Quadeau 131386	Jarrie 88500
Urcuite	148060	noire	1920	Pivert 127373	Isare 82094
Urdechien	144558	gris-foncé	1920	Pachalik 127626	Marinette 105332
Urdense	147561	gris-foncé	1920	Quambrioleur 131507	Monère 108283
Urdense	148061	gris-vin.	1920	Quimperlé 129067	Quouarde 132330
Urdense	149428	noir m. t.	1920	Lédon 101823	Morelle 104930
Urdès	145857	bai brun	1920	Quanivot 130128	Orogénie 122079
Urdès	146555	gris clair	1920	Orléans 121007	Minute 107864
Urdès	147564	gris fer	1920	Quinquin 128944	Nive 116422
Urdès	148065	gris fer	1920	Quadeau 131386	Quaisse 131425
Urdite	148860	noire	1920	Paquebot 127787	Risque 133006
Urdose	147565	gris-fer	1920	Instar 78857	Palabre 125375
Urdosse	145858	grise	1920	Moineau 106576	Panerée 124373
Urdosse	146560	noire	1920	Organsin 120977	Olette 121206
Urdosse	148066	noire	1920	Parieur 127471	Gamine 93440
Urdosse	149430	noir-rub.	1920	Quimperlé 129067	Klébane 96325
Ure	144896	bai-chât.	1920	Quaduc 129371	Mousse 52431

NOM	N°	ROBE	Naissance	PÈRE	MÈRE
Ure	145158	gris-fer	1920	Pantin 124490	Mandchourie 106027
Ure	145292	gris clair	1920	Mylord 107421	Queurpière 131016
Ure	145715	gris-foncé	1920	Quadricycle 128838	Machine 107505
Ure	145947	noire	1920	Quannivot 130128	Quolline 130307
Ure	146145	noire	1920	Perkins 425027	Irène 81763
Ure	146265	grise	1920	Moineau 106576	Noologie 114819
Ure	146765	grise	1920	Névrosé 113735	Mâture 108149
Ure	146858	noire	1920	Neuilly 112606	Quauxse 129887
Ure	147176	noire	1920	Ontario 119738	Quannelle 129744
Ure	147412	grise	1920	Juste 85878	Junon 86811
Ure	147733	gris foncé	1920	Marsin 109642	Laplanche 103399
Ure	147913	noire	1920	Quinquin 128944	Charmante 84258
Ure	147928	gris-foncé	1920	Nitrate 111699	Bambine 63343
Ure	148009	gris foncé	1920	Kagot 92240	Pologne 127282
Ure	148239	noire	1920	Heaume 75604	Omission 121746
Ure	148362	noire	1920	Heaume 75604	Messe 110461
Ure	149124	grise	1920	Marat 111305	Nizerolle 117428
Ure	149250	gris-bleu	1920	Pilotin 125792	Nasalité 117557
Ure	149272	bai-mar.	1920	Quitus 130149	Pénurie 128150
Ure	149738	noir-m.-t.	1920	Lédon 101823	Lesteur 101862
Uréa	144932	noire	1920	Piombino 127259	Marelle 105612
Urède	146753	noire	1920	Neuilly 112606	Malice 61968
Urédinée	144824	noire	1920	Polus 126947	Narine 112806
Urédinée	146103	noire	1920	Perkins 125027	Kahotage 90524
Urédinée	147066	grise	1920	Mordicant 110698	Nicole 113234
Urédinée	147700	noire	1920	Fier-à-Bras 65250	Méthodique 109315
Urédinée	149084	grise	1920	Pâton 127979	Neuvialle 117402
Urédinée	150008	grise	1920	Quayac 132444	Oriolle 123677
Urée	144828	grise	1920	Quantilly 128970	Nourrie 112885
Urée	144916	gris-foncé	1920	Ontario 119738	Nodale 112024
Urée	145047	grise	1920	Pantin 124490	Gâchette 71338
Urée	145681	noire	1920	Komplex 91539	Katalogne 91952
Urée	146103	bai-brun	1920	Quarteron 128953	Kouteuse 90600
Urée	146781	grise	1920	Qu'en-dira-t-on 130448	Kadelon 92912
Urée	146913	grise	1920	Quodex 130186	Kenifa 95170
Urée	147069	noire	1920	Patrice 124730	Mantille 106025
Urée	147702	noire	1920	Liguori 103360	Paisaye 127601
Urée	148243	grise	1920	Quadmaa 129648	Lécanore 135070
Urée	148283	grise	1920	Nectar 116862	Jouvence 88924
Urée	148490	gris-fer	1920	Marat 111305	Pastoure 127963
Urée	149091	grise	1920	Quonculbin 132048	Querpulence 132272
Urée	149717	noire	1920	Lédon 101823	Guérite 72755
Urée	150010	noire	1920	Quadelin 128963	Origine 121000
Uréide	144832	gris-foncé	1920	Quantilly 128970	Maltaise 105494
Uréide	145685	noire	1920	Quantilly 128970	

NOM	N°	ROBE	NAISSANCE	PÈRE	MÈRE
Uréide	146106	noire	1920	Quarteron 128953	Patissière 124718
Uréide	147070	grise	1920	Pampelune 124878	Konstance 91997
Uréide	147703	noire	1920	Qualot 131492	Quandide 131550
Uréide	149092	grise	1920	Quenenbin 132048	Oraison 123105
Urelle	146772	noir zain	1920	Quêteur 129815	Plénière 125879
Urelle	146931	noire	1920	Piombino 127259	Ocana 119870
Urelle	148194	grise	1920	Octobre 120168	Bijou 73389
Urelle	148861	gris-foncé	1920	Paquebot 127787	Marthe 109647
Urelure	148921	grise	1920	Mercy 105783	Jaserie 87213
Urémie	144833	grise	1920	Quantilly 128970	Quoquiète 130502
Urémie	145687	grise	1920	Quadricycle 128838	Mainte 107587
Urémie	146114	grise	1920	Perturbateur 125648	Matelle 107316
Urémie	146797	noire	1920	Neuilly 112606	Braisette 52960
Urémie	147706	noire	1920	Mordicant 110698	Diane 61400
Urémie	149093	grise	1920	Quenenbin 132048	Omophagie 123019
Urémie	149718	noir zain	1920	Quotient 129087	Ibadan 82003
Uremonde	149304	grise	1920	Lédon 101823	Ligne 104213
Urena	146603	gris-foncé	1920	Laristot 98920	Murena 109774
Urena	149273	noire	1920	Quitus 130149	Pensée 128148
Urène	146471	grise	1920	Négligent 112708	Prime 126285
Urène	146483	baie	1920	Négligent 112708	Rafale 135032
Urène	147485	noire	1920	Ouleux 121183	Ninette 112249
Urène	148579	noir-m.-t.	1920	Quolhez 132448	Orvillette 123712
Urepelle	145392	bai brun	1920	Ontario 119738	Lenticule 100719
Urepelle	146559	noire	1920	Quonviet 130474	Oasienne 121349
Ureste	146606	gris-vin.	1920	Japon 84819	Brigitte 62143
Ureté	148867	baie	1920	Quasson 131729	Osselle 122712
Urétérite	145011	gris-foncé	1920	Polus 126947	Bijou 98164
Urétérite	145688	gris-foncé	1920	Quantilly 128970	Poularde 126125
Urétérite	146116	noire	1920	Perkins 125027	Acqueville 68797
Urétérite	146799	noire	1920	Nyctalope 113635	Osorie 119798
Urétérite	149095	gris foncé	1920	Paquebot 128754	Lingère 101487
Urétérite	150013	grise	1920	Orcevaux 123646	Poétesse 128519
Urétéritis	146766	grise	1920	Névrosé 113735	Kanamelle 90703
Ureteuse	148305	gris fer	1920	Ouleux 121183	Coquette 93350
Urethane	145188	grise	1920	Pachalik 127626	Gastrole 130225
Urethra	145553	grise	1920	Pachalik 127626	Licotte 99583
Urèthre	145583	grise	1920	Omer 119732	Laglue 98922
Urèthre	145630	grise	1920	Pantin 124490	Obsèque 120702
Urétrale	145012	grise	1920	Polus 126947	Notice 113613
Urétrale	146117	noir-zain	1920	Olifant 119700	Quarence 129787
Urétrale	147707	noire	1920	Mordicant 110698	Odevie 120515
Urétrale	149096	gris-foncé	1920	Quanteleux 131765	Orangette 123109
Urette	146202	grise	1920	Pantin 124490	Meurette 106105
Urette	148199	noire	1920	Pilon 127251	Pagny 126621

NOM	N°	ROBE	Naissance	PÈRE	MÈRE
Urette	148240	grise	1920	Nectar 116862	Quarafe 131220
Urette	148284	grise	1920	Nectar 116862	Panoplie 127500
Urette	148537	gris tr. f.	1920	Ouvrier 119107	Misshetty 111324
Urette	148863	gris-clair	1920	Médisant 105527	Lychnide 102748
Urface	148868	grise	1920	Marsin 109642	Officiante 122913
Urfe	146271	grise	1920	Olifant 119700	Konfite 93567
Urfée	145159	grise	1920	Pantin 124490	Pontue 125235
Urfée	147269	noire	1920	Mordicant 110698	Plike 125484
Urfée	149370	grise	1920	Postiche 125397	Lamia 102811
Urfisque	145457	noire	1920	Qokala 129350	Quipique 128803
Urfisque	146836	noir-zain	1920	Fier-à-Bras 65250	Bastille 62023
Urfraie	146833	grise	1920	Pantin 124490	Orfraie 120691
Urgande	145293	grise	1920	Kalot 92507	Katirial 93888
Urgande	145811	noire	1920	Quarteron 128953	Jaen 86143
Urgande	146269	noire	1920	Organsin 120977	Luciole 100403
Urgande	147270	gris noir	1920	Mordicant 110698	Pyrénéite 126882
Urgande	147930	noire	1920	Kagot 92240	Lina 56312
Urgande	148672	noire	1920	Muet 109445	Oblongue 122521
Urgande	149371	noire	1920	Quauteleux 131765	Nicole 117413
Urgande	149824	gris-foncé	1920	Quarnot 130722	Olibria 122597
Urgande	150115	grise	1920	Quaréen 132242	Kondora 97618
Urgaudine	148195	grise	1920	Octobre 120168	Javotte 86865
Urgel	145297	gris-foncé	1920	Kalot 92507	Négresse 115519
Urgel	145814	noire	1920	Quarteron 128953	Iode 78927
Urgel	147933	noir-zain	1920	Qualot 131492	Omelette 121625
Urgel	149373	noire	1920	Quauteleux 131765	Norme 117024
Urgel	149827	noire	1920	Nicobar 118452	Bohéche 64137
Urgel	150117	grise	1920	Ouvrier 119107	Oualéga 123493
Urgèle	146324	grise	1920	Orléans 121007	Lise 100078
Urgèle	147271	grise	1920	Quanivot 130128	Philomène 127229
Urgelle	146273	grise	1920	Orléans 121007	Jubilante 86945
Urgelle	148472	grise	1920	Laristot 98920	Cocotte 98325
Urgence	144588	grise	1920	Qupidon 130054	Limande 98649
Urgence	145014	grise	1920	Orléans 121007	Otarie 121054
Urgence	145691	gris-foncé	1920	Quadricycle 128838	Poule 54274
Urgence	146118	grise	1920	Olifant 119700	Kohorte 92630
Urgence	146380	grise	1920	Négligent 112708	Indienne 80479
Urgence	146414	grise	1920	Quodex 130186	Hôtesse 73840
Urgence	146804	grise	1920	Pouff 124218	Ostéocole 119501
Urgence	147708	gris-clair	1920	Qualot 131492	Marquise 75210
Urgence	148409	noir-zain	1920	Marocain 107904	Musique 107612
Urgence	148697	grise	1920	Quompas 130345	Pastorale 124933
Urgence	149087	noire	1920	Quoncubin 132048	Gestradella 72262
Urgence	149097	noire	1920	Quauteleux 131765	Ingrie 83010
Urgence	149719	noire	1920	Quotient 129087	Liseronne 103986

NOM	N°	ROBE	Naissance	PÈRE	MÈRE
Urgence	150015	grise	1920	Pitaud 128421	Radieuse 64816
Urgent	146418	noir-m.-t.	1920	Passeur 125615	Kouette 91326
Urgente	144504	gris-clair	1920	Ofa 122607	Palmette 126773
Urgente	145017	gris-clair	1920	Polus 126947	Kannage 90722
Urgente	146120	noire	1920	Perturbateur 125648	Kambrée 90668
Urgente	146426	grise	1920	Névrosé 113735	Nimègue 114861
Urgente	146476	noir-m.-t.	1920	Négligent 112708	Paillote 124280
Urgente	146806	grise	1920	Nyctalope 113635	Qualorie 129434
Urgente	146910	grise	1920	Pantin 124490	Pernelle 124703
Urgente	147009	grise	1920	Patrice 124730	Limagne 100317
Urgente	147710	noire	1920	Liguori 103360	Hachette 74456
Urgente	148415	gris-fer	1920	Québec 131267	Mathilde 107918
Urgente	148681	gris-noir	1920	Importun 80576	Mandragore 114000
Urgente	149100	grise	1920	Quoncubin 132048	Neyron 117409
Urgente	149724	gris-foncé	1920	Mansard 109591	Ouaille 123257
Urgente	150014	noire	1920	Pitaud 128421	Poignée 128521
Urgère	148763	grise	1920	Nichet 117897	Gachette 70461
Urgone	146565	n.-m.-t.-z.	1920	Quonviet 130474	Kokerèle 91264
Urgonienne	145018	noir-zain	1920	Polus 126947	Pause 124753
Urgonienne	145693	gris-clair	1920	Quantilly 128970	Nage 112781
Urgonienne	146419	gris foncé	1920	Olifant 119700	Quaducée 129617
Urgonienne	146809	gris-foncé	1920	Quontralto 130438	Obésité 118750
Urgonienne	147709	gris foncé	1920	Qualot 131492	Moquette 110682
Urgonienne	149101	grise	1920	Quoncubin 132048	Quonfection 132056
Urgonienne	150016	grise	1920	Pitaud 128421	Lixèche 103886
Urgonienne	150151	gris foncé	1920	Quotient 129087	Hyène 77453
Urgonse	147571	gris-foncé	1920	Quinquin 128944	Mézière 108494
Urgosse	145367	gris-foncé	1920	Pampelune 124878	Proie 126355
Urgosse	145859	bai-brun	1920	Moineau 106576	Oxygénée 122196
Urgosse	146562	grise	1920	Quonviet 130474	Puissance 126508
Urgosse	147566	gris-foncé	1920	Marsin 109642	Opianique 120481
Urgosse	148068	gris-fer	1920	Parieur 127471	Princesse 127366
Urgosse	149436	noire	1920	Nectar 116862	Oseraie 121465
Urguerite	148134	noire	1920	Ombreux 120360	Métabole 107784
Urhe	144629	noire	1920	Pantin 124490	Kalijatte 92244
Uriage	145298	gris-tr.-f.	1920	Kalot 92507	Kroute 92294
Uriage	145368	gris-foncé	1920	Pampelune 124878	Ollioule 122261
Uriage	145817	gris-clair	1920	Quanton 129698	Quella 129119
Uriage	145865	grise	1920	Moineau 106576	Lanière 103036
Uriage	146274	grise	1920	Organsin 120977	Niaiserie 114408
Uriage	146563	grise	1920	Quonviet 130474	Nouillette 114437
Uriage	147272	grise	1920	Lichas 98731	Ombellée 120351
Uriage	147567	gris-fer	1920	Marsin 109642	Mirrha 106053
Uriage	147936	noire	1920	Konstat 95797	Rébisonde 67747
Uriage	148069	gris-fer	1920	Parieur 127471	Gaillarde 70451

NOM	N°	ROBE	Naissance	PÈRE	MÈRE
Uriage	148670	gris-r.-cl.	1920	Klocher 95657	Négresse 117746
Uriage	149376	grise	1920	Nichet 117897	Quoloniale 131926
Uriage	149437	noire	1920	Qualein 131447	Quorneille 132254
Uriage	150120	grise	1920	Oct 118821	Lénore 104329
Uriale	148244	noire	1920	Quaïman 129648	Négation 116872
Uriale	148245	grise	1920	Nectar 116862	Kadova 91701
Uricemie	147170	noire	1920	Piombino 127259	Pente 124958
Urie	144882	grise	1920	Quériquet 129124	Quarthamine 129808
Urie	145299	bai brun	1920	Kalot 92507	Biche 67841
Urie	145824	grise	1920	Quanton 129698	Qrinière 129233
Urie	146276	noir zain	1920	Organsin 120977	Lure 98825
Urie	147077	grise	1920	Neuilly 112606	Perche 125335
Urie	147273	gris-foncé	1920	Quontralto 130438	Quavité 129907
Urie	147937	gris-foncé	1920	Qualot 131492	Omophagie 121623
Urie	148247	noire	1920	Quaïman 129648	Pure 127408
Urie	149377	noire	1920	Quautelenx 131765	Perverse 128230
Urie	149836	noir-zain	1920	Ouyreur 123793	Nuitée 118127
Uriège	148448	gris-fer-cl.	1920	Névrosé 113735	Personnelle 125642
Uriel	149378	grise	1920	Nichet 117897	Ouste 122751
Urielle	146320	grise	1920	Komplex 91539	Poupine 126146
Urielle	147867	gris-fer	1920	Quompromis 132021	Meurtrière 110500
Urieuse	148250	noire	1920	Obus 121402	Putride 127411
Urigelle	146206	gris foncé	1920	Pantin 124490	Orgelette 120600
Urination	145694	gris-clair	1920	Kroquet 91851	Poulette 57807
Urination	146121	noire	1920	Olifant 119700	Phonation 125706
Urine	144559	noire	1920	Pachalik 127626	Rouspète 54550
Urinipare	145019	noire	1920	Polus 126947	Pouparde 126138
Urique	144550	gris-foncé	1920	Pachalik 127626	Justice 85986
Urique	150017	grise	1920	Quobez 132448	Mortaise 110752
Uritaine	148796	grise	1920	Postiche 125397	Héphéméride 77705
Uritière	146928	gris-vin.	1920	Ontario 119738	Quancale 129721
Urlante	145948	noire	1920	Négligent 112708	Piletière 126891
Urlante	148365	noire	1920	Qualein 131447	Milanière 110537
Urle	145166	noir zain	1920	Fier-à-Bras 65250	Incendie 79021
Urlesque	148196	gris-rouan	1920	Octobre 120168	Pelonne 126706
Urlette	146633	gris-foncé	1920	Pantin 124490	Noirette 111869
Urlette	145089	noire	1920	Qokala 129350	Gibèle 70872
Urlette	147123	grise	1920	Qotonnu 130216	Grenade 70690
Urleuse	145069	noire	1920	Qokala 129350	Marmelade 104952
Urleuse	145949	grise	1920	Ouistreham 120076	Kennedie 92414
Urleuse	147417	noire	1920	Pilon 127251	Noireterre 116646
Urleuse	148366	noire	1920	Heaume 73604	Kalcite 95489
Urlonge	148871	noire	1920	Quissac 130271	Marginale 110327
Urlurette	148923	grise	1920	Mercy 105783	Juliette 64547
Urlulaine	148924	noire	1920	Nichet 117897	Palustre 127701

NOM	N°	ROBE	Naissance	PÈRE	MÈRE
Urlutine	147217	grise	1920	Quarteron 128953	Hébé 74529
Urna	144670	noire	1920	Pantin 124490	Objective 120782
Urne	144573	noire	1920	Quissac 130271	Parole 125251
Urne	144707	noire	1920	Quissac 130271	Granale 69745
Urne	145020	bai-marr.	1920	Polus 126947	Kongrue 93575
Urne	145696	gris clair	1920	Quantilly 128970	Procureuse 126336
Urne	146123	noire	1920	Perturbateur 125648	Geneviève 70679 bis
Urne	146410	grise	1920	Quontralto 130438	Oxforde 119852
Urne	146504	grise	1920	Pachalik 127626	Gavotte 98104
Urne	146761	noire	1920	Neuilly 112606	Ogivette 118872
Urne	146813	noir-zain	1920	Psoriasis 126479	Pelletrie 125178
Urne	147235	gris-foncé	1920	Marocain 107904	Mabelle 107909
Urne	147715	gris-foncé	1920	Quinquin 128944	Oronte 120647
Urne	147839	bai-b.-t.-f.	1920	Marocain 107904	Jambette 84216
Urne	148711	gris-foncé	1920	Poltron 125996	Quinzaine 131656
Urne	149109	grise	1920	Pàtou 127979	Jouvencelle 87512
Urne	149725	noire	1920	Quotient 129087	Palinodie 128686
Urne	150018	grise	1920	Orcevaux 123646	Pitrerie 128425
Urne	150137	baie	1920	Longre 100470	Ondine 124114
Urnère	148925	noire	1920	Quitus 130149	Jointure 87259
Urnette	144591	noire	1920	Qualvados 131498	Marsala 105963
Urnia	146830	noire	1920	Prunellier 126460	Ornia 119062
Urnillette	146173	grise	1920	Poison 125565	Parigotte 125179
Urnire	144867	grise	1920	Ontario 119738	Pléiade 124175
Urnoire	147095	noire	1920	Quêteur 129815	Kopale 90355
Urobiline	145021	noir-m.-t.	1920	Pampelune 124878	Julienne 85528
Urobiline	145697	gris-foncé	1920	Quadricycle 128838	Inactive 81501
Urobiline	146124	noire	1920	Olifant 119700	Ramette 58530
Urobiline	146820	grise	1920	Quontralto 130438	Quausse 129894
Urobiline	147717	noire	1920	Néflier 111919	Plaie 125080
Urobiline	149111	gris-foncé	1920	Keris 93769	Quonfiante 132064
Urobiline	149726	gris-fer	1920	Néflier 111919	Outre 123771
Urobiline	150023	noire	1920	Pitaud 128421	Hôtesse 78303
Urocrise	146747	noire	1920	Névrosé 113735	Journade 83724
Urocystite	145698	gris-foncé	1920	Kalot 92507	Nazarienne 113962
Urocystite	146125	gris-foncé	1920	Olifant 119700	Obéissante 121355
Urocystite	147718	noire	1920	Mordicant 110698	Roumélie 134003
Urodèle	145732	gris-foncé	1920	Péplum 124974	Joubarbe 85115
Urodèle	146126	noire	1920	Olifant 119700	Natalité 114337
Urodonale	146400	noire	1920	Osé 119475	Qoudre 129270
Urodynie	145024	noir-zain	1920	Moineau 106576	Konduite 93555
Urodynie	145702	gris-tr.-f.	1920	Quantilly 128970	Iphigénie 81338
Urodynie	146130	noire	1920	Perkins 125027	Kadenette 90506
Urodynie	147719	noire	1920	Liguori 103360	Phlioute 127231
Urodynie	149112	gris-bleu	1920	Quauteleux 131765	Orbitèle 123123

NOM	N°	ROBE	Naissance	PÈRE	MÈRE
Urodynie	149728	gris-rouan	1920	Quotient 129087	Irlandaise 82792
Urolle	148306	gris-clair	1920	Ouleux 121183	Naffe 146746
Urone	145136	gris-foncé	1920	Pantin 124490	Quardia 129999
Urone	149934	noire	1920	Ostabat 123735	Plante 128456
Uronienne	148927	grise	1920	Quitus 130149	Jeannette 87245
Uronne	145950	bai brun	1920	Ouistreham 120076	Poupoule 63471
Uronne	147419	baie	1920	Juste 85878	Quaserne 131620
Uronne	147870	gris fer	1920	Quambrai 131502	Crevette 96034
Uronne	148201	grise	1920	Lichas 98731	Quotité 128782
Uronne	148367	gris foncé	1920	Qualein 131447	Pelouse 126711
Uronne	148538	noir-m. t.	1920	Numéro 118563	Jouvelle 87877
Uronne	149222	grise	1920	Mansard 109591	Nictation 114970
Uropriste	146736	noir zain	1920	Quarto 128860	Hirondelle 73801
Uropygiale	145703	noire	1920	Komplex 91539	Ostéalgie 121047
Uropygiale	147724	noir-zain	1920	Quinquin 128944	Liante 99717
Uropygiale	149114	grise	1920	Quonembin 132048	Mappemonde 110279
Uror	145458	noire	1920	Qokala 129350	Hastique 76601
Urore	145481	noire	1920	Prunellier 126460	Pianiste 125718
Uroscope	145523	grise	1920	Osé 119475	Kanette 92667
Uroscopie	145037	noire	1920	Moineau 106576	Mandore 107941
Uroscopie	145705	gris-tr.-f.	1920	Quadricycle 128838	Précision 126190
Uroscopie	146138	grise	1920	Perkins 125027	Parieuse 124530
Uroscopie	147723	gris-foncé	1920	Mordicant 110698	Octacorde 121433
Uroscopie	149115	grise	1920	Pâton 127979	Onglée 123047
Uroscopie	149730	noir-zain	1920	Quayac 132444	Ollioule 123606
Urosette	148275	noire	1920	Idomen 83507	Ombreuse 121786
Uroste	145380	gris-vin.	1920	Quantilly 128970	Laverrerie 100387
Uroste	145871	grise	1920	Moineau 106576	Navette 116836
Uroste	146570	noir m.-t.	1920	Pampelune 124878	Nouure 114451
Uroste	147572	gris-fer	1920	Quinquin 128944	Qu'en-dis-tu 131395
Uroste	148074	gris-fer	1920	Importun 80576	Laclasse 104697
Urotropine	147189	noire	1920	Quodex 130186	Nageoire 111779
Urotte	146932	grise	1920	Piombino 127259	Kassine 92191
Uroxopie	146133	noire	1920	Perkins 125027	Octavie 118816
Urpaye	148873	gris-foncé	1920	Qualvados 131498	Parénèse 127814
Urpitude	148930	noire	1920	Quimperlé 129067	Odieuse 122891
Urprime	148874	gris-foncé	1920	Liguori 103360	Gérance 73121
Urprise	148876	grise	1920	Marsin 109642	Pagerie 127813
Urque	148919	noire	1920	Quitus 130149	Eglantine 75053
Urquerie	148931	gris-foncé	1920	Quitus 130149	Mye 109526
Urquette	148932	noire	1920	Nérac 112728	Konséquence 95789
Urquie	149326	noire	1920	Mansard 109591	Lieutenance 101927
Urquijo	145303	gris-tr.-f.	1920	Mylord 107421	Pâtée 124666
Urquoise	148934	gris-foncé	1920	Nérac 112728	Mutinerie 109514
Urquoise	148942	grise	1920	Marat 111305	Phratrie 128286

NOM	N°	ROBE	Naissance	PÈRE	MÈRE
Urraca	145300	gris-clair	1920	Mylord 107421	Macédoine 107193
Urraca	145829	grise	1920	Quanton 129698	Quewelle 129396
Urraca	146277	noire	1920	Olifant 119700	Léda 97814
Urraca	147275	noire	1920	Quadne 129371	Naucelle 114607
Urraca	147941	noir-zain	1920	Malplaquet 107145	Ingénieuse 93407
Urraca	149380	baie	1920	Quanteleux 131765	Guillemine 72092
Urraca	149839	gris-foncé	1920	Mansard 109591	Mongolie 144172
Urraca	150122	grise	1920	Ostabat 123735	Plaisance 128445
Urrah	145962	grise	1920	Moineau 106576	Osmonde 122112
Urrah	146901	noire	1920	Pouff 124218	Gasdone 74067
Urrah	148377	noire	1920	Importun 80576	Pantomine 127464
Urrugne	145369	baie	1920	Ontario 119738	Kuvette 91908
Urrugne	145866	gris-noir	1920	Moineau 106576	Napée 112791
Urrugne	146571	noire	1920	Pampelune 124878	Oherville 122427
Urrugne	147573	gris-clair	1920	Quinquin 128944	Quivala 131189
Urrugne	148076	noire	1920	Pivert 127373	Parure 167461
Urrugne	149438	gris-vin.	1920	Lutécien 102720	Parcimonie 127543
Ursache	145517	gris-foncé	1920	Quinquin 128944	Orvée 120531
Ursale	148202	noir-zain	1920	Nitrate 114699	Biche 93310
Urse	146572	grise	1920	Quonviet 130474	Déesse 97137
Urse	147575	gris-clair	1920	Marsin 109642	Quontorsion 132148
Urse	148754	grise	1920	Mercy 105783	Jarosse 87207
Urse	149535	grise	1920	Maquis 110284	Molière 111229
Ursel	145302	grise	1920	Mylord 107421	Jubilation 88072
Ursel	147276	noire	1920	Quanton 129698	Jactance 86106
Urselle	147942	gris-foncé	1920	Qualot 131492	Onciale 121641
Urseren	147277	grise	1920	Quanivot 130128	Mâtine 107091
Urserine	146278	grise	1920	Pampelune 124878	Muguette 107032
Urserine	149381	grise	1920	Quanteleux 131765	Quille 131040
Ursery	147523	noire	1920	Heainne 75604	Latouche 102098
Ursine	148713	gris-noir	1920	Importun 80576	Parodie 127579
Ursine	148757	gris foncé	1920	Instar 78857	Lunette 59342
Ursinie	145100	grise	1920	Qotonnu 130216	Ostéiné 120437
Ursive	148253	noire	1920	Qualcin 131447	Nuit 116737
Ursule	144495	grise	1920	Quinconce 130108	Kyrielle 96745
Ursule	144602	grise	1920	Qokala 129350	Inde 80469
Ursule	145114	bai-chât.	1920	Qokala 129350	Kadola 94696
Ursule	145304	noire	1920	Mylord 107421	Papéine 126961
Ursule	145832	grise	1920	Qokala 129350	Juilliette 85343
Ursule	146280	noire	1920	Organsin 120977	Lili 61788
Ursule	146416	alezane	1920	Fier à Bras 65250	Lady 99257
Ursule	146425	noire	1920	Piombino 127259	Noirceur 113524
Ursule	146467	noir-m.-t.	1920	Fier à-Bras 65250	Persienne 125380
Ursule	146621	noire	1920	Piombino 127259	Pannonie 124405
Ursule	147111	noire	1920	Psoriasis 126479	Lecture 99684

NOM	N°	ROBE	Naissance	PÈRE	MÈRE
Ursule	147278	gris-clair	1920	Quambrai 131502	Quapitane 129712
Ursule	147943	baie	1920	Qualot 131492	Kilmaine 89781
Ursule	148438	gris f. cl.	1920	Perkins 125027	Petite 128777
Ursule	148444	gris-fer	1920	Perturbateur 125648	Castille 59129
Ursule	148483	gris-foncé	1920	Laristot 98920	Mandarine 98331
Ursule	149382	grise	1920	Queux 129144	Mandarine 59831
Ursule	149709	noire	1920	Nicobar 118452	Menue 106384
Ursule	149830	grise	1920	Quoin 131888	Instruction 82737
Ursule	150028	noire	1920	Quobez 132448	Idole 82848
Ursuletta	145073	gris-foncé	1920	Qokala 129350	Girafe 71345
Ursulette	145103	gris-foncé	1920	Quadue 129371	Quoriza 129020
Ursuline	145025	noire	1920	Moineau 106576	Modulation 106869
Ursuline	145108	noire	1920	Qokala 129350	Prélude 125138
Ursuline	145707	noire	1920	Quadricycle 128838	Ialize 76463
Ursuline	146137	noire	1920	Perkins 125027	Henriette 76813
Ursuline	146322	grise	1920	Komplex 91539	Paternelle 124686
Ursuline	146492	bai brun	1920	Qotonnu 130216	Musette 105324
Ursuline	147151	grise	1920	Quontralto 130438	Kroyance 91449
Ursuline	147725	gris-foncé	1920	Qualvados 131498	Quaroline 130725
Ursuline	148146	gris-cend.	1920	Marsin 109642	Obsidionale 122819
Ursuline	149118	grise	1920	Marat 111305	Lésine 104020
Ursuline	150027	grise	1920	Pitaud 128421	Misnie 110056
Ursuline	150154	noire	1920	Marocain 107904	Margot 107643
Urtaca	145370	noire	1920	Ontario 119738	Nichette 111681
Urtaca	145868	noire	1920	Quanivot 130128	Impartiale 80981
Urtaca	146576	grise	1920	Quonviet 130474	Orpheline 121458
Urtaca	147581	gris-foncé	1920	Marsin 109642	Nola 116434
Urtaca	148081	gris-fer	1920	Quambrien 131503	Krinolia 96828
Urtaca	149516	gris-rouan	1920	Mélo 108236	Levantine 104546
Urte	145883	grise	1920	Moineau 106576	Manchette 108361
Urte	146573	noire	1920	Pampelune 124878	Ossa 121292
Urte	146575	noire	1920	Quonviet 130474	Jumelles 86330
Urta	147576	noir-zain	1920	Quompromis 132021	Loyale 103477
Urtica	144565	noire	1920	Pantin 124490	Qreuse 130004
Urtica	144668	noire	1920	Mordicant 110698	Lamiole 99589
Urtica	145181	grise	1920	Piombino 127259	Lysippe 101639
Urtica	145473	bai-chât.	1920	Qotonnu 130216	Ortie 119189
Urtica	146578	grise	1920	Quonviet 130474	Pastèque 124643
Urtica	146763	noire	1920	Névrosé 113735	Kamisole 90686
Urtica	147139	noire	1920	Pélissier 126603	Hécube 76839
Urticacée	145034	gris-clair	1920	Komplex 91539	Karillonne 90835
Urticacée	145709	noire	1920	Négligent 112708	Laverie 100696
Urticacée	146139	bai-br.-f.	1920	Perkins 125027	Kalice 90635
Urticacée	147726	noire	1920	Quompromis 132021	Quamerlingue 131519
Urticacée	149120	grise	1920	Keris 93769	Karlotta 97611

NOM	N°	ROBE	Naissance	PÈRE	MÈRE
Urticaire	144654	gris-foncé	1920	Qualvados 131498	Orale 120764
Urticaire	145032	noire	1920	Komplex 91539	Motte 105428
Urticaire	145740	noire	1920	Négligent 112708	Quabotine 130236
Urticaire	146141	gris-foncé	1920	Lumineux 100865	Lépante 100972
Urticaire	146407	noire	1920	Quaduc 129371	Prêteuse 126263
Urticaire	146463	grise	1920	Osé 119475	Oursine 121075
Urticaire	147728	gris-foncé	1920	Liguori 103360	Ondine 120528
Urticaire	149121	gris-foncé	1920	Ouvrier 119107	Osage 123467
Urticante	144858	grise	1920	Pouff 124218	Jolie 85030
Urticante	145713	gris-foncé	1920	Quadricycle 128838	Nullité 112926
Urticante	146144	grise	1920	Perkins 125027	Haleine 74134
Urticante	147730	gris-fer	1920	Quompromis 132021	Qualinerie 131471
Urticante	149122	grise	1920	Keris 93769	Narration 118247
Urticante	149475	noire	1920	Paillon 124273	Linière 100742
Urticante	149736	gris-foncé	1920	Ouvreur 123793	Opulence 123875
Urticante	150024	noire	1920	Pitaud 128421	Nièce 113764
Urtication	144584	grise	1920	Omer 119732	Oizelle 120692
Urtication	145714	gris-foncé	1920	Quadricycle 128838	Intransigeante 80134
Urtication	146749	baie	1920	Névrosé 113735	Galipette 90145
Urtication	149123	grise	1920	Ouvrier 119107	Néronde 117379
Urtication	149737	gris-foncé	1920	Lédon 101823	Mouvette 55084
Urtication	150029	grise	1920	Quayac 132444	Naïve 111957
Urticée	144874	noir zain	1920	Nyctalope 113635	Plainte 125981
Urticelle	145168	grise	1920	Omer 119732	Ovarie 120540
Urtière	145371	noire	1920	Ontario 119738	Opinion 119122
Urtière	145873	gris-fer	1920	Quanivot 130128	Jugulaire 88469
Urtière	146577	noire	1920	Quonviet 130474	Lamourette 100526
Urtière	147583	gris foncé	1920	Instar 78857	Mégarde 109951
Urtière	148014	noire	1920	Kagot 92240	Kardamine 95647
Urtière	148085	gris rouan	1920	Quambrien 131503	Marbrerie 110297
Urtière	149517	noire	1920	Obstructif 120705	Marée 144136
Urtille	145394	noire	1920	Ontario 119738	Décidée 56949
Urtisse	145373	noire	1920	Piombino 127259	Charmante 67334
Urtisse	146580	gris foncé	1920	Quonviet 130474	Mobilière 106857
Urtisse	147584	gris-foncé	1920	Marsin 109642	Imitation 83056
Urtisse	149523	bai-brun	1920	Obstructif 120705	Indiana 98604
Urtive	148307	gris foncé	1920	Heainne 75604	Finette 84539
Urtraine	146713	noire	1920	Quarteron 128953	Rhubarbe 134124
Urubu	147110	noire	1920	Quinand 130441	Rigolade 134150
Uruffe	145374	noire	1920	Piombino 127259	Léontine 100721
Uruffe	145874	noire	1920	Moineau 106576	Milice 108247
Uruffe	146581	noire	1920	Quonviet 130474	Irène 98592
Uruffe	147585	gris-fer	1920	Quambrai 131502	Erinne 59682
Uruffe	148088	gris-foncé	1920	Parieur 127471	Nasse 116786
Uruffe	149518	grise	1920	Kerdrain 95437	Néerlande 118110

NOM	N°	ROBE	Naissance	PÈRE	MÈRE
Uruguaise	145306	noire	1920	Kalot 92507	Niherne 116622
Uruguay	146282	grise	1920	Olifant 119700	Hôtesse 73818
Urule	148254	grise	1920	Qualein 131447	Coquette 96936
Uruse	145485	grise	1920	Pachalik 127626	Rusée 133810
Urusure	144854	noire	1920	Pouff 124218	Lutte 99017
Urvale	145375	noire	1920	Passeur 124615	Brillante 59487
Urvale	147586	noire	1920	Quambrai 131502	Louise 103464
Urvale	148089	gris-foncé	1920	Parieur 127471	Galipette 70467
Urvale	149525	noire	1920	Obstructif 120705	Oracle 124008
Urvalle	146583	noire	1920	Quonviet 130474	Jussion 86328
Urvie	146201	grise	1920	Pantin 124490	Camisole 61801
Urvielle	149281	grise	1920	Lutécien 102720	Landaise 101137
Urville	144815	grise	1920	Orléans 121007	Ourville 121333
Urville	145378	baie	1920	Ontario 119738	Onto 121172
Urville	145875	grise	1920	Moineau 106576	Icarie 78467
Urville	147211	noir-zain	1920	Quarto 128860	Notation 117045
Urville	147587	gris-vin.	1920	Nichet 117897	Iphigénie 82073
Urville	148092	gris fer	1920	Pivert 127373	Naucore 116822
Urville	149526	gris-rouan	1920	Kerdrain 95437	Kalouga 96644
Urville	149938	noire	1920	Perkins 125027	Phalange 125689
Urville	150167	grise	1920	Quonviet 130474	Grive 81794
Urvillée	145719	noire	1920	Quadricycle 128838	Narine 114003
Urvillée	146148	noire	1920	Perturbateur 125648	Istrie 79786
Urvillée	146825	gris-foncé	1920	Omer 119732	Picholine 125748
Urvillée	147735	noire	1920	Quissac 130271	Mignonne 110528
Urvillée	149125	noir-rub.	1920	Paquebot 128754	Ostreville 122713
Urvillée	149484	gris-foncé	1920	Pivert 127373	Mazerie 109916
Urvillée	149740	gris-foncé	1920	Keris 93769	Bertine 56085
Urvillette	145381	noire	1920	Piombino 127259	Originale 119303
Urvillette	145880	gris noir	1920	Moineau 106576	Lionne 103305
Urvillette	146588	gris-clair	1920	Quonviet 130474	Minorité 107872
Urvillette	147398	noire	1920	Quolonna 128784	Nigritie 113240
Urvillette	148098	gris-foncé	1920	Pivert 127373	Musette 107177
Urvillette	149528	gris foncé	1920	Quayac 132444	Matraque 111122
Ury	146586	noire	1920	Quonviet 130474	Quarrouge 130781
Urzy	145382	noir-zain	1920	Ontario 119738	Ocreuse 118812
Usable	146826	noire	1920	Omer 119732	Trompette 61410
Usace	149251	noire	1920	Pilotin 125792	Officine 123949
Usage	144885	grise	1920	Pouff 124218	Mouvette 106338
Usage	146927	grise	1920	Ontario 119738	Picotine 125750
Usagée	144884	gris-foncé	1920	Pouff 124218	Kassoula 89835
Usagée	145721	noire	1920	Quadricycle 128838	Aventure 62181
Usagée	146149	gris-vin.	1920	Neuilly 112606	Montagne 106898
Usagée	146421	noire	1920	Piombino 127259	Nicolette 114843
Usagée	146827	grise	1920	Ontario 119738	Jarde 84856

NOM	Nº	ROBE	Naissance	PÈRE	MÈRE
Usagée	149127	grise	1920	Kéris 93769	Noguère 117439
Usagée	149741	bai-brun	1920	Quotient 129087	Duchesse 97714
Usagère	145722	grise	1920	Quantilly 128970	Même 105150
Usagère	146153	gris-foncé	1920	Quontralto 130438	Lourdisse 100837
Usagère	146828	grise	1920	Quaduc 129371	Louve 99088
Usagère	147737	noire	1920	Quompromis 132021	Nassandre 116558
Usagère	149129	noir-rub.	1920	Kéris 93769	Quongérie 132083
Usagère	149462	noire	1920	Klocher 95657	Outarde 121856
Usagère	149742	gris-foncé	1920	Lédon 101823	Lustrine 104486
Usagère	150036	noire	1920	Quercitron 132534	Jolie 89152
Usagète	147487	baie	1920	Juste 85878	Glorieuse 57548
Usagète	148587	alezane	1920	Neigeux 112725	Mirette 111315
Usaïole	148308	grise	1920	Obus 121402	Nage 116748
Usance	145723	noire	1920	Quadricycle 128838	Octogyne 120178
Usance	146154	gris-foncé	1920	Quontralto 130438	Masseuse 108107
Usance	146408	noire	1920	Quaduc 129371	Imagination 79757
Usance	146750	grise	1920	Névrosé 113735	Nuce 114561
Usance	147741	noire	1920	Konstat 95797	Recoupette 135299
Usance	148654	gris-foncé	1920	Klocher 95657	Navarraise 117733
Usance	149131	gris-bleu	1920	Paquebot 128754	Kathargol 97230
Usance	149743	gris-foncé	1920	Quotient 129087	Hyène 77354
Usanée	144873	grise	1920	Nyctalope 113635	Olive 120307
Usante	146754	noire	1920	Psoriasis 126479	Mazette 108176
Usante	148310	grise	1920	Qualein 131447	Montre 110673
Usante	149132	grise	1920	Paquebot 128754	Lisière 101512
Usante	149744	gris-foncé	1920	Kéris 93769	Olivette 123986
Usarde	147490	noir-zain	1920	Ouleux 121183	Gentille 57534
Usarde	148583	gris-fer	1920	Polygone 125447	Oadinote 123542
Usbande	148882	noire	1920	Quissac 130271	Observation 121384
Usbek	148730	gris-rouan	1920	Quesnel 129199	Mairesse 111098
Uscade	148592	gris-foncé	1920	Neigeux 112725	Hésione 84483
Uscadelle	147491	grise	1920	Ouleux 121183	Galère 73118
Uscadelle	148590	grise	1920	Polonais 125998	Podolfe 126236
Uscapion	146505	noir-m.-t.	1920	Qotonnu 130216	Chimère 52378
Uscardine	147492	gris-foncé	1920	Ouleux 121183	Mollesse 108824
Uscardine	148591	grise	1920	Numéro 118563	Risette 67686
Uscinée	147493	grise	1920	Ouleux 121183	Moufette 108780
Usclade	145383	noir-zain	1920	Ontario 119738	Quorsée 130566
Usclade	145881	grise	1920	Moineau 106576	Quomine 130882
Usclade	146593	noire	1920	Organsin 120977	Herbière 78053
Usclade	147592	noire	1920	Quolonna 128784	Mirette 110591
Usclade	148095	noir-zain	1920	Parieur 127471	Offensée 122907
Usclade	149527	noire	1920	Quayac 132444	Matellotte 111123
Usclée	147496	noire	1920	Juste 85878	Macta 106656
Uscoque	145308	noire	1920	Mylord 107421	Nuelle 115529

NOM	N°	ROBE	Naissance	PÈRE	MÈRE
Uscoque	146283	noire	1920	Organsin 120977	Légende 97819
Uscoque	147279	gris-foncé	1920	Malplaquet 107145	Minceur 110555
Uscoque	147945	noire	1920	Majunga 107115	Métrologie 110489
Uscoque	149386	grise	1920	Médisant 105527	Peseuse 128238
Uscute	148257	noire	1920	Qualcin 131447	Nubienne 145923
Usdine	145483	noire	1920	Qupidon 130054	Laroustière 100852
Use	145386	noir zain	1920	Piombino 127259	Nicomède 112612
Use	146589	noire	1920	Pampelune 124878	Psore 126470
Use	149529	bai-cl.-z.	1920	Quayac 132444	Névada 118099
Usedom	145310	noire	1920	Mylord 107421	Ozène 122205
Usedom	147947	noire	1920	Malplaquet 107145	Onde 121647
Usedom	148731	rouanne	1920	Muet 109445	Komorre 97546
Usedome	146306	gris-foncé	1920	Komplex 91539	Olympiade 121217
Usée	144685	gris foncé	1920	Omer 119732	Myrah 105362
Usée	145726	gris-tr.-f.	1920	Ouistreham 120076	Querelleuse 129133
Usée	146437	noire	1920	Ontario 119738	Gamine 70777
Usée	147743	gris foncé	1920	Marsin 109642	Qualmante 131479
Usée	148313	noire	1920	Nectar 116862	Quartelette 131768
Usée	148495	grise	1920	Ouvrier 119107	Minette 111249
Usée	148595	gris-fer	1920	Polygone 125447	Paysanne 128045
Usée	149133	gris-foncé	1920	Pâton 123979	Machine 109551
Usée	149280	noir-m.-t.	1920	Lutécien 102720	Nauséeuse 117603
Usée	149746	gris-tr.-f.	1920	Kéris 93769	Mendoza 104914
Useille	146907	grise	1920	Quarteron 128953	Kascarille 97592
Uselée	148316	gris-foncé	1920	Qualcin 131447	Jennie 93286
Uselière	147500	gris-foncé	1920	Nitrate 111699	Nécrobie 114060
Uselière	148596	noir-zain	1920	Ombon 124608	Jugeotte 88459
Useraie	145472	noire	1920	Qokala 129350	Oseraie 119190
Useria	148626	noire	1920	Quesnel 129199	Ombrageuse 122505
Userolle	147504	gris-foncé	1920	Ouleux 121183	Pennesière 126713
Usette	146184	grise	1920	Pachalik 127626	Hémilie 76251
Usette	146871	noire	1920	Quêteur 129815	Risette 62120
Usette	147505	noire	1920	Juste 85878	Mysie 108838
Usette	148594	grise	1920	Neigeux 112725	Olive 122355
Usette	149935	grise	1920	Organsin 120977	Lorraine 98805
Useur	149472	grise	1920	Paillon 124273	Koralline 95014
Usher	147281	gris-foncé	1920	Quambrioleur 131507	Pastilla 124206
Usiane	149314	noire	1920	Quimperlé 129067	Quordaite 132219
Usibla	145489	noire	1920	Quesnel 129358	Onézie 120633
Usible	146903	baie	1920	Ontario 119738	Insistance 79195
Usicaa	146885	noire	1920	Quarto 128860	Nausicaa 114613
Usine	144574	noir-zain	1920	Quissac 130271	Prudente 125247
Usine	145154	grise	1920	Qokala 129350	Larde 100659
Usine	145211	gris-clair	1920	Mylord 107421	Harpe 73712
Usine	145385	noire	1920	Ontario 119738	Nicolette 57603

NOM	N°	ROBE	Naissance	PÈRE	MÈRE
Usine	145724	noire	1920	Quantilly 128970	Quoquette 128959
Usine	145882	grise	1920	Moineau 106576	Lutteuse 103304
Usine	146156	noir-zain	1920	Neuilly 112606	Polka 125629
Usine	146395	noire	1920	Organsin 120977	Nanette 115358
Usine	146640	gris-foncé	1920	Marocain 107904	Paquerette 59065
Usine	146850	grise	1920	Prunellier 126460	Plusvite 124803
Usine	147109	grise	1920	Nyctalope 113635	Huisserie 74897
Usine	147204	grise	1920	Quarteron 128953	Lamazure 101267
Usine	147595	noire	1920	Liguori 103360	Mimologie 110549
Usine	147744	gris-fer	1920	Mordicant 110698	Morélia 109739
Usine	148096	noire	1920	Parieur 127471	Oropesa 121906
Usine	148656	grise	1920	Klocher 95657	Kairouan 96109
Usine	149135	n.-m. t. r.	1920	Paquebot 128754	Pavane 128014
Usine	149530	noir-zain	1920	Ouvreur 123793	Koboldine 95955
Usine	149749	noire	1920	Keris 93769	Passerelle 128710
Usinée	144589	grise	1920	Quissac 130274	Chopine 64017
Usinette	144580	baie	1920	Quissac 130274	Kyrielle 92215
Usinette	145391	grise	1920	Quontralto 130438	Norvège 114905
Usinette	149533	gris-foncé	1920	Mélo 108236	Navarine 118114
Usinière	145731	gris-foncé	1920	Ouistreham 120076	Jugeote 88334
Usinière	147745	noire	1920	Mordicant 110698	Qualomnie 131483
Usinière	148635	noire	1920	Quaïman 129648	Nomisale 117714
Usjon	148320	noir-zain	1920	Heaume 75604	Coquette 84535
Usique	148600	noir-m.-t.	1920	Klaro 97235	Obérée 123553
Usiquette	148601	gris-fer	1920	Polonais 125998	Joyeuse 88976
Usitanie	149252	noire	1920	Quimperlé 129067	Once 123023
Usitée	144605	grise	1920	Quaduc 129371	Qrochetière 130028
Usitée	145160	grise	1920	Qupidon 130054	Cigarette 66617
Usitée	145212	noire	1920	Mylord 107421	Mélusine 109352
Usitée	145730	noire	1920	Ouistreham 120076	Mozette 106955
Usitée	146159	noire	1920	Quesnel 129358	Missive 105662
Usitée	146402	noire	1920	Ontario 119738	Noire 114879
Usitée	147746	gris-fer	1920	Mordicant 110698	Qampanule 131532
Usitée	148688	noire	1920	Idomen 83507	Paillarde 127594
Usitée	149750	bai-clair	1920	Panama 128415	Lacette 104480
Uska	147154	grise	1920	Quontralto 130438	Orangère 119378
Uskub	145180	noire	1920	Poison 125565	Fracture 60353
Uskuba	146180	noire	1920	Pachalik 127626	Kourtisane 91360
Usma	148837	grise	1920	Postiche 125397	Obsécration 122804
Usnote	147871	gris-foncé	1920	Marsin 109642	Maternité 109863
Uspense	148883	noire	1920	Quissac 130274	Labiche 102785
Uspente	148884	gris-clair	1920	Quadeau 131386	Olographie 120609
Usquière	148204	noire	1920	Lichas 98731	Harmonie 93405
Ussarde	145951	gris-noir	1920	Ouistreham 120076	Paine 126902
Ussarde	147421	grise	1920	Pilon 127251	Kératine 97674

NOM	N°	ROBE	Naissance	PÈRE	MÈRE
Ussarde	148378	gris-rouan	1920	Quaïman 129648	Libellule 104178
Ussate	147074	alezane	1920	Psoriasis 126479	Hortense 74672
Usse	147596	noire	1920	Qualot 131492	Orthogonale 122091
Usseau	146920	grise	1920	Quontralto 130438	Jeliotte 98157
Ussel	145311	noire	1920	Kalot 92507	Ozokérite 122214
Ussel	146284	noire	1920	Olifant 119700	Lacave 98754
Ussel	149441	grise	1920	Klocher 95657	Mainlevée 110161
Usselage	147181	noire	1920	Lumineux 100865	Javise 83857
Usselle	145395	grise	1920	Kroquet 91851	Kuite 91886
Usselle	145885	grise	1920	Moineau 106576	Gravette 71820
Usselle	146305	gris-foncé	1920	Querigut 128971	Orchie 121248
Usselle	146598	noire	1920	Mordicant 110698	Pataude 124440
Usselie	147282	gris clair	1920	Lichas 98731	Pâquerette 127135
Usselle	147603	gris-foncé	1920	Quolonna 128784	Hardie 75461
Usselle	147948	gris-foncé	1920	Lichas 98731	Jumenterie 88349
Usselle	148097	gris foncé	1920	Pivert 127373	Ida 87604
Usselle	149538	noire	1920	Kerdrain 95437	Quotité 131937
Ussie	147876	noire	1920	Quambrioleur 131507	Karoline 94025
Ussion	148496	noire	1920	Kourlis 95894	Quouleuvrine 132353
Ussite	144600	noire	1920	Qokala 129350	Qanicule 130215
Ussite	145066	gris-foncé	1920	Qokala 129350	Picote 125732
Ussite	145955	grise	1920	Ouistreham 120076	Oseraie 122111
Ussite	147422	noir zain	1920	Pilon 127251	Mycène 110100
Ussite	148379	grise	1920	Nectar 116862	Neptunienne 116904
Ussive	148602	grise	1920	Polonais 125998	Ocana 123554
Ussone	147604	noir zain	1920	Quolonna 128784	Quaillasse 131418
Ussone	148101	gris-fer	1920	Qualein 131447	Hotte 98401
Ussone	149539	gris-foncé	1920	Mélo 108236	Noirceur 116069
Ussonne	144693	grise	1920	Pantin 124490	Sucrine 55915
Ussonne	146601	gris-vin.	1920	Malplaquet 107145	Minauderie 110554
Ussule	148835	gris-foncé	1920	Postiche 125397	Hérodiade 76140
Ustache	144646	gris-foncé	1920	Qualvados 131498	Officielle 119963
Ustache	146779	noire	1920	Prorata 126402	Quocotte 130174
Ustanelle	148323	alezane	1920	Ouleux 121183	Kasba 94070
Ustarite	146646	grise	1920	Quontralto 130438	Nase 114118
Ustarite	147632	noire	1920	Quambrai 131502	Pleine 127278
Ustaritz	145312	grise	1920	Kalot 92507	Monique 103356
Ustaritz	147284	gris clair	1920	Lichas 98731	Lance 104585
Ustaritz	147952	gris-clair	1920	Octobre 120168	Larne 101280
Ustaude	148838	noire	1920	Postiche 125397	Jove 87474
Ustave	148104	noire	1920	Konstat 95797	Menace 110372
Uste	148206	grise	1920	Pilon 127251	Nicoule 115188
Uste	148758	gris-foncé	1920	Nérac 112728	Quassonade 131724
Ustensile	144555	noire	1920	Fier-à-Bras 65250	Quista 129563
Ustensile	146160	noire	1920	Quesnel 129358	Chenille 63013

NOM	N°	ROBE	Naissance	PÈRE	MÈRE
Ustensile	146800	grise	1920	Quodex 130186	Jointive 83850
Usterie	146287	grise	1920	Komplex 91539	Canne 65209
Usterie	146307	grise	1920	Orléans 121007	Christine 64836
Usterie	147285	gris-foncé	1920	Octobre 120168	Parole 127027
Ustesse	148497	noire	1920	Kourlis 95894	Osmanie 123474
Usthélie	147213	noir-zain	1920	Quarteron 128953	Poitevine 125572
Ustica	144496	noire	1920	Nectar 118379	Kroisille 97447
Ustica	144836	noire	1920	Quesnel 129358	Régie 133437
Ustica	145126	grise	1920	Pachalik 127626	Juniville 85857
Ustica	145313	grise	1920	Kalot 92507	Pannonie 126964
Ustica	146046	baie	1920	Pampelune 124878	Olivette 120590
Ustica	146289	noire	1920	Komplex 91539	Ouste 120101
Ustica	146635	noire	1920	Marocain 107904	Julienne 89398
Ustica	147288	noire	1920	Octobre 120168	Omessa 119948
Ustica	147953	gris-clair	1920	Lichas 98731	Kortone 94121
Ustica	148657	gris-clair	1920	Klocher 95657	Paiestine 126643
Ustica	149393	gris-clair	1920	Médisant 105527	Naïve 117329
Ustica	149844	gris-foncé	1920	Mansard 109591	Mare 109608
Ustice	148498	gris-foncé	1920	Numéro 118563	Nonnette 118644
Ustice	149231	grise	1920	Mansard 109591	Manon 109590
Usticia	145513	noire	1920	Négligent 112708	Onction 120501
Ustilaginée	145735	noire	1920	Ouistreham 120076	Lacerie 101651
Ustilaginée	147201	baie	1920	Psoriasis 126479	Rustique 134417
Ustilaginée	147748	noir-zain	1920	Qualvados 131498	Pimbêche 127249
Ustilaginée	149138	grise	1920	Marat 111305	Noisette 118581
Ustilaginée	149753	noire	1920	Marat 111305	Rita 63912
Ustilue	144973	noire	1920	Quatorze 129013	Kolombina 89815
Ustine	144541	grise	1920	Pachalik 127626	Nuit 114919
Ustine	144554	grise	1920	Pachalik 127626	Orageuse 61524
Ustine	145207	grise	1920	Postiche 125397	Postiche 125462
Ustine	147142	grise	1920	Quodex 130186	Perception 124984
Ustine	147533	grise	1920	Octobre 120168	Justine 86913
Ustine	147570	gris-fer	1920	Quadeau 131386	Quagnotte 131410
Ustine	149232	noir-m.-t.	1920	Mansard 109591	Novacelle 117489
Ustion	145216	grise	1920	Kalot 92507	Mireille 109353
Ustion	145737	noire	1920	Pampelune 124878	Moise 126584
Ustion	146162	grise	1920	Quodex 130186	Polémonie 125604
Ustion	146430	grise	1920	Névrosé 113735	Médée 107337
Ustion	146473	noir-m.-t.	1920	Négligent 112708	Maurelle 106452
Ustion	146755	grise	1920	Psoriasis 126479	Quasse 129846
Ustion	147750	gris-foncé	1920	Qualvados 131498	Orfraye 119429
Ustion	149144	grise	1920	Quoncubin 132048	Osmologie 121037
Ustion	149754	gris-foncé	1920	Panama 128415	Ida 82667
Ustion	150052	grise	1920	Pitaud 128421	Joinville 98556
Ustionna	144609	noire	1920	Qotonnu 130216	Lave 98912

NOM	N°	ROBE	Naissance	PÈRE	MÈRE
Ustique	146301	noire	1920	Komplex 91539	Ogivale 120215
Ustone	147633	noire	1920	Néflier 111919	Kermadone 95275
Ustrale	144546	noir-zain	1920	Pachalik 127626	Castille 75241
Ustrale	148539	gris-foncé	1920	Numéro 118563	Narquoise 118559
Ustrine	147450	grise	1920	Juste 85878	Biche 93298
Ustrine	148540	gris-fer	1920	Ouvrier 119107	Iroquoise 98577
Ustule	148799	gris-foncé	1920	Paquebot 127787	Palière 127669
Usualis	146656	grise	1920	Quarto 128860	Laconie 101131
Usucapion	145219	grise	1920	Mylord 107421	Nible 115410
Usucapion	145738	grise	1920	Pampelune 124878	Nageuse 114012
Usucapion	146432	grise	1920	Ontario 119738	Kavalière 91215
Usucapion	146748	grise	1920	Névrosé 113735	Jouvence 96906
Usucapion	147754	gris-foncé	1920	Mordicant 110698	Oxydie 120534
Usucapion	149755	gris-roman	1920	Panama 128415	Mère 109727
Usuelle	144684	noire	1920	Pantin 124490	Sans-Tache 66740
Usuelle	145225	noire	1920	Mylord 107421	Bouquette 62677
Usuelle	145739	noire	1920	Pampelune 124878	Oxymétrie 122197
Usuelle	146390	noir-zain	1920	Passeur 124615	Orographie 121015
Usuelle	146507	grise	1920	Fier-à-Bras 65250	Olipette 120424
Usuelle	146746	noire	1920	Psoriasis 126479	Pelisse 124852
Usuelle	146851	noire	1920	Quanton 129598	Horde 76713
Usuelle	147755	gris fer	1920	Mordicant 110698	Quabriole 131346
Usuelle	148653	noire	1920	Nectar 116862	Magie 110983
Usuelle	149146	gris-foncé	1920	Ouvrier 119107	Hélice 77466
Usuelle	149756	bai-brun	1920	Quinaud 132720	Kopélia 97239
Usuelle	150059	grise	1920	Orcevaux 123646	Nuaison 118061
Usuelle	150165	noir-zain	1920	Kerdrain 95437	Négresse 49570
Usuette	144969	noire	1920	Quanivot 130128	Normande 112073
Usufructaire	146657	grise	1920	Quarto 128860	Karte 90995
Usufruitière	144949	gris-vin.	1920	Névrosé 113735	Logique 99519
Usufruitière	145224	grise	1920	Kalot 92507	Ozonométrie 122210
Usufruitière	146498	gris-foncé	1920	Qu'en-dira-t-on 130448	Ménagère 105600
Usufruitière	149721	gris-foncé	1920	Maquis 110284	Manchotte 104022
Usulmane	148603	grise	1920	Polonais 125908	Gastille 72153
Usuraire	144914	bai-cerise	1920	Piombino 127259	Lisette 54481
Usuraire	146391	grise	1920	Piombino 127259	Kapuce 90780
Usuraire	146500	gris-clair	1920	Pachalik 127626	Jouée 86549
Usuraire	146654	noire	1920	Psoriasis 126479	Ostéalgie 119404
Usure	144928	noire	1920	Qu'en-dira-t-on 130448	Lancette 100231
Usure	145222	gris-clair	1920	Kalot 92507	Pateline 124654
Usure	145742	gris-tr.-cl.	1920	Pampelune 124878	Fachette 64399
Usure	146339	noire	1920	Quonquis 130396	Janicule 84076
Usure	146368	noire	1920	Quadue 129371	Licence 99739
Usure	147759	gris-clair	1920	Qualvados 131498	Quachette 129601
Usure	148677	grise	1920	Nectar 116862	Galante 73181

NOM	N°	ROBE	Naissance	PÈRE	MÈRE
Usure	149148	grise	1920	Numéro 118563	Noria 118514
Usure	149758	gris-foncé	1920	Kontemporain 91579	Noceuse 115876
Usure	150051	grise	1920	Orcevaux 123646	Mûre 109477
Usurière	145743	noire	1920	Komplex 91539	Naïve 114016
Usurière	146342	noire	1920	Quonquis 130396	Nagoya 112528
Usurière	146427	grise	1920	Quontralto 130438	Ouverture 121092
Usurière	147760	gris-foncé	1920	Mordicant 110698	Pindare 127252
Usurière	149155	grise	1920	Quinaud 132720	Née 116846
Usurière	150057	noire	1920	Quobez 132448	Osne 123716
Usurpation	145228	grise	1920	Mylord 107421	Keudi 95131
Usurpation	145743	noire	1920	Komplex 91539	Quapelle 130754
Usurpation	146343	gris-clair	1920	Nyctalope 143635	Réception 133067
Usurpation	146451	grise	1920	Pantin 124490	Naffe 114943
Usurpation	146664	noire	1920	Psoriasis 126479	Quage 129622
Usurpation	147764	gris-foncé	1920	Quambriol sur 131507	Nausicaa 116010
Usurpation	149761	grise	1920	Maquis 110284	Odessa 123368
Usurpatrice	145744	noire	1920	Komplex 91539	Josseline 98171
Usurpatrice	146343	gris-foncé	1920	Nyctalope 143635	Identité 79702
Usurpatrice	146499	gris-foncé	1920	Pachalik 127626	Laurette 63169
Usurpatrice	147763	noire	1920	Qualvados 131498	Lisette 98374
Usurpatrice	148418	gris fer	1920	Québec 131267	Valentine 58838
Usurpatrice	148625	noire	1920	Idomen 83507	Gracieuse 93313
Usurpatrice	149760	noire	1920	Qlair 131783	Hypothèse 77324
Usurpée	146436	grise	1920	Ontario 119738	Opposée 120435
Usurpée	146513	grise	1920	Fier-à-Bras 65250	Quongrue 130385
Utah	145314	gris-clair	1920	Quanivot 130128	Bleue 48135
Utaque	148707	noire	1920	Quaïman 129648	Quillette 131655
Utarde	148759	grise	1920	Mercy 105783	Origne 122672
Utation	147453	grise	1920	Pilon 127251	Kabak 94146
Utation	147508	noire	1920	Juste 85878	Laurie 102111
Utation	147524	grise	1920	Heainne 75604	Kita 94147
Utation	148607	grise	1920	Klaro 97235	Pipérine 128393
Utation	148746	gris-clair	1920	Mercy 105783	Maiolique 110180
Utative	148800	grise	1920	Paquebot 127787	Hirondelle 74106
Ute	145317	grise	1920	Kalot 92507	Nénie 112816
Ute	147954	gris-foncé	1920	Nitrate 111699	Pomone 127297
Ute	148501	grise	1920	Polonais 125998	Navette 118521
Utèce	149256	grise	1920	Quoncubin 132048	Mascotte 109664
Utée	148207	grise	1920	Octobre 120168	Obtrée 122408
Utelle	144497	grise	1920	Oct 118821	Kystique 96692
Utelle	144846	bai-chât.	1920	Prunellier 126460	Symétrie 60147
Utelle	145318	alezan-cl.	1920	Quanivot 130128	Ocana 122216
Utelle	145402	grise	1920	Polus 126947	Obtention 120132
Utelle	145890	noire	1920	Moineau 106576	Kadena 91227
Utelle	146291	gris-vin.	1920	Moineau 106576	Piltière 124800

NOM	N°	ROBE	Naissance	PÈRE	MÈRE
Utelle	146647	grise	1920	Quontralto 130438	Jolivette 84852
Utelle	147291	gris-foncé	1920	Nitrate 111699	Gosse 75208
Utelle	147605	gris-fer	1920	Quolonna 128784	Ollina 121729
Utelle	147955	noire	1920	Quambrioleur 131507	Gironde 67727
Utelle	148105	baie	1920	Quambrai 131502	Pharnace 127198
Utelle	148935	gris-foncé	1920	Quitus 130149	Javanaise 89097
Utelle	149089	grise	1920	Quonculin 132048	Ivoire 83141
Utelle	149397	grise	1920	Médisant 105527	Orvale 123215
Utelle	149540	gris-foncé	1920	Mélo 108236	Javie 93256
Utelle	149845	gris-foncé	1920	Nectar 116862	Jeannette 98523
Utensile	146565	noir-zain	1920	Psoriasis 126479	Koqueline 90454
Utérine	144598	grise	1920	Qotonnu 130216	Quamichy 129243
Utérine	145229	gris clair	1920	Mylord 107421	Lauréate 103114
Utérine	145746	noire	1920	Pampelune 124878	Junon 85296
Utérine	146346	noire	1920	Passeur 124615	Quampine 130691
Utérine	146856	noire	1920	Quanton 129698	Quostale 130581
Utérine	147096	grise	1920	Quêteur 129815	Patronne 124726
Utérine	147767	baie	1920	Néflier 111919	Lisette 54383
Utérine	149157	noire	1920	Nichet 117897	Majorque 107112
Utérine	149762	noire	1920	Nicobar 118452	Hussarde 78117
Utérine	150058	noire	1920	Pitaud 128421	Nuance 118062
Utes	146290	grise	1920	Moineau 106576	Noctuelle 114769
Utetia	145138	noire	1920	Poison 125565	Justicia 85803
Uthe	146179	grise	1920	Pachalik 127626	Ouithe 120574
Utheria	148541	grise	1920	Numéro 118563	Nérite 118560
Uthie	148941	grise	1920	Marat 111305	Paillote 127647
Utica	144850	noire	1920	Qotonnu 130216	Quahistra 129054
Utica	145134	grise	1920	Qotonnu 130216	Notation 112350
Utica	145319	grise	1920	Kroquet 91851	Mioppe 107419
Utica	146292	noire	1920	Quérigut 128971	Maintenue 105462
Utica	147294	gris-vin.	1920	Nitrate 111699	Polynésie 127293
Utica	147957	gris-foncé	1920	Néflier 111919	Navarraise 116832
Utica	149398	bai-brun	1920	Médisant 105527	Roncière 135974
Utica	149846	gris foncé	1920	Mansard 109591	Quêteuse 132590
Utica	149863	grise	1920	Quayac 132444	Musique 110893
Utie	148938	grise	1920	Mercy 105783	Oriole 122679
Utile	144560	grise	1920	Pachalik 127626	Herse 74103
Utile	144915	noire	1920	Qu'en-dira-t-on 130448	Kourtilière 91359
Utile	145230	noire	1920	Pampelune 124878	Ornelle 120242
Utile	145494	gris-fer	1920	Pantin 124490	Pépita 125280
Utile	145747	gris-clair	1920	Orléans 121007	Navicule 113957
Utile	146304	grise	1920	Komplex 91539	Lareine 98735
Utile	146348	noire	1920	Quantilly 128970	Palestine 125412
Utile	146386	grise	1920	Négligent 112708	Habile 75852
Utile	146839	grise	1920	Pantin 124490	Qulée 128927

NOM	N°	ROBE	Naissance	PÈRE	MÈRE
Utile	147768	gris-foncé	1920	Qualvados 131498	Lucie 103496
Utile	148322	noire	1920	Ouleux 121183	Milda 108752
Utile	148611	grise	1920	Klaro 97235	Gavotte 72724
Utile	149033	gris-bleu	1920	Quitus 130149	Kaline 97647
Utile	149180	noire	1920	Mansard 109594	Lyonnaise 102046
Utile	149600	noir-zain	1920	Kerdrain 95437	Olga 123812
Utile	149763	noire	1920	Nicobar 118452	Lorraine 104627
Utile	150061	grise	1920	Pitaud 128421	Mathilda 98616
Utiledulci	148631	noire	1920	Nectar 116862	Radiation 134911
Utilisable	145748	gris-tr.-f.	1920	Pampelune 124878	Liqueur 103083
Utilisable	147771	gris-foncé	1920	Qualvados 131498	Pirna 127258
Utilisable	149764	noire	1920	Nicobar 118452	Judith 96981
Utilisable	150062	grise	1920	Mélo 108236	Oubliette 123754
Utilisation	145232	noire	1920	Pampelune 124878	Coquette 63486
Utilisation	145781	noire	1920	Pampelune 124878	Néolatine 112817
Utilisation	146352	grise	1920	Névrosé 113735	Nécrose 111728
Utilisation	147772	gris-clair	1920	Qualot 131492	Isette 98408
Utilisation	149768	noire	1920	Quab 131344	Obus 123699
Utilisation	150063	grise	1920	Quarnot 130722	Otarie 123755
Utilisée	146472	bai brun	1920	Négligent 112708	Jantière 85627
Utilité	144864	gris-foncé	1920	Pouff 124218	Kaliberda 89943
Utilité	145112	noire	1920	Quaduc 129374	Intrépide 78786
Utilité	145234	grise	1920	Mylord 107421	Légumineux 103115
Utilité	145752	gris-tr.-f.	1920	Pampelune 124878	Prenante 126214
Utilité	146354	noire	1920	Pampelune 124878	Oufa 121324
Utilité	146412	grise	1920	Quontralto 130438	Richomme 134322
Utilité	146628	noire	1920	Jupiter 88668	Novatrice 112431
Utilité	146904	grise	1920	Ontario 119738	Kazbec 90581
Utilité	147774	noire	1920	Pantin 124490	Corvée 69128
Utilité	148675	grise	1920	Nectar 116862	Radoteuse 134459
Utilité	149160	gris-foncé	1920	Marquis 110284	Kyrielle 96636
Utilité	149769	noire	1920	Kerdrain 95437	Ordination 124046
Utilité	150064	noire	1920	Quayac 132444	Nucléale 118071
Utilité	150132	grise	1920	Pégoud 126957	Quitte 131287
Utilité	150153	noire	1920	Marocain 107904	Margot 107613
Utille	147509	noire	1920	Juste 85878	Gertrude 71997
Utille	148760	grise	1920	Nichet 117897	Origine 122674
Utimité	147145	grise	1920	Névrosé 113735	Mouillure 106984
Utine	145959	noire	1920	Quanivot 130128	Gaffe 93399
Utine	147166	grise	1920	Nyctalope 113635	Microbie 106770
Utine	147424	noire	1920	Ouleux 121183	Kalmie 95356
Utine	147456	grise	1920	Pilon 127281	Kalmie 97652
Utine	148208	grise	1920	Octobre 120168	Octeville 119990
Utine	148542	grise	1920	Polonais 125998	Pilule 128347
Utinerie	148543	noir-m.-t.	1920	Numéro 118563	Impie 81258

NOM	N°	ROBE	Naissance	PÈRE	MÈRE
Utinette	146770	noire	1920	Neuilly 112606	Noville 114573
Utineuse	148209	noire	1920	Pilon 127251	Perville 126754
Utique	144866	noire	1920	Nyctalope 113635	Passette 124631
Utique	145321	gris-clair	1920	Kalot 92507	Poule 124879
Utique	146293	grise	1920	Orléans 121007	Note 114425
Utique	147297	gris-foncé	1920	Néflier 111919	Octostyle 121481
Utique	147959	gris-foncé	1920	Néflier 111919	Ombragée 123001
Utique	149400	grise	1920	Médisant 105527	Pétrie 128252
Utique	149819	noir-zain	1920	Importun 80576	Harmonieuse 77944
Utive	146835	gris-foncé	1920	Poison 125565	Perspective 125456
Utopie	145168	grise	1920	Qokala 129350	Nigauderie 111668
Utopie	145235	noire	1920	Mylord 107421	Myrtille 108817
Utopie	145330	noir-zain	1920	Kalot 92507	Laitière 99958
Utopie	145753	gris tr.-f.	1920	Pampelune 124878	Mulsion 106674
Utopie	146296	gris-clair	1920	Komplex 91539	Note 113799
Utopie	146356	noir-zain	1920	Mylord 107421	Mestée 109360
Utopie	146405	grise	1920	Qu'en-dira-t-on 130448	Ginestine 71222
Utopie	146496	noire	1920	Négligent 112708	Mérendère 106403
Utopie	146607	grise	1920	Japon 84819	Rabiote 133477
Utopie	146623	gris-rouan	1920	Laristot 98920	Nourricière 113335
Utopie	147236	noire	1920	Québec 131267	Lucie 101610
Utopie	147775	gris-foncé	1920	Néflier 111919	Lingère 100737
Utopie	147960	gris-foncé	1920	Néflier 111919	Liégeuse 104200
Utopie	148439	gris-fer-f.	1920	Perkins 125027	Organe 118734
Utopie	148630	noire	1920	Muet 109445	Normalienne 147706
Utopie	149161	noir-m.-t.	1920	Quinaud 132720	Manissa 109588
Utopie	149402	noir-m.-t.	1920	Quauteleux 131765	Fauvette 69200
Utopie	149771	noire	1920	Nicobar 118452	Joyeuse 96987
Utopie	150066	grise	1920	Quercitron 132534	Kastille 93938
Utopie	150136	gris-foncé	1920	Pégoud 126957	Oeillade 124110
Utopienne	146629	grise	1920	Magellan 106095	Jane 98292
Utopique	145236	grise	1920	Kalot 92507	Nuptiale 115955
Utopique	145755	gris-vin.	1920	Pampelune 124878	Méthode 107790
Utopique	146300	gris-foncé	1920	Komplex 91539	Quatane 130817
Utopiste	145754	gris-clair	1920	Pampelune 124878	Panade 124676
Utopiste	146630	rouanne	1920	Magellan 106095	Moustache 108998
Utra	148633	grise	1920	Quesnel 129199	Giraude 72688
Utrakiste	150083	grise	1920	Orchampt 121527	Hégire 97726
Utrance	148761	grise	1920	Instar 78857	Orgère 122668
Utrecht	146297	gris-cl.-v.	1920	Quérigut 128971	Lafontenelle 97761
Utrecht	147961	gris-foncé	1920	Liguori 103360	Noyelle 116718
Utrémi	144909	noire	1920	Prunellier 126460	Sérieuse 54826
Utrera	144845	grise	1920	Quesnel 129358	Hachette 73610
Utrera	145333	noire	1920	Pampelune 124878	Ovée 122187
Utrera	146299	grise	1920	Orléans 121007	Plaisante 62034

NOM	N°	ROBE	Naissance	PÈRE	MÈRE
Utrera	147298	gris-foncé	1920	Néflier 111919	Conchita 67918
Utrera	147962	noire	1920	Néflier 111919	Impéritie 81913
Utricalaire	146358	noire	1920	Kalot 92507	Licence 100047
Utrice	148937	gris-foncé	1920	Queux 129144	Marcassite 110302
Utricière	147531	noire	1920	Heainne 75604	Habileté 76089
Utriculaire	146631	grise	1920	Juste 85878	Obidos 121952
Utriculaire	149772	grise	1920	Quoin 131888	Julie 86718
Utricule	145241	noire	1920	Mylord 107421	Kaboche 92446
Utricule	145759	grise	1920	Quanton 129698	Nokasse 111612
Utricule	146359	grise	1920	Mylord 107421	Quenouille 130984
Utricule	147776	gris-foncé	1920	Néflier 111919	Lilia 103293
Utricule	149162	noir-zain	1920	Quinaud 132720	Mûre 110857
Utricule	150068	grise	1920	Pitaud 128421	Osselle 123727
Utriculeuse	145244	grise	1920	Mylord 107421	Karrache 91930
Utriculeuse	145760	bai-brun	1920	Josué 88841	Luce 101299
Utriculeuse	146360	noire	1920	Piombino 127259	Messe 103586
Utriculeuse	146632	grise	1920	Juste 85878	Loquace 101404
Utriculeuse	147778	noir-zain	1920	Obus 121402	Périssoire 125019
Utriculeuse	150069	noire	1920	Quobez 132448	Lisette 53645
Utriculus	146777	noir-zain	1920	Quêteur 129815	Kocarina 90331
Utride	148801	grise	1920	Quasson 131729	Ourcelle 122741
Utride	149297	grise	1920	Maquis 110284	Ouvraison 123315
Utrine	149257	grise	1920	Quitus 130149	Koque 94987
Utrition	147530	grise	1920	Heainne 75604	Laize 100189
Utritive	148748	gris-foncé	1920	Instar 78857	Klovisse 95660
Utta	145202	noire	1920	Prunellier 126460	Marche 103747
Utte	145183	noire	1920	Qotonnu 130216	Onglée 119122
Utte	145960	noire	1920	Liguori 103360	Lignine 100068
Utte	147426	grise	1920	Pilon 127251	Méta 110467
Utte	147460	alez. t. l. r.	1920	Juste 85878	Mironne 108822
Utte	148015	gris-clair	1920	Pivert 127373	Passe 127473
Utte	148211	noire	1920	Pilon 127251	Hermangarde 77004
Utte	148546	gris-foncé	1920	Quadrillé 128842	Rotule 135510
Uttée	148885	gris-foncé	1920	Postiche 125397	Nikaëla 112447
Utteuse	148500	grise	1920	Nerveux 114453	Kismette 97169
Uttie	148888	noire	1920	Quadeau 131386	Kravate 95992
Uttière	147532	noire	1920	Lichas 98731	Rigolette 61022
Uttine	145197	gris-tr.-f.	1920	Postiche 125397	Ovanche 122761
Utule	147511	grise	1920	Juste 85878	Kambuze 95549
Uturale	148890	gris-foncé	1920	Instar 78857	Lavinie 102895
Utuse	144968	gris-foncé	1920	Nyctalope 113635	Pipette 124755
Utyrate	148212	noire	1920	Pilon 127251	Italienne 81103
Utyrine	148215	grise	1920	Nitrate 111699	Hécube 98214
Uva	144671	noire	1920	Quinquin 128944	Mellite 103274
Uva	144695	grise	1920	Pantin 124490	Patrouille 125435

NOM	N°	ROBE	Naissance	PÈRE	MÈRE
Uva	146362	noire	1920	Kalot 92507	Goupillière 71929
Uva	148708	gris-clair	1920	Quaïman 129648	Orange 122540
Uvaire	146361	grise	1920	Kalot 92507	Konstitution 91371
Uvaire	147781	gris-foncé	1920	Qualvados 131498	Quourcelle 131056
Uvanoï	146831	gris-foncé	1920	Qotonnu 130216	Législature 98887
Uvaursi	146794	grise	1920	Quaduc 129371	Mascotte 107254
Uve	145245	noire	1920	Mylord 107421	Palès 126924
Uve	145764	grise	1920	Poison 125565	Piastre 125720
Uve	146366	grise	1920	Kroquet 91851	Noguère 114259
Uve	146727	grise	1920	Nyctalope 113635	Quauseuse 129894
Uve	146862	grise	1920	Quarto 128860	Kollaire 90344
Uve	147256	grise	1920	Quontralto 130438	Biche 53743
Uve	147783	gris-foncé	1920	Qualvados 131498	Ologette 122775
Uve	149166	gris-foncé	1920	Mansard 109591	Joconde 87440
Uve	150072	noire	1920	Orcevaux 123646	Ninette 118030
Uvéa	144626	grise	1920	Pantin 124490	Obole 120700
Uvéale	145445	gris-foncé	1920	Ontario 119738	Longue 101263
Uvée	145247	grise	1920	Mylord 107421	Lozère 104759
Uvée	145765	grise	1920	Quanton 129698	Machine 105379
Uvée	146367	grise	1920	Komplex 91539	Nicole 115413
Uvée	146435	grise	1920	Quontralto 130438	Fabia 65530
Uvée	146514	noire	1920	Quonquis 130396	Ottine 119812
Uvée	146516	noire	1920	Organsin 120977	Gauffrette 71549
Uvée	146793	grise	1920	Quaduc 129371	Rive 134331
Uvée	146863	grise	1920	Quarto 128860	Klaque 91126
Uvée	147162	noire	1920	Qu'en-dira-t-on 130448	Lancéole 100620
Uvée	147798	gris-foncé	1920	Obus 121402	Notion 115879
Uvée	148674	grise	1920	Nectar 116862	Patère 127557
Uvée	149165	bai-br.-z.	1920	Maquis 110284	Iea 82979
Uvée	150080	grise	1920	Quayac 132444	Harguerie 78229
Uvéite	145248	grise	1920	Kalot 92507	Paniculée 124383
Uvéite	145767	noire	1920	Quanivot 130128	Mignardise 107831
Uvéite	147799	noire	1920	Néflier 141919	Matoise 109878
Uvéite	149168	grise	1920	Maquis 110284	Hoppe 77355
Uvéite	150081	grise	1920	Quayac 132444	Novatrice 118037
Uvelle	147115	grise	1920	Neuilly 112606	Kécope 90271
Uvenilia	148502	gris-fer	1920	Quadrillé 128842	Minette 111362
Uverie	148216	grise	1920	Nitrate 111699	Olynthe 122268
Uvernette	146648	noir zain	1920	Pouff 124218	Navenne 115163
Uvernette	147608	noir-zain	1920	Quolonna 128784	Jérès 93481
Uvernette	148107	noire	1920	Quambrai 131502	Nasillante 116783
Uvernette	149544	gris-foncé	1920	Ouvreur 123793	Pintade 128570
Uves	145311	noire	1920	Poison 125565	Nette 111620
Uvette	145487	noir-zain	1920	Qotonnu 130216	Fauvette 84374
Uvette	146198	alezane	1920	Prunellier 126460	Pipette 125189

NOM	N°	ROBE	Naissance	PÈRE	MÈRE
Uvette	146401	noir-m.-t.	1920	Piombino 127259	Quornette 130554
Uvette	147701	gris-foncé	1920	Qualot 131492	Hactrice 76557
Uvette	148217	grise	1920	Pilon 127251	Narcose 114313
Uvette	148285	grise	1920	Nectar 116862	Harpie 93443
Uviforme	145250	noire	1920	Mylord 107421	Houleuse 98490
Uvine	146191	grise	1920	Omer 119732	Ovine 120684
Uviste	145461	grise	1920	Qokala 129350	Patte 125136
Uvola	144843	noire	1920	Prunellier 126460	Quomédy 129046
Uvonne	147082	grise	1920	Quarto 128860	Naxia 114632
Uvonne	147559	gris fer	1920	Quambrioleur 131507	Matthiale 109891
Uvrette	144881	gris-foncé	1920	Queriquet 129124	Pochade 125524
Uvrille	147121	baie	1920	Qotonnu 130216	Jarville 85309
Uvula	145249	grise	1920	Mylord 107421	Ombrie 119946
Uvula	145768	noire	1920	Quatorze 129013	Mentelle 105137
Uvule	146216	gris-clair	1920	Kalot 92507	Préfixe 125457
Uvule	146720	grise	1920	Quontralto 130438	Navarraise 112680
Uvule	147800	gris-fer	1920	Néflier 111919	Oudinote 120947
Uvule	149169	gris-foncé	1920	Mansard 109591	Coquette 53593
Uvule	150082	grise	1920	Quarnot 130722	Neustrie 118485
Uxation	148551	gris-fer	1920	Quadrillé 128842	Résistance 125663
Uxbridge	145335	gris-foncé	1920	Pampelune 124878	Labelle 103245
Uxbridge	146308	noire	1920	Komplex 91539	Misaine 106828
Uxbridge	147965	noire	1920	Néflier 111919	Poppée 127310
Uxbridge	149405	grise	1920	Queux 129144	Pétition 128248
Uxbridge	149854	grise	1920	Lédon 101823	Oxalide 123334
Uxe	147630	noire	1920	Oder 121578	Malvina 59874
Uxegne	146667	grise	1920	Quêteur 129815	Kordre 90365
Uxelle	145340	grise	1920	Pampelune 124878	Locride 98790
Uxelle	145893	noire	1920	Lichas 98734	Lisse 102067
Uxelle	146649	grise	1920	Queriquet 129124	Mardelle 108022
Uxelle	147609	gris foncé	1920	Pilon 127251	Rasade 132952
Uxelle	148108	noir-zain	1920	Quambrai 131502	Légende 104083
Uxelle	149545	noire	1920	Mansard 109591	Négation 118180
Uxem	145901	noire	1920	Ouistreham 120076	Kadia 95207
Uxème	146669	grise	1920	Quarto 128860	Quomode 129832
Uxème	147610	noire	1920	Qualvados 131498	Natalie 115989
Uxème	148111	gris-foncé	1920	Pivert 127373	Origène 123454
Uxmale	146310	baie	1920	Komplex 91539	Quatherine 130818
Uxmale	147966	gris-foncé	1920	Néflier 111919	Olga 131392
Uxueuse	148553	noir-m.-t.	1920	Numéro 118563	Hollande 77861
Uyère	148939	grise	1920	Nichet 117897	Nielle 117229
Uyne	149258	gris-bleu	1920	Quimperlé 129067	Lolotte 68348
Uza	145410	grise	1920	Moineau 106576	Kervanoël 95095
Uza	145894	grise	1920	Octobre 120168	Méduline 107344
Uza	146196	grise	1920	Pantin 124490	Oza 120722

NOM	N°	ROBE	Naissance	PÈRE	MÈRE
Uza	146673	grise	1920	Quarto 128860	Charlotte 65316
Uza	147614	gris-fer	1920	Quambrai 131502	Quaillette 131424
Uza	148115	gris-foncé	1920	Quitus 130149	Nattière 116813
Uza	149548	grise	1920	Mélo 108236	Quenotte 132588
Uzane	145421	grise	1920	Mylord 107421	Oléine 121469
Uzane	146675	grise	1920	Quarto 128860	Koquette 97596
Uzane	147616	gris-foncé	1920	Quadeau 131386	Noisette 68204
Uzane	148116	gris-foncé	1920	Parieur 127471	Quapucine 131207
Uzane	149550	noir-m.-t.	1920	Obstructif 120705	Manette 110226
Uzane	149317	grise	1920	Quanasson 128862	Négrichonne 117687
Uzarche	149261	baie	1920	Maquis 110284	Lise 104701
Uze	145907	grise	1920	Ouistreham 120076	Lunatique 103084
Uze	146670	grise	1920	Quarto 128860	Immémorée 79782
Uze	147612	noire	1920	Qualvados 131498	Nariskine 115983
Uze	148112	gris-foncé	1920	Quimperlé 129067	Occupante 121929
Uze	149546	gris rouan	1920	Maquis 110284	Gossette 93318
Uzèbre	145113	grise	1920	Poison 125565	Manne 105601
Uzèche	145895	gris-noir	1920	Liguori 103360	Orpheline 122082
Uzèche	146677	grise	1920	Quarto 128860	Quochère 130170
Uzèche	147628	gris-foncé	1920	Quompromis 132024	Nasarde 116782
Uzèche	148119	noire	1920	Pivert 127373	Panure 127774
Uzèche	149551	gris rouan	1920	Ouvrier 119107	Krapsie 97703
Uzeine	146681	baie	1920	Quarto 128860	Kanule 92877
Uzeine	147615	gris-clair	1920	Quambrai 131502	Quajolerie 131429
Uzeine	148120	gris-fer	1920	Pivert 127373	Iodée 81073
Uzeine	149555	gris-foncé	1920	Néflier 111919	Longitude 104367
Uzèle	145417	noire	1920	Octavon 120167	Omerville 122450
Uzelle	145052	grise	1920	Poison 125565	Quorlaye 129099
Uzelle	145411	grise	1920	Moineau 106576	Gigolette 98138
Uzelle	145897	bai-brun	1920	Mordicant 110698	Orbitale 121984
Uzelle	146313	grise	1920	Komplex 91539	Noblesse 114759
Uzelle	146682	noire	1920	Quarteron 128953	Oléine 120292
Uzelle	147617	gris-foncé	1920	Quambrai 131502	Mignarde 110526
Uzelle	148122	gris-fer	1920	Quitus 130149	Oligarchie 122960
Uzelle	149556	gris-foncé	1920	Lutécien 102720	Normée 116670
Uzellie	146679	noire	1920	Quarto 128860	Konvulsion 93632
Uzemaine	149557	noire	1920	Lutécien 102720	Noyade 118208
Uzemane	147626	noire	1920	Quompromis 132021	Kalamite 95488
Uzeraine	148891	grise	1920	Marsin 109642	Jade 87173
Uzerche	145204	grise	1920	Prunellier 126460	Losse 102632
Uzerche	145338	grise	1920	Pampelune 124878	Lamaitrie 98796
Uzerche	145902	noir-zain	1920	Ouistreham 120076	Oyase 120759
Uzerche	146315	grise	1920	Komplex 91539	Noce 114760
Uzerche	146712	noire	1920	Fier-à-Bras 65250	Oppède 122651
Uzerche	147619	noire	1920	Quambrai 131502	Monarde 110022

NOM	N°	ROBE	Naissance	PÈRE	MÈRE
Uzerche	147968	noire	1920	Néflier 111919	Oblate 122787
Uzerche	148129	noire	1920	Quadeau 131386	Qlasse 131802
Uzerche	149560	noire	1920	Ouvreur 123793	Ligue 104425
Uzère	147625	gris-foncé	1920	Pilon 127251	Laisse 103599
Uzère	148124	noire	1920	Parieur 127471	Nauclée 116821
Uzère	149558	gris-fer	1920	Ouvreur 123793	Quincaillerie 132565
Uzerie	147627	gris-fer	1920	Quadeau 131386	Misère 110603
Uzerine	146318	grise	1920	Pampelune 124878	Oudenarde 121317
Uzerne	147462	noire	1920	Juste 85878	Lierville 102475
Uzerne	147629	gris-cend.	1920	Quolonna 128784	Jubine 83534
Uzerne	148554	noir.-m-t.	1920	Numéro 118563	Pimbêche 128354
Uzès	144498	baie	1920	Empérator 83461	Quivola 132700
Uzès	145412	grise	1920	Lichas 98731	Kervadée 95058
Uzès	145905	noire	1920	Ouistreham 120076	Noceuse 114278
Uzès	146222	gris-foncé	1920	Laristot 98920	Martine 107926
Uzès	146317	noir-zain	1920	Quérigut 128971	Nimbée 114982
Uzès	146620	noire	1920	Olifant 119700	Judith 86596
Uzès	146737	baie	1920	Névrosé 113735	Méclipse 108148
Uzès	147156	grise	1920	Quodex 130186	Ninette 112518
Uzès	147622	noire	1920	Quambrai 131502	Obsidienne 121387
Uzès	147969	noire	1920	Néflier 111919	Némorale 113715
Uzès	149561	grise	1920	Néflier 111919	Orcanetta 123794
Uzeste	145413	noire	1920	Moineau 106376	Nictation 115763
Uzeste	145903	noire	1920	Ouistreham 120076	Mœtodite 109313
Uzeste	147623	gris-fer	1920	Quambrai 131502	Joconde 88536
Uzeste	148131	gris-fer	1920	Officieux 120209	Brillante 69177
Uzeste	149563	noire	1920	Ouvreur 123793	Quenelle 132574
Uzetta	146169	gris-foncé	1920	Quêteur 129815	Grisetta 75199
Uzette	146614	noir-zain	1920	Martinet 106203	Marguerite 108635
Uzette	146639	noire	1920	Olifant 119700	Oille 120228
Uzette	147104	noire	1920	Neuilly 112608	Neuveville 114202
Uzette	147246	noire	1920	Quesnel 129358	Marybette 105970
Uzette	147464	noir-zain	1920	Juste 85878	Névrite 112194
Uzille	146195	gris-foncé	1920	Pantin 124490	Kutira 92228
Uzine	148123	gris-foncé	1920	Instar 78857	Picrate 128313
Uzine	149564	noire	1920	Néflier 111919	Jouvencia 88826
Uzione	144934	noire	1920	Piombino 127259	Poule 124652
Uzon	147215	noire	1920	Quêteur 129815	Netteté 113906
Uzosse	149566	gris-foncé	1920	Obstructif 120705	Rapine 136163
Uzule	147465	noire	1920	Juste 85878	Montagne 108852
Uzutte	145074	noire	1920	Malplaquet 107145	Presisse 126245
Uzy	149262	grise	1920	Ouvreur 123793	Latinerie 102727

IMPRIMERIE L. HAMARD, NOGENT-LE-ROTROU